John Webster

The Duchess of Malfi

Agrégation ANGLAIS

John Webster
The Duchess of Malfi

François Laroque

ellipses

Remerciements

J'adresse mes vifs et sincères remerciements à MM. François Arné et Flavien Dublanchet respectivement directeur et chargé de la communication du Musée de Tessé de la ville du Mans pour leur aimable autorisation de reproduire à titre gracieux l'image de couverture.

L'auteur

Ancien élève de l'École Normale Supérieure (Ulm), agrégé d'anglais, docteur d'État, François Laroque est professeur émérite à Paris 3-Sorbonne Nouvelle. Il est l'auteur de *Shakespeare et la fête* (PUF, 1988), de *Shakespeare comme il vous plaira* (Gallimard, 1991), de traductions de pièces de Shakespeare ainsi que d'autres tirées du vaste répertoire élisabéthain dans son *Théâtre Élisabéthain* (Pléiade, Gallimard, 2 vol., 2009) codirigé avec Line Cottegnies et Jean-Marie Maguin. Il a également écrit de nombreux articles, fait des émissions radiophoniques et donné des conférences sur cette période de la littérature anglaise. Son dernier ouvrage paru est le *Dictionnaire amoureux de Shakespeare* (Plon, 2016).

Illustration de couverture : Philippe de Champaigne, *Vanité*, Huile sur bois, XVIIe siècle, Musées du Mans, inv. 10.572, © musées du Mans

ISBN 9782340-027541

32, rue Bargue 75740 Paris cedex 15

www.editions-ellipses.fr

Ce livre est dédié à la mémoire de mes parents,
Jean Laroque (1917-1984) et Jacqueline Laroque, née Renaux (1921-1978)

Sommaire

Avertissement

1) L'édition de référence est celle de Michael Neill, *The Duchess of Malfi*. John Webster, New York, Norton Critical Editions, Norton & Company, 2015. Les sources et articles cités dans la deuxième partie du livre font l'objet de renvois ainsi présentés : « Neill, *Duchess*, pp. (avec renvoi au numéro de page correspondant) ».

2) Les noms, termes critiques et artistiques ou notions suivis d'un astérisque* renvoient au **Glossaire** alphabétique placé en fin de volume. On y trouvera des définitions permettant de mieux cerner les éléments d'analyse qui éclairent l'écriture de la pièce, les conditions matérielles de sa représentation autant que les différentes traditions dans lesquelles elle se situe, qu'il s'agisse de l'époque élisabéthaine et jacobéenne ou des mises en scène modernes et contemporaines.

« It was his trade [to make] / Horror look lovely »

John Webster, « A Monumental Column »

« I have supped full with horrors »

William Shakespeare, *Macbeth*

Introduction

Une œuvre controversée

C'est un véritable champ de mines que l'œuvre dramatique de Webster, un terrain dangereux et passablement piégé où tout critique se doit d'avancer avec précaution, tant ces pièces ont été décriées, pour ne pas dire malmenées, par les représentants d'un certain establishment ou, au contraire, encensées et portées aux nues par d'autres, modernistes ou lecteurs éclairés, qui ont choisi d'aller à contre-courant de ce qui a longtemps pu constituer outre-Manche une forme de doxa. Webster, décidément, n'était pas fréquentable. Il ne susciterait l'adhésion qu'auprès d'un *happy few* élitiste et avant-gardiste, cultivant les délices quelque peu délétères de ce que, dans son ouvrage bien connu Mario Praz, a nommé « the romantic agony » ?[1] Ce cliché, qui a été répandu à l'envi, s'est peu à peu insinué dans les esprits à une époque où le réalisme et la théorie de la pièce bien faite* tenaient le haut du pavé. Il est vrai que, comme ce fut le cas pour Shakespeare, ces drames, et *La Duchesse de Malfi* en particulier, étaient régulièrement présentés au public sous forme d'adaptations plus ou moins réussies qu'un certain nombre de gens auront adoré détester. George Henry Lewes, qui écrivit un célèbre compte rendu de la pièce en 1850, était incontestablement de ceux-là et il pose sur notre pièce un verdict pouvant sembler sans appel :

> *The Duchess of Malfi* is a feeble and foolish work. [...] Instead of 'holding the mirror up to nature', this drama holds the mirror up to Madame Tussaud's and emulates her 'chamber of horrors' but the 'worst remains behind', and that is the motiveless and false exhibition of human nature. [...] *The Duchess of Malfi* is a nightmare, not a tragedy.[2]

---

1. Dans *The Romantic Agony*, Londres, Humphrey Milford, 1933, traduit de l'italien par Angus Davidson, Praz décrit en détail les grands thèmes d'une littérature décadente dont il analyse de façon à la fois détaillée et approfondie la fascination pour l'érotisme et la morbidité. Swinburne, grand admirateur de Webster, est l'un des nombreux auteurs qu'il cite et qu'il y étudie et qu'il a en partie contribué à remettre au goût du jour.
2. Compte rendu paru dans le magazine *The Leader* (30 novembre 1850). G.H. Lewes parle ici de

Les banderilles que plante ce critique sont effectivement douloureuses, d'autant que ses différents points – tout comme ses pointes ! – seront inlassablement repris par la suite. Lewes dénonce le caractère totalement artificiel de cette pièce, son goût du sensationnel et de l'horreur spectaculaire avec ses cadavres en cire digne du musée des horreurs de Madame Tussaud*, tandis que le terme de « cauchemar » sur lequel il conclut ne manquera pas de revenir sous d'autres plumes. Après lui, William Archer, George Bernard Shaw[3] et, plus récemment, Kenneth Tynan, vont à leur tour clamer haut et fort leur peu de goût pour cet auteur, donnant même parfois dans la surenchère. En tirant à boulets rouges sur ce qu'ils considèrent comme une forme de Grand-Guignol, ils disent ne voir là qu'un un pur théâtre de l'épouvante où l'hémoglobine coule à flots :

> When we find a playwright, in his two acknowledged masterpieces, drenching the stage with blood even beyond the wont of his contemporaries and searching out every possible circumstance of horror – ghosts, maniacs, severed limbs and all the paraphernalia of the charnel-house and the tomb – with no conceivable purpose except just to make our flesh creep, may we not reasonably, or rather must we not inevitably, conclude that he either revelled in 'violent delights' for their own sake, or wantonly pandered to the popular craving for them?[4]

l'adaptation de *La Duchesse* par Richard Horne dans la mise en scène de Samuel Phelps. In Don D. Moore ed., *Webster. The Critical Heritage,* Routledge & Kegan Paul, Londres, 1981, pp. 86-7). L'expression « hold the mirror up to nature » est tirée de la scène où le Prince donne ses conseils aux comédiens (3.2.21-2). *Hamlet,* Ann Thompson and Neil Taylor eds., Londres, Thomson Learning (The Arden Shakespeare), 2006. La citation exacte est : « to hold as 'twere the mirror up to Nature ». « The worst remains behind » est une autre citation tronquée tirée d'*Hamlet* dans la scène où le Prince, qui vient de faire la leçon à Gertrude, déclare : « I must be cruel only to be kind. / This bad begins and worse remains behind ». (3.4.176-77)

3. Dans les années 1930, George Bernard Shaw qualifiera à son tour Webster de « Tussaud laureate ». In Neill, *Duchess*, pp. xiv-xv.

4. William Archer *New Review* (1893) in Don D. Moore ed., *Webster. The Critical Heritage,* p. 139. Dans *A History of English Literature,* Charles Scribner's Sons, New York, Chicago, Boston, 1902, William Vaughan Moody et Robert Morss Lovett reprennent à leur compte la critique de William Archer : « Webster's two greatest plays, *The White Devil* and *The Duchess of Malfi*, push the devices of physical horror to their farthest limit. They show the tragedy of blood in its most developed form, and employ all the grisly paraphernalia of the madhouse, the graveyard and the shambles, as well as the agencies of moral terror, to wring from the drama ell the crude excitement it is capable of giving », p. 134.

William Archer fait ici à Webster un mauvais procès, puisqu'en somme on devrait selon lui choisir entre voir dans cet auteur soit un sadique fasciné par le spectacle de l'horreur, soit un démagogue exploitant le goût du sang du public. Critiquez, critiquez, il en restera toujours quelque chose ! Et, en effet, plus de soixante ans plus tard, l'extravagant dandy et critique anglais Kenneth Tynan n'allait pas véritablement cacher le peu d'estime qu'il avait pour l'homme, pourtant encore très mal connu à cette époque, cela en dépit du fait que Webster, l'écrivain et le styliste, trouve tout de même quelques grâces à ses yeux :

> Webster is not concerned with humanity. He is the poet of bile and brainstorm, the sweet singer of apoplexy; ideally, one feels, he would have all his characters drowned in a sea of cold sweat. His muse drew nourishment from Bedlam, and might, a few centuries later, have done the same from Belsen. I picture him plagued with hypochondria, probably homosexual, and consumed by feelings of persecution – an intensely neurotic mind, in short, at large in the richest, most teeming vocabulary that any age ever offered to a writer.[5]

Ici, c'est moins le sang que la sueur froide qui coule à flots dans un univers compris entre l'asile (Bedlam), d'un côté, et le camp de concentration (Belsen), de l'autre. L'auteur qu'on nous présente est un hypocondriaque, probablement homosexuel et un paranoïaque. Mais, dans son délire, il va chercher on ne sait où, sans doute « au fond du gouffre »[6], un vocabulaire d'une richesse sans égale. L'erreur de Tynan est double. Il a tout d'abord le tort de projeter la vision du monde d'un des personnages de la pièce (Bosola) sur la personnalité d'un auteur dont on ne savait à peu près rien à cette époque. Il a ensuite la naïveté de vanter dans le texte de ce dernier lui une richesse lexicale, dont il a été démontré depuis

5. Kenneth Tynan, *The Observer* (18 décembre 1960). Dans la citation, Bedlam renvoie à l'asile d'aliénés de St Mary Bethlehem à Londres et Belsen désigne le camp de concentration nazi de Bergen Belsen situé au nord de l'Allemagne, quelque part entre Hambourg et Hanovre. Selon certains témoignages de survivants, le cannibalisme y aurait été endémique.

6. Baudelaire, « Le voyage » : « Verse-nous ton poison pour qu'il nous réconforte ! / Nous voulons, tant ce feu nous brûle le cerveau, / Plonger au fond du gouffre, Enfer ou Ciel, qu'importe ? / Au fond de l'Inconnu pour trouver du nouveau ! ».

qu'elle n'a rien de personnel ni de très original puisqu'elle est en grande partie empruntée à d'autres écrivains et dramaturges, grands prédécesseurs comme principaux contemporains.

Outre qu'il donne une petite idée des violentes controverses que le théâtre de Webster a visiblement le don de susciter outre-Manche, ce florilège contient aussi des éléments qui ne sont pas a priori sans pertinence. Ils méritent au moins d'être discutés et confrontés au véritable texte de *La Duchesse*, hors adaptations ou versions tronquées et fortement coupées. Ces citations représentent bien entendu des réactions qui sont sans nul doute passionnées mais qui se trouvent largement contrebalancées par d'autres qui ne le sont pas moins. En effet, on ne compte pas non plus les déclarations enthousiastes de grands essayistes, d'écrivains et de poètes anglais qui émaillent l'héritage critique de Webster dans lesquelles leurs auteurs se déclarent littéralement subjugués par les images et la force dramatique du théâtre de Webster. Et ce sont, elles, en grande partie qui auront réussi à obtenir que ces œuvres soient mises au premier plan de l'actualité littéraire.[7]

De nos jours, ce sont essentiellement les deux grandes tragédies de Webster, *Le Démon blanc* et *La Duchesse de Malfi*[8] qui sont saluées pour leur grande modernité.[9] Le caractère corrosif, pour ne pas dire subversif, de ces textes va bien au-delà de la seule satire, dans la mesure où ils mettent en avant une philosophie énigmatique, ni religieuse ni vraiment agnostique, et qui, de par leur scepticisme mêlé de fatalisme, préfigure la sensibilité d'après-guerre en Europe occidentale.

7. Dans son récent compte rendu de la pièce dans le *Guardian*, Michael Billington déclare : « What is startling is how attitudes to Webster have changed over the last century and a half. Shaw famously dismissed him as the 'Tussaud laureate' and William Archer in 1922 sniffily wrote of this play's 'ramshackle looseness of structure and barbarous violence of effect'. Yet a modern critic, Alexander Leggatt, has pointed out that while the play depicts a world in chaos, it also 'resists that chaos by the conscious, deliberate shaping of its own art ».

8. En reprenant dans le titre le toponyme de Malfi plutôt que celui d'Amalfi (le nom actuel de la ville), je reprends les choix déjà faits par Georges Eekhoud (Bruxelles, 1893) et Claude Duneton dans sa traduction de la pièce pour la mise en scène de Matthias Langhoff au théâtre Vidy de Lausanne, ensuite publiée en 1991 aux éditions Grasset. Désormais, la pièce sera citée dans le texte sous la forme abrégée de *La Duchesse*. Duneton rappelle, pp. 24-5, que l'appellation d'origine est bien Malfi et non Amalfi chez Belleforest : « même s'il s'agit d'une mauvaise lecture de Bandello, ou d'une coquille d'imprimeur, *da Malfi*, pour *d'Amalfi* [...] », p. 24 n.1.

9. Pour Claude Duneton, « il existe une sorte de bizarre modernité dans son écriture, un art du raccourci, voire du sous-entendu, auquel nous sommes venus, dans le monde moderne il n'y a que fort peu de temps », *La Duchesse de Malfi*, Paris, Grasset, 1991, p. 10.

Il y a aussi d'autres raisons qui expliquent la renaissance d'une pièce comme *La Duchesse*, encore régulièrement décriée pour sa violence, son caractère sensationnel et sanglant.[10] Les recherches menées au cours des années 1970 ont en effet permis de mettre au jour des documents qui commencent à nous renseigner sur certains aspects de la vie de Webster jusque-là demeurée en grande partie dans l'ombre. En parallèle, quelques grandes mises en scène ont permis de faire ressortir la force et l'éclat de ce drame aux yeux du grand public. À présent que nous avons une meilleure idée de la vie et de la personnalité de cet auteur et de son implication dans la vie artistique, culturelle et politique du Londres de son temps, nous sommes mieux à même de comprendre le sens de son engagement personnel. On voit désormais dans cette représentation des excès sanglants de la Cour amalfitaine une dénonciation indirecte des mœurs et des pratiques délétères d'un pouvoir jacobéen de plus en plus honni par la classe moyenne à laquelle appartenait le dramaturge. Mais, au-delà de ces considérations à caractère topique, ce qui nous séduit aujourd'hui dans ce tableau implacable d'une société minée par la corruption et l'injustice, c'est probablement la vision ambiguë et complexe qu'elle offre du monde et de l'homme en général et qui, aux yeux de certains critiques, préfigure en partie le théâtre de l'absurde de l'après guerre.[11]

10. Voici comment Michel Cournot ouvre son compte rendu de cette mise en scène : « De même que les Anglais de ce siècle se sont révélés les champions du film d'horreur, avec Dracula, ses fiancées et ses vampires, de même les élisabéthains se spécialisaient dans les pièces d'horreur, avec membres coupés, vrais et faux cadavres, viols, etc. » (*Le Monde* daté du 19 novembre 1981). Selon Curtis Perry et Melissa Walter, les horreurs cauchemardesques de la seconde partie de la pièce dépassent tout ce que les calomnies des deux frères pouvaient suggérer au début : « [...] the horrors that take place in the play's second movement – in darkened, secret spaces, perpetrated by tyrants who are themselves figured as grand edifices with dangerous secrets inside – beggar the imagination demonstrated earlier in the play by producers of court calumny. » « Staging Secret Interiors: *The Duchess of Malfi* as Inns of Court and Anticourt Drama » in The Duchess of Malfi. *A Critical Guide*, ed. Christina Luckyj, Londres et New York, Continuum, 2011, p. 100.

11. Voir Don D. Moore, « Webster: the Critical Heritage », p. 20. Voir aussi la thèse de Reginald Wallace Buckle, « Webster and the Theatre of Cruelty: A Theatrical Context for *The Duchess of Malfi* », University of British Columbia, Vancouver, Canada, 1966. Cette thèse est accessible sur un site internet figurant sur la liste placée infra après la bibliographie.

La fortune de *La Duchesse de Malfi*

Car c'est un destin des plus singuliers que celui de John Webster, ce Londonien de la classe moyenne qui, grâce au métier de son père, fabricant de coches, de calèches et de fourgons funéraires, put être admis à la prestigieuse école des Marchands Tailleurs avant de poursuivre des études de droit au Middle Temple. Il semble qu'il ait réussi à mener de front la double activité de dramaturge et d'artisan, après avoir au moins partiellement repris l'entreprise paternelle aux côtés de son frère Edward. Contrairement à Shakespeare qui, en dépit d'une carrière menée tambour battant à Londres, reste fondamentalement un rural attaché à sa bourgade de province, Webster est d'abord un citadin qui n'a sans doute jamais quitté la capitale et qui est marqué par son appartenance à la corporation de son père ainsi que par un réseau personnel d'amitiés nouées avec ses anciens condisciples des collèges de droit de Londres, les *Inns of Court*, et du Middle Temple en particulier. Webster aura passé l'essentiel de son activité de dramaturge à écrire en collaboration et il n'a, au cours de sa carrière, jamais bénéficié ni d'un théâtre ni d'une troupe personnelle qu'il aurait pu diriger pour servir la mise en scène de son œuvre : dans sa préface à la première édition du *Démon blanc*, il s'en prend à des spectateurs mal informés et à des conditions de jeu hivernales de piètre qualité.[12] Si Shakespeare devait certes connaître une brève éclipse au cours des années 1630 à 1660, Webster, déjà critiqué de son vivant, allait voir son aura pâlir très vite. Après sa mort, survenue en 1638, il ne fut en effet plus guère joué que dans quelques adaptations au cours des siècles suivants et ce n'est que beaucoup plus tard, au XIXe siècle, qu'il fut redécouvert, en particulier grâce au poète, dramaturge et essayiste Charles Lamb (1775-1834) :

> To move a horror skilfully, to touch a soul to the quick, to lay upon fear as much as it can bear, to wean and weary a life till it is ready to drop and then step in with mortal instruments to take its last forfeit: this only a Webster can do.[13]

---

12. In René Weis ed., *John Webster.* The Duchess of Malfi *and Other Plays*, Oxford, Oxford University Press, 1996, p. 3.

13. *Specimens of English Dramatic Poets who lived about the time of Shakspeare* (1808) in E.V. Lucas ed., *The Works of Charles and Mary Lamb*, Londres, 1904, 5 vol., IV, p. 179.

Un siècle plus tard, Charles Aldernon Swinburne (1837-1909) fait de lui quasiment l'égal de Shakespeare :

> For it is only with Shakespeare that Webster can ever be compared in any way to his disadvantage as a tragic poet: above all others of his country he stands indisputably supreme.[14]

Au XXe siècle, c'est T.S. Eliot (1888-1965) qui le replacera aux côtés des grands auteurs du théâtre élisabéthain au sens large du terme. La première strophe de son poème « Whispers of Immortality » rend hommage au dramaturge en insistant sur sa fascination pour le macabre :

> Webster was much possessed by death
> And saw the skull beneath the skin.[15]

Eliot parle encore de lui comme « a very great literary and dramatic genius directed toward chaos »,[16] un jugement qui allait donner lieu à un long et vif débat critique entre lui et Frank Laurence Lucas* (1894-1967), qui mit au point l'édition des œuvres complètes de Webster en quatre volumes (1927). Par ailleurs, la publication en 1938 du *Théâtre et son double* par le poète, acteur et metteur en scène Antonin Artaud (1896-1948) a contribué à remettre au goût du jour un certain nombre de pièces de l'époque élisabéthaine et jacobéenne. L'auteur y découvre en effet une forme de violence radicale qu'il compare à la peste :

> Si le théâtre essentiel est comme la peste, ce n'est pas parce qu'il est contagieux, mais parce que, comme la peste, il est la révélation, la mise en avant, la poussée vers l'extérieur d'un fond de cruauté latente par lequel se localisent sur un individu ou sur un peuple toutes les possibilités perverses de l'esprit.[17]

14. *The Age of Shakespeare*, Londres, Chatto and Windus, 1908, p. 38.
15. T.S. Eliot, *Collected Poems 1909-1962*, Faber and Faber, Londres, 1963, p. 55.
16. *Selected Essays*, Londres, Faber and Faber, 1932, p. 117.
17. *Le théâtre et son double* (1938) in *Œuvres complètes*, Paris, Gallimard, 26 tomes, tome IV, 1978, p. 29.

La tragédie de vengeance* de l'ère élisabéthaine et jacobéenne intéresse en effet au plus haut point Artaud qui la décrit comme « une grande machine bruyante, grandiose, exaltante [...]un chef-d'œuvre éprouvé »,[18] et il annonce la mise en scène prochaine de « plusieurs œuvres prises aux dramaturges élisabéthains : *La Tragédie de la vengeance* de Cyril Tourneur, *La Duchesse d'Amalfi*[19] et *Le Démon blanc*, de Webster, des œuvres de Ford, etc. »[20] Si *Le Théâtre et son double* est passé à peu près inaperçu au moment de sa publication, l'influence d'Artaud ne cessera de s'affirmer après sa mort en 1948. Peter Weiss (1916-1982), avec son célèbre *Marat-Sade*,[21] monté en 1964, qui relate l'assassinat de Marat joué par les fous de l'asile de Charenton et mis en scène par le marquis de Sade, ou encore Peter Brook (qui adaptera la pièce au cinéma), se réclameront de lui.[22] Mais c'est au lendemain de la Seconde Guerre Mondiale que ce théâtre de la

18. Antonin Artaud, *Œuvres complètes*, II, p. 28.

19. Selon Jonathan Pollock, l'importance « des mannequins de cire dans *La Duchesse de Malfi*, modelés de telle façon que la duchesse puisse les prendre pour les véritables cadavres de son mari de [ses] enfant[s] » n'a pas pu « échapper à Artaud ». Voir « Le théâtre et la peste : les dramaturges élisabéthains revus par Antonin Artaud in *Esthétiques de la nouveauté*, ed. François Laroque et Franck Lessay, Paris, Presses de la Sorbonne Nouvelle, 2001, p. 176. L'importance accordée par Artaud aux mannequins doit sans doute beaucoup au metteur en scène anglais Edward Gordon Craig (1872-1966) qui, à partir de 1905, allait théoriser le recours à la « surmarionnette ».

20. Idem, V, p. 29. *La tragédie du vengeur* (titre exact) est désormais attribuée à Thomas Middleton. Voir *Théâtre élisabéthain*, ed. Line Cottegnies, François Laroque et Jean-Marie Maguin, Paris, Gallimard (Bibliothèque de la Pléiade), 2 vol., 2009, I, pp. 1363-93 (traduction de François Maguin). Sur Artaud et la tragédie de vengeance jacobéenne, voir l'article de Jonathan Pollock, « Les plaisirs de la cruauté chez Tourneur et Webster » in François Laroque et Franck Lessay ed., *Enfers et délices à la Renaissance*, Paris, Presses de la Sorbonne Nouvelle, 2003, pp. 247-62.

21. Ce titre, sous lequel la pièce est le plus souvent mentionnée, est en réalité une abréviation. Le titre complet de l'original est *La persécution et l'assassinat de Jean-Paul Marat représentés par le groupe théâtral de l'hospice de Charenton sous la direction de monsieur de Sade*. Dans un article intitulé « Webster and the Uses of Tragicomedy » in Brian Morris ed., *John Webster*, Londres, Ernest Benn, 1970, J.R. Mulryne voit principalement dans le mélange des styles des éléments permettant de rapprocher la pièce de Webster de celle de Weiss : « Webster notoriously employs just such a 'jangle of styles' as Brook discovers in Weiss; where Weiss ranges over every theatrical idiom from the historical-naturalistic through song and pantomime and tableau to moments of Brechtian dogma, so Webster places under contribution a range of effects which, while all may be paralleled elsewhere in Elizabethan drama, are in Webster 'thrown together in bold and fearless connection' (to adopt Ruskin's phrase for the grotesque) in a singular manner: moments of naturalism alternate with others of an unmistakably symbolic character, dance and dumb-show and song interrupt more familiar levels of action, and give on to the remarkable dramatic expressionism of the fifth act », p. 151. Voir aussi Reginald Wallace Buckle, « Webster and the Theatre of Cruelty », pp. 5, 12-13.

22. Voir Leah S. Marcus, ed., *The Duchess of Malfi* by John Webster, Londres, Methuen, 2009, « Introduction », p. 107.

cruauté et de l'horreur allait enfin trouver son public avec la révélation au monde stupéfait des atrocités de la Shoah et des camps de concentration.[23] Le sadisme des bourreaux de Dachau et d'Auschwitz, pour lesquels, outre l'extermination pratiquée dans les chambres à gaz, il s'agissait de briser moralement et physiquement les prisonniers, rappelle ce que Bosola, sur ordre de Ferdinand, applique à la Duchesse emprisonnée et placée à sa merci. En l'occurrence, le cauchemar de la réalité l'emportait largement sur ce que T.S. Eliot avait auparavant, sans doute en réponse à la pique de G.H. Lewes citée plus haut,[24] décrit comme « Webster's magnificent nightmare ». Cette fois on avait effectivement affaire à une réalité qui dépassait de loin la fiction en horreur et en cruauté.[25]

L'apport de la mise en scène

La mise en scène de la pièce qui a fait date et à laquelle tous les critiques se réfèrent depuis est celle qui, sous la direction de George Rylands, s'est ouverte à Londres, le 18 avril 1945, trois semaines avant la mort d'Hitler et la capitulation de l'Allemagne, au Théâtre Royal de Haymarket. En complément du spectacle, une édition de la pièce avait été publiée avec des introductions de George Rylands et de Charles Williams.[26] Elle était illustrée par des planches du dessinateur Michael Ayrton, marquées par une influence clairement expressionniste*, qui montraient des corps agglutinés, convulsés et déformés (ceux des fous qui

23. « [...] in 1945 a rare stage success of *The Duchess of Malfi* occurred in London shortly after commanders at Buchenwald and Dachau had proven the truth of creations like Ferdinand and the Cardinal ». Don D. Moore, *Webster: The Critical Heritage*, in Neill, *Duchess*, p. 215. Selon Charles R. Forker, *Skull Beneath the Skin. The Achievement of John Webster*, Southern Illinois University Press, Carbondale and Edwardsville, 1986 « Webster's much debated horrors [...] no longer excite the same outrage as they once did. The most highly acclaimed production of *The Duchess of Malfi* in our century (with John Gielgud as Ferdinand, Cecil Trouncer as Bosola, and Peggy Ashcroft in the title role) was mounted in London in 1945, just when the unspeakable enormities of the Nazi holocaust were coming fully to light. What had seemed like fantastic and tasteless excesses to the more sheltered audiences of earlier generations suddenly took on a frighteningly new credibility [...] Auschwitz, Belsen, Buchenwald, and Dachau, the gulags of Soviet Russia [...] have prepared us to react to Webster's extreme savagery in an altered frame of reference ».

24. « *The Duchess of Malfi* is a nightmare, not a tragedy ».

25. Dans sa conférence sur la pièce en libre accès sur le site audio cité en fin de volume, Emma Smith attribue le succès de cette mise en scène à la conjonction unique entre ce qu'elle appelle « l'inhumanité de la pièce » et les circonstances historiques qui ont révélé l'exsitence des camps de la mort et de la Shoah : « The play had found its moment ».

26. Londres, Sylvan Press, 1945.

envahissent le palais à l'acte 4),[27] afin de donner une idée très concrète de la douleur psychique. Le rôle de la Duchesse était confié à la grande Peggy Ashcroft tandis que John Gielgud campait un Ferdinand chez qui s'affichaient clairement tous les symptômes de la névrose et de pulsions incestueuses refoulées. Une autre mise en scène célèbre de la pièce, celle de Bertolt Brecht qui bénéficia pour l'occasion de la collaboration du poète W.H. Auden, fut présentée en 1946 à New York. L'approche était d'ordre matérialiste et la pièce avait été remaniée pour mettre l'accent sur l'oppression exercée par l'Église et l'État sur les individus. Depuis, *La Duchesse* est régulièrement montée au théâtre[28] et elle est désormais saluée comme l'une des toutes meilleures de la période dite jacobéenne (1603-1625). Il faut bien entendu saluer cette conjonction assez rare de la littérature et de l'histoire, ce moment où une pièce de théâtre souvent décriée révèle à un auditoire littéralement pris aux tripes à quel point elle était en avance sur son temps. Mais, une fois ce moment passé, il semble qu'un excès d'horreur, de sang et de sensationnel produit parfois l'effet inverse de ce qui est attendu : « After efforts in the study of Webster, critics in the theatre have all too often continued to hear titters replacing terror and to see comedy replacing catharsis ».[29] Plus loin, le critique revient sur la difficulté qu'il y a à monter Webster, et *La Duchesse* en particulier, au théâtre :

27. Voir le site : https://luna.folger.edu/luna/servlet/detail/FOLGERCM1~6~6~225091~114620:The-Duchess-of-Malfi---by-John-Webs (consulté le 13 juin 2018)

28. Notons que le spectacle qu'Adrian Noble, le futur directeur de la Royal Shakespeare Company, a monté en 1980 au Royal Exchange de Manchester, a été repris à Paris l'année suivante au Carré Sylvia Monfort sous le titre de *La Duchesse d'Amalfi* avec Sylvia Monfort dans le rôle titre et Raf Vallone dans celui de Bosola. L'adaptation française était de Michel Arnaud. Une autre mise en scène de la pièce par Matthias Langhoff et réalisée à partir d'une traduction de Claude Duneton, fut présentée au cours de l'hiver 1991 au théâtre Vidy de Lausanne. Vingt ans plus tard, celle d'Anne-Laure Liégeois conduit Fabienne Darge à voir dans la pièce de Webster un « diamant noir » et « une redécouverte comme le théâtre en offre rarement » (*Le Monde* daté du 26 janvier 2011). La mise en scène de la pièce par Dominic Dromgoole en 2014 au « Sam Wanamaker Theatre » tout juste créé dans l'enceinte du Globe à Londres est, comme l'article du *Monde*, en partie accessible en ligne. Voir pour cela les sites internet mentionnés en fin du présent ouvrage. Cette mise en scène a bénéficié de conditions de jeu proches de celle du théâtre des Blackfriars, où elle fut montée pour la première fois quatre siècles plus tôt, en 1614. Le film tiré de ce spectacle peut être loué ou acheté sur le site du Globe. On trouvera encore sur Youtube de nombreux extraits du film que James Mac Taggart a réalisé en 1972 pour la BBC et qui s'ouvre sur une potence montrée en gros plan. La bande son commence par faire entendre un bruit de galop de chevaux avant que ne résonnent les battements de tambour et les trompettes de l'ode composée par Purcell pour les funérailles de la Reine Mary. Voir le lien : https://www.youtube.com/watch?v=M3NT4lnanTk

29. Don D. Moore, *Critical Heritage*, « Introduction », p. 20.

> For all its appeal to myth, ritual symbol, and absurdist canons, Webster's plays on stage admit to at least two confusing perspectives: the court of Malfi, for instance, is seen in naturalistic terms while Ferdinand and the Cardinal inhabit the nightmare world of the grotesque. That a director can successfully fuse these perspectives in a truly satisfying stage performance has yet to be fully demonstrated. [30]

Cette difficulté qu'il y a à faire coexister réalisme et fantastique, pour ne pas dire tragédie et burlesque ou humour noir, a ouvert la porte à des mises en scène iconoclastes comme celle de Matthias Langhoff à Lausanne, où le parti d'en rire était effectivement une option, sans parler de l'accent mis franchement sur le sexe et la violence, que l'intéressante traduction de Claude Duneton a effectivement permis de privilégier dans la pièce.

La modernité de *La Duchesse*

En dehors de sa noirceur et de son pessimisme, de son exaltation de l'horreur et de la présence dérangeante d'un imaginaire passablement dépravé, l'œuvre met en avant un extraordinaire personnage de femme, désireuse de garer la maîtrise de son destin et n'hésitant pas à affronter l'ordre patriarcal, hypocrite et misogyne incarné par ses deux frères, Ferdinand et le Cardinal, ainsi que par leur homme de main, Bosola. Ce portrait d'une héroïne peu commune est complété par les personnages attachants de Cariola, la suivante de la Duchesse ainsi que par Julia, l'épouse de Castruchio et la maîtresse du Cardinal. Pareille tragédie résonne aujourd'hui comme un manifeste féministe avant l'heure sans qu'on puisse pour autant la réduire à cette seule dimension. Une grande création littéraire doit en effet pouvoir dire plusieurs choses à différentes époques et c'est bien le cas de *La Duchesse*, dont nous allons étudier les diverses facettes pour tenter d'éclairer ce qu'on pourrait appeler la vision webstérienne du monde. Louis Gianetti la considère comme un superbe ensemble visuel et une mécanique dramatique d'une haute précision :

> All of the dramatist's artistic variables – dialogue, plot, imagery, gestures, symbols, emblems, incidents, and spatial relationships – are

30. Don Moore, *Critical Heritage*, p. 20.

> harmonized in a manner so subtle, yet so theatrical, that the play might well represent the most complex tragedy in the entire range of Jacobean drama.[31]

Complexe et tortueuse, la tragédie de John Webster l'est à coup sûr et elle demande une lecture attentive pour être pleinement appréciée et comprise. Cela dit, ce jugement qui date de la fin des années soixante et qui s'inscrit en faux contre le procès en incohérence précédemment fait au dramaturge demande certainement à être nuancé, tout comme l'affirmation suivante selon laquelle « [...] la pièce [...] semble faite d'événements sensationnels, certes, mais [sa] force rhétorique repose sur [son] extrême cohérence conceptuelle. »[32] Voilà qui en effet surprend et qui demanderait à être démontré, d'autant que la grande majorité des critiques insistent au contraire sur la fragmentation et le mélange des genres et des styles. C'est aussi une tragédie « impure », comme l'indique Inga-Stina Ewbank dans un article souvent cité,[33] et qui, par son recours au grotesque*, se rapproche beaucoup de la tragicomédie.[34] Si, pour les uns, le texte est puissant et précurseur, il reste, aux yeux des autres, entaché d'imperfections stylistiques et dramatiques. Mais ce qui a surtout changé à la fin du XXe et au début du XXIe siècles, ce sont les conditions de réception de cette œuvre. Ainsi,

31. « A contemporary view of *The Duchess of Malfi* », *Comparative Drama*, Vol. 3 N° 4 (Winter 1969 - 70), p. 307.
32. *La Duchesse d'Amalfi* in *Théâtre élisabéthain*, vol. II, p. 1718. Une telle affirmation prend aussi à contrepied le célèbre vers de John Donne dans le « Premier Anniversaire » et dont l'influence sur Webster a été amplement soulignée, où le poète s'exclame « 'Tis all in pieces, all coherence gone. » Pour Catherine Belsey, il y a bien cohérence, mais cohérence dans la manière d'appréhender le mal dans un monde déchu : « The Duchess goes her own way (1.1.321) and is murdered. Service to Ferdinand is deadly, opposition vain. The play suggests no way of reaching the ideal of the French court, cleansed and life-giving. It is presumably for this reason that Webster has so consistently seemed to critics incoherent, morally anarchic, or nihilistic. In reality, I suggest, the play constitutes a rigorously coherent exploration of evil in a fallen world, and the coherence is the paradoxical product of its contradictory structure. [...] The tension between realism and abstraction alternately involves the spectators and draws their attention beyond the intensity of the play's action to its anatomy of the world, inviting them to perceive the world as a deep pit of darkness, irradiated by the memory of innocence [...]», Belsey, Catherine, « Emblem and Antithesis in *The Duchess of Malfi* » in Harold Bloom ed., *John Webster's* Duchess of Malfi, New York, Chelsea House Publishers, 1987 (pp. 97-113), p. 112.
33. Inga Stina Ewbank (Ekeblad), « The Impure Art of John Webster », *Review of English Studies*, IX (1958), Oxford, Oxford University Press, 253-67, in Norman Rabkin ed., Twentieth Century Interpretations of *The Duchess of Malfi*, Englewood Cliffs, N.J., 1968, pp. 49-64.
34. Voir la démonstration de J.R. Mulryne dans son article « Webster and the Uses of Tragicomedy ».

au vu des drames absurdistes d'un Beckett et d'un Pinter,[35] du « théâtre de la catastrophe » d'Howard Barker ou encore du mélange de violence et de sexe chez une Sarah Kane, Webster apparaît un peu comme un avant-gardiste des années 1610-20. Par-delà les reproches qui ont pu lui être adressés, on met désormais beaucoup moins l'accent sur la sensibilité prétendument « baroque » de l'auteur, que sur sa dénonciation des scandales de la monarchie jacobéenne au sein d'un ensemble ambigu et complexe qui annonce la déconstruction des genres et des structures[36] et le relativisme du postmodernisme.

35. De façon un peu inattendue, Don D. Moore (op. cit., p. 21) ajoute Tennessee Williams à la liste : « Webster remains the Tennesse Williams of the Jacobeans. With women at the centre of his plays, Webster is, like Williams, darkly theatrical and poetically effective at his best, yet extravagantly rhetorical and implausible in his excesses. » Pour J.R. Mulryne, ce qui rapproche la pièce de Webster du théâtre dit de l'absurde, c'est la thématique de la solitude existentielle de tout individu qui autorise leur cohabitation sur un même terrain au sein d'une vision commune : « I would be prepared to argue that the major inspiration of *The Duchess of Malfi*, radiating into every aspect of the dramatic style, may be pertinently described as an intuition of the solitude of the individual – every man's consciousness his own prison [...] If we had to specify a theme that runs through modern drama – finding its origin perhaps in Strindberg, much extended by Pirandello, and central to the theatre of the Absurd – we might no doubt offer something rather like what we are claiming as the common theme of *The Duchess* », « Webster and the Uses of Tragicomedy », p. 155.

36. Voir sur ce point l'article de Jacqueline Pearson, « Tragedy and Anti-tragedy in *The Duchess of Malfi* » in Harold Bloom ed., *John Webster's* The Duchess of Malfi, New York, Chelsea House Publishers, 1987, pp. 75-86.

[illegible]

[illegible]

Chapitre I
John Webster, sa vie, son œuvre

Une vie encore assez mal connue

Jusqu'en 1976, date à laquelle Mary Edmond publia ses recherches sur la biographie de Webster (1578/80-1638 ?),[1] on ne savait pratiquement rien de la vie du dramaturge car les archives de sa paroisse, celle de St Sépulcre dans le quartier de Smithfield à Londres,[2] furent détruites lors du Grand Incendie de 1666. Le père de John Webster avait fait fortune dans la fabrication, la location et la vente de charrettes et de calèches ainsi que des chevaux et de leur équipement pour la traction. Il était devenu un membre éminent de la puissante corporation des Marchands Tailleurs car, à cette époque, il n'existait pas de guilde rassemblant les fabricants de coches. La justification de son rattachement à la guilde des Marchands Tailleurs tenait au fait que ces derniers façonnaient les draperies nécessaires aux funérailles ainsi que les costumes pour la scène et les processions civiques, appelées *pageants**,[3] tandis que John Webster et ses confrères s'occupaient de fournir les fourgons funéraires pour transporter les cercueils, les véhicules pour porter les bagages des acteurs ainsi que les plateformes utilisées pour les représentations théâtrales de plein air. Les attelages à deux roues, chariots ou simples charrettes, servaient en outre à conduire à l'échafaud, à Tyburn, les

1. Mary Edmond, « In Search of John Webster », *Times Literary Supplement* (24 décembre 1976), pp. 1621-22. Voir aussi Leah Marcus, *The Duchess of Malfi*, « Introduction », pp. 2-10, et David Gunby, « John Webster », *Dictionary of National Biography* (*DNB*), Oxford, Oxford University Press, 2018.
2. Ce quartier n'avait rien de particulièrement reluisant ainsi que l'explique Muriel Bradbrook : « The parish of St Sepulchre in the Ward of Farringdon Without, the most westerly ward of the City, was not a fashionable quarter. […] The squalor was increased by the dung and stench from the horse market, which not even paved until 1615 », *John Webster. Citizen and Dramatist*, Londres, Weidenfeld and Nicolson, 1980, p. 13.
3. Voir François Laroque, *Shakespeare's Festive World*, Cambridge, Cambridge University Press, 1991, pp. 55-7.

condamnés de Newgate (la prison située non loin du domicile-atelier des Webster à l'angle de Hosier Lane et de Cow Lane) comme ils étaient aussi utilisés pour fuir la ville lors des épidémies de peste. Ils servaient encore de « taxis » pour conduire les spectateurs au théâtre, ce dont ne manque pas de se plaindre John Taylor (1578-1653), plus connu sous le surnom de « The Water-Poet »,[4] du fait de l'affluence, du bruit et des encombrements qu'ils créaient à cette occasion :

> [...] neither are these Coaches onely thus cumbersome by their Rumbling and Rutting, as they are by their standing still, and damming up the streets and lanes, as the Blacke Friers, and divers other places can witnes, and against Coach-makers doores the streets are so pestered and clogg'd with them, that neither man, horse or cart can passe for them...[5]

De façon semble-t-il notoire à Londres – de nombreuses comédies citadines et satiriques contemporaines comme celles de Thomas Middleton y font en effet allusion à plusieurs reprises – ces calèches servaient aussi à transporter des dames se rendant secrètement à des rendez-vous dans des auberges situées à l'extérieur de la ville. Leah Marcus n'hésite pas à qualifier « de bordels ambulants »[6] ces abris à coup sûr peu confortables de la galanterie citadine. Dans la pièce, c'est bien par ce biais que le troisième Fou, le curé érotomane qui vient torturer mentalement la Duchesse dans sa prison, prétend avoir été cocufié par sa femme :

> Woe to the caroche that brought home my wife from the masque at three o'clock in the morning! It had a large feather-bed in it. (4.2.100-102)[7]

Bordels ambulants ou charettes pour l'échafaud, ces véhicules sortaient tous de l'atelier des Webster. Du fait de l'utilisation souvent contraire à leur destination de départ des instruments de locomotion urbaine qu'ils mettaient à disposition des citoyens, cette entreprise familiale offrait donc des raccourcis aussi saisissants

4. Dans un texte intitulé « The World Runnes on Wheeles ».
5. *Works of John Taylor, The Water-Poet*, The Spenser Society, Manchester, 1869, p. 238.
6. *The Duchess of Malfi*, op. cit, p. 4.
7. Dans la pièce de Dekker, ami et collaborateur de Webster, intitulée *A Tragicomedy: Match me in London* (1611), le coche est qualifié de « Bawdy house [...] / That runs on four wheels » (2.4.109-10) in Fredson Bowers ed., *Thomas Dekker, Dramatic Works*, 4 vol., Cambridge, Cambridge University Press (1953-61), III, 1958.

qu'inattendus où l'on peut trouver des illustrations de ces moments forts de ce théâtre de la mort et du sexe composé par l'aîné du clan. Il ne faudrait pas pour autant oublier ou négliger la dimension spirituelle qui était l'une des grandes préoccupations de ces protestants convaincus. Les biographes du dramaturge remarquent en effet que John Webster senior fut en 1605 l'un des vingt-quatre signataires qui approuvèrent la donation de 50 livres consentie par un certain Robert Dowe et dont le but était d'assister spirituellement les condamnés à mort dans leurs derniers moments. Le sacristain chargé de cet office, payé une livre et demie pour cela, leur rendait visite en passant par un souterrain qui reliait l'église à la prison avant de les exhorter à ce que Bosola appelle « mortification » (4.2.164) dans la pièce, c'est-à-dire l'appel à la prière et au repentir. Il prenait alors à la main une petite cloche don du même bienfaiteur, pour la faire sonner à cette occasion.[8] Le dramaturge y fait allusion à l'acte 4 de sa tragédie quand Bosola, qui se présente sous les traits du sonneur public, annonce à la Duchesse qu'elle va être exécutée :

I am the common bellman
That usually is sent to condemned persons
The night before they suffer... (4.2.160-62)

En dehors des éloges de circonstances que l'on trouve dans les poèmes liminaires de l'in-quarto de 1623, les jugements de ses contemporains sur l'homme et l'écrivain sont peu amènes à l'égard du dramaturge. On voit en effet en lui un simple fabricant de charrettes qui se pique de prétentions littéraires alors qu'il ne fait pas partie des personnes de qualité. Parmi eux, un certain Henry Fitzgeffrey, ancien étudiant en droit de Lincoln's Inn, un homme connu pour sa plume acerbe à l'égard de ceux qui avaient fréquenté le collège rival du Middle Temple, où Webster fut probablement inscrit, publia des « Notes from Black-Fryers » dans un recueil de poèmes satiriques intitulé *Certain elegies, done by sundrie excellent wits With satyres and epigrames* (Londres, 1618). Il s'y montre particulièrement mordant à l'égard du dramaturge qu'il aperçoit à une représentation dramatique donnée au théâtre des Blackfriars* :

But hist! with him Crabbed (*Websterio*)
The *Play-Wright, Cart-Wright:* whether? either! *ho* –

8. Voir Charles R. Forker, *Skull Beneath the Skin*, p. 21.

> No further. […] Was ever man so mangl'd with a *Poem*?
> See how he drawes his mouth awry of late
> How he scrubs: wrings his wrests: scratches his Pate.
> A *Midwife*! helpe! By his *Braines coitus*,
> Some *Centaure* strange: some huge *Bucephalus*,
> Or *Pallas* (sure) ingendred in his *Braine*,
> Strike *Vulcan* with thy hammer once again.[9]

Ces vers de mirliton visent à rabaisser le dramaturge (« *Play-Wright* ») en faisant de lui un simple artisan qui est mis sur le même plan que son frère Edward, le fabricant de charrettes (« *Cart-Wright* »). Ils moquent ensuite ses deux comédies citadines, *Westward Ho!* et *Northward Ho!* (« whether? either! *ho* – / No further »), écrites en collaboration avec Thomas Dekker en 1604 et 1605, avant de s'en prendre à son caractère réputé grincheux et acariâtre (« Crabbed ») ainsi qu'à une écriture considérée comme lente et particulièrement laborieuse (« scratches his Pate », « A Midwife! helpe! »). Ils le présentent en outre comme un poète parvenu[10] qui, auteur d'une production littéraire, décrite à grand renfort d'images mythologiques, jugée des plus médiocres, se targue de fréquenter le gratin dans un théâtre qui était le rendez-vous des gens à la mode et de l'élite intellectuelle de Londres. Quant à la parenthèse qui italianise le nom du dramaturge (*Websterio*), elle fait très probablement allusion au fait que ses deux grandes tragédies ont l'Italie pour cadre.

Un événement traumatique

On voit combien il était alors difficile d'échapper alors à sa « condition » puisqu'on ne cesse de réduire notre poète dramaturge à son activité familiale d'artisan spécialisé dans la confection et la fourniture de coches et de calèches. Sans

9. In *Satyres and Satyricall Epigrams*, Londres, 1617. Neill, op. cit., p. 187.
10. Shakespeare avait, lui aussi, été victime de ce type d'attaque quand le polygraphe Robert Greene le qualifia de « corbeau parvenu, embelli de nos plumes » dans un opuscule intitulé *Greenes Groatsworth of Witte, bought with a million of repentance* (1592). Greene cloue ainsi au pilori celui en qui il voyait un plagiaire, un simple acteur n'ayant pas fréquenté l'université et qui avait l'audace insigne d'écrire des pièces de théâtre, au demeurant très populaires, accusées de piller les créations issues des « beaux esprits de l'université », au rang desquels l'auteur de ce pamphlet resté célèbre n'hésitait pas à se ranger en tant qu'ancien étudiant d'Oxford et de Cambridge. Le portrait donné ici de Webster reflète le snobisme et la morgue de classe de celui qui critique les origines modestes ou bourgeoises de notre auteur.

vouloir le moins du monde adopter un point de vue qui procède du jugement de classe plus que d'une appréciation sérieuse de ses écrits, il est néanmoins possible de prendre en compte ce qui, dans son entourage immédiat, a pu influencer l'écriture de Webster et les images auxquels il recourt dans son œuvre. Comme nous l'avons vu, les fabricants de coches étaient alors rattachés à la corporation des Marchands Tailleurs du fait de leur collaboration au moment des cérémonies d'enterrement. Les processions funéraires les plus somptueuses étaient évidemment celles qui concernaient la famille régnante. La tradition était alors d'installer sur le cercueil une effigie de cire richement parée qui représentait la personne du défunt ou de la défunte, le tout étant placé sur un attelage recouvert d'un baldaquin armorié et tiré le long des rues de la ville par des chevaux caparaçonnés.[11] David Bergeron explique que l'idée perverse de Ferdinand d'exhiber devant sa sœur prisonnière des cadavres de cire trouverait son origine dans cette pratique nécessairement bien connue de Webster. Il faut en effet savoir qu'en novembre 1612 Henry Stuart, fils aîné de Jacques 1er et Prince de Galles, alors seulement âgé de dix-huit ans, venait de trouver une mort brutale qui, d'après l'autopsie pratiquée par les médecins, était due à la fièvre typhoïde.[12] Ce jeune homme précoce, fin lettré et partisan d'un renouveau de la chevalerie, champion d'un protestantisme rigoureux proche du calvinisme, était idolâtré par ceux qui, comme Webster, voyaient en lui l'espoir et le renouveau de la monarchie face à un Jacques 1er tyrannique et corrompu. Comme pour beaucoup de membres de la bourgeoisie urbaine dont il était issu, Henry était devenu un recours à la suite des mécontentements qui s'accumulaient dans la partie la plus engagée des protestants face au luxe tapageur de la Cour et à la complaisance du roi à l'égard des milieux catholiques et de l'Espagne. Car, plus de vingt ans après la défaite de l'Invincible Armada, l'hispanophobie était toujours très vive en Angleterre. À l'instar de nombreux poètes et dramaturges contemporains comme John Donne et George Chapman, Webster écrivit un poème intitulé « A Monumental Column », élégie funèbre à la gloire et à la mémoire du Prince aimé et trop tôt disparu. Pour ces funérailles princières, on avait fait réaliser une effigie en cire grandeur nature de l'héritier du trône qui

11. Voir à ce sujet l'article de Margaret Owens, « John Webster, Tussaud Laureate. The Waxworks in *The Duchess of Malfi*, *ELH*, Vol. 79, N°4 (Winter 2012), pp. 851-77.

12. David Bergeron, « The Wax Figures in *The Duchess of Malfi* », *SEL* (*Studies in English Literature*), 1500-1900, Vol. 18, N°2, Elizabethan and Jacobean Drama (Spring, 1978), pp. 333-34. Voir aussi Michael Neill, *Issues of Death. Morality and Identity in English Renaissance Tragedy*, Clarendon Press, Oxford, 1997, p. 339.

avait ensuite été placée sur un catafalque tiré par huit chevaux noirs avant d'être exposée à l'intérieur de l'Abbaye de Westminster.[13] Il n'est donc guère douteux que cet événement véritablement traumatique aura marqué durablement la mémoire du dramaturge, une mémoire qu'avant cela, le jeune Webster avait dû apprendre à utiliser et à développer dans le cadre de son éducation. Car, selon une tradition instaurée à partir de 1534 dans des écoles comme Eton sous l'impulsion de son directeur, le dramaturge Nicholas Udall, les universités anglaises encourageaient la pratique du théâtre en tant que moyen pédagogique. C'était, pour cet auteur doublé d'un grand pédagogue une façon efficace et ludique de permettre à ses élèves de développer leur mémoire et un moyen d'apprendre à se donner une contenance en public et de dominer son trac.

Les années de formation

On ne sait pas grand chose de ce que furent ses années de formation, mais il est vraisemblable que John Webster commença par fréquenter la très réputée Merchant Taylor's School, longtemps dirigée par le pédagogue humaniste Richard Mulcaster (1530 ?-1611). Ce dernier demandait ses élèves de pratiquer des activités aussi variées que la musique, la danse, le tir à l'arc, la mise en scène de pièces de théâtre et il les encourageait à prendre part à des *pageants** ainsi qu'à d'autres cérémonies civiques. Par la suite, Webster a sans doute été admis au Middle Temple, l'un des célèbres collèges des *Inns of Court** londoniens. Une inscription en latin, qui figure dans les archives de cette institution, signale en effet que, le 1er août 1598, y fut admis « Maître John Webster [...] gentilhomme, le fils et l'héritier de John Webster de Londres, gentilhomme ».[14] Si les noms semblent bien correspondre, l'appellation de « gentilhomme » à propos d'un milieu d'artisans pose problème et laisse donc planer un doute sur l'identité réelle de la personne ainsi désignée. Ses biographes sont malgré tout d'avis qu'il s'agit bien

13. Voir sur ce point le commentaire de F.L. Lucas dans son édition de la pièce : « A year or two before this play was acted, the citizens had watched a wax effigy of the dead Prince Henry borne through the London streets. » (*The Duchess of Malfi*, Londres, Chatto and Windus, 1958, p. 187) ; voir aussi l'article de David M Bergeron, « The Wax Figures in *The Duchess of Malfi* », *Studies in English Literature, 1500-1900*, vol. 18, N°2, Elizabethan and Jacobean Drama (Spring, 1978), pp. 333-36.

14. Voir F.L. Lucas, *The Complete Works of John Webster*, Londres, Chatto and Windus, 1927, 4 vol., I, pp. 49-50.

là du dramaturge.[15] Au Middle Temple, il ne s'agissait pas seulement d'étudier le droit mais aussi la théologie, la rhétorique, la poésie, la philosophie, la médecine ou encore l'astronomie (on en trouve de nombreux échos dans *La Duchesse*) et, plutôt que d'avoir à suivre des cours magistraux, les jeunes « Templarians » comme on les appelait alors, devaient s'exercer à des débats appelés « moots » ou « boltings » au cours desquels ils devaient utiliser des arguments de type juridique.[16] Il leur fallait alors faire preuve d'agilité intellectuelle et montrer qu'ils disposaient d'un vocabulaire aussi vaste que varié, ce qui leur permettait d'acquérir peu à peu l'aisance et les manières requises pour réussir ensuite dans les cercles élevés de la société et accéder ainsi aux emplois les plus prestigieux de l'État monarchique. Cet environnement social, culturel et éducatif favorisait un culte du bel esprit, le sens de la répartie ainsi qu'une forme de désinvolture cynique. Pour ce qui est des opinions religieuses, il semble que le non-conformisme puritain y ait eu une influence plus importante que les croyances catholiques traditionnelles et les controverses entre protestants y opposaient régulièrement les calvinistes aux presbytériens.* De manière générale, les jeunes gens bien nés qui étaient admis dans ce milieu au cours des années 1590 pratiquaient l'impertinence et une forme d'iconoclasme irrévérencieux suscité par un goût prononcé pour la satire et le désir de provoquer, voire de choquer. Le personnage de Malevole dans *Le Malcontent* (1603), de John Marston (1576-1634), l'un de ses condisciples au Middle Temple, en donne une illustration, d'autant, il faut le remarquer, qu'il s'agit d'une pièce à laquelle Webster ajouta une « Induction »*. Les élégies libertines d'un John Donne (1572-1631) en sont un autre exemple. L'influence que ce poète, né dans une famille catholique, converti au protestantisme et devenu plus tard Doyen de la cathédrale Saint Paul, a exercée sur l'écriture du dramaturge est tout à fait perceptible dans un grand nombre d'images et dans quelques-unes des formules frappantes de *La Duchesse*.[17]

15. Voir M.C. Bradbrook, *John Webster*, p. 28.

16. À ce sujet, voir Dominique Goy-Blanquet, *Côté cour, côté justice*, Paris, Classiques Garnier, 2016, p. 138.

17. Voir Brian Gibbons, *John Webster.* The Duchess of Malfi, Londres, Methuen (New Mermaids), (2003), 5e édition, 2013, « Critical Introduction », pp. 5-6. Gibbons cite *Ignatius His Conclave* (1611), violente satire en prose écrite contre les catholiques en général et les jésuites en particulier, ainsi que les deux *Anniversaires* (1612), sombres poèmes de méditation écrits à l'occasion de la mort tragique d'une jeune fille de quinze ans, Élisabeth Drury.

Les deux grandes tragédies de Webster traduisent le pessimisme des protestants les plus engagés à ce moment de l'histoire anglaise et elles insistent à ce titre sur le caractère désespéré, voire absurde de la condition et de la vie humaines.[18] L'accent mis sur la mélancolie dit sans doute quelque chose de l'hypersensibilité de cet auteur pour qui le théâtre constituait probablement une manière d'exutoire. Cette hypersensibilité cachait aussi très probablement une grande susceptibilité face à la critique, comme on le constate dans l'adresse au lecteur qu'il rédigea en guise de préface au *Démon blanc* : il traite en effet d'« ignorant asses » les spectateurs du Red Bull, le théâtre où la pièce fut jouée pour la première fois et il trouve bon de répondre à ceux qui critiquent sa lenteur d'écriture. Au passage il se compare à Euripide, ce qui montre aussi la haute estime qu'il avait de sa personne et sa grande confiance en ses talents de dramaturge.[19]

Webster, pie voleuse ou bricoleur inspiré ?

Mais, pour hérissée qu'ait pu être sa nature et pour susceptible qu'il se soit montré face à ce qu'il considérait comme une incompréhension ou une injustice, il reste qu'il y a chez Webster un goût prononcé pour l'allusion pédante. Cela ne peut être nié, pas plus que la présence d'une syntaxe parfois lourde qui sent l'effort, sans parler de sa construction dramatique qui a fait l'objet de fréquentes critiques. On ne compte pas non plus les emprunts qu'il fait à de très nombreux auteurs tant il se plaît à recycler certaines images, formules ou expressions issues de ses propres textes dans une forme d'autocitation quelque peu obsessionnelle, mais aussi et surtout des autres, adepte qu'il est du chapardage littéraire, « pie voleuse » de toutes sortes de richesses et de trouvailles lexicales ne lui appartenant pas en propre (« magpie method of composition »).[20] Cette mosaïque

18. Voir l'analyse de Jean-Pierre Maquerlot, « Le temps du tragique dans *The Duchess of Malfi* » in Pierre Iselin et Jean-Pierre Moreau ed., Le Songe d'une nuit d'été *et* La Duchesse de Malfi. *Texte et représentation*, Trames, Limoges, Presses de l'Université de Limoges, 1989, p. 230 : « La plupart des auteurs ont insisté sur le caractère incohérent, déboussolé, enténébré, désespéré et, pour tout dire, absurde du « monde » de John Webster. Son théâtre, et particulièrement *The Duchess of Malfi*, serait une superbe illustration du constat poético-philosophique que dresse John Donne dans son célèbre *First Anniversary* intitulé « Anatomy of the World » [...]: 'Tis all in pieces, all coherence gone... »

19. In René Weis ed., *John Webster*, p. 3.

20. L'expression est de Michael Neill, *Duchess*, p. xxiv. Voir à ce sujet l'étude détaillée de R.W. Dent, *John Webster's Borrowing*, Berkeley, University of California Press, 1960 qui recense ses principaux emprunts. Et l'analyse de Leah Marcus, *The Duchess of Malfi*, « Introduction », pp. 48-55. Pour

de citations d'origines diverses (Sidney, Donne, Montaigne, Shakespeare) ainsi que l'ensemble d'adages, de proverbes, de sentences prises à droite et à gauche, autant que son recours fréquent à des images emblématiques, trouve peut-être son origine dans un livre de raison (« commonplace book »), sorte d'aide-mémoire qu'aurait pu tenir l'auteur et dans lequel il pouvait consigner les phrases et les images qui l'avaient frappé au cours de ses lectures.[21] Mais il s'agit moins là du pillage organisé d'un patrimoine littéraire contemporain que d'une forme de bricolage et de collages judicieux qui font de son écriture une véritable chambre d'échos. Quant à son style, on pourra le définir comme bigarré ou métissé. En effet, parmi les nombreux mots clés de la pièce le mot « écho »[22] sert bien sûr au premier chef à évoquer la présence spectrale de la Duchesse à l'acte 5 mais aussi à justifier un système de répétitions et de motifs récurrents au sein d'une structure d'ensemble marquée par la circularité et le retour et qui donnent lieu à des effets d'ironie dramatique*.[23] Il s'agit du retour de phrases et de voix du passé mais aussi d'un retour du refoulé. L'obsession du secret dans la pièce va en effet de pair avec l'enfouissement, la dénégation, voire l'aveuglement.[24] De

---

Bernard Beckerman, *Five Plays of the English Renaissance*, New York, Penguin, 1983, « [d]ans le domaine des emprunts l'appétit de Webster était gargantuesque. Il tirait des expressions et des sentences morales d'une large panoplie de documents. Il greffait si adroitement tout cela sur son histoire si adroitement que le résultat final paraît à la fois homogène et spontané. De ces emprunts émerge une atmosphère originale qui appartient entièrement à Webster », cité et traduit par Claude Duneton, *La Duchesse*, p. 13.

21. Rupert Brook, qui a bien noté tout cela, écrit à ce sujet : « A man tends to collect quotations, phrases, and ideas, that particularly appeal to and fit in with his own personality. If that personality is a strong one, and the point of his work is the pungency with which it is imbued with this strong taste, the not too injudicious agglutination of these external fragments will vastly enrich and heighten the total effect. And this is, on the whole, what happens with Webster. » Voir *John Webster and the Elizabethan Drama*, Londres, Sidgwick & Jackson, 1916, pp. 155-56. De son côté, J.R. Mulryne analyse ce qu'il appelle « Webster's dramatic adventurousness » et qu'il situe ainsi : « in the discontinuities of the dialogue, where fluency is interrupted by the satiric commonplaces, the *sententiae*, the phrase-making, the moral anecdotes, the sometimes almost vulgarly emotive imagery », « Webster and the Uses of Tragicomedy », p. 151.

22. V. Charles R. Forker, *Skull beneath the Skin*, p. 359.

23. « S'il sait surmonter l'obstacle de la durée et faire preuve de vigilance, le spectateur appréciera les effets de symétrie, d'écho, de retournement ou de détournement qui résultent de la comparution simultanée du passé et du présent instaurée par l'ironie dramatique ». Maquerlot, « Le temps du tragique », p. 235. Pour Forker, « [...] in *The Duchess of Malfi* Webster imposes a kind of artistic coherence upon the fragmentary and inconclusive universe of the play through a pattern of verbal and visual parallels », p. 357.

24. Voir infra l'analyse de la sexualité dans la pièce, notamment pour ce qui concerne Ferdinand, pp. 193-95.

façon plus générale, on pourrait parler d'une orchestration de ces divers jeux d'écho et de résonance qui donnent à entendre, certes en sourdine, mais de façon suffisamment claire, certains des secrets et des scandales plus ou moins étouffés de l'actualité politique du Londres de Webster. Car, à cette époque, dans les milieux que fréquentait le dramaturge – et cela bien avant que les ballades, libelles et brochures satiriques de tout poil ne l'étendent au pays tout entier en faisant leur miel de ce qu'Alastair Bellany nomme « the giddy brew of power, sex and murder »[25] – toute une série de rumeurs bruissaient avant que le scandale n'éclate au grand jour à l'occasion de l'ouverture du procès Howard Carr en 1615.[26]

L'écriture et la dramaturgie webstériennes

L'écriture de Webster était en avance sur son temps, ce que sa reconnaissance tardive, deux siècles après sa mort, a amplement démontré. Dans ses textes, qu'on lui reprochait d'écrire trop lentement, sans doute moins par manque d'inspiration que parce qu'il continuait à s'occuper en parallèle de l'entreprise familiale, il recourt abondamment à ce que Montaigne nomme « l'entreglose »[27] et qu'à la suite de Julia Kristeva on appelle aujourd'hui intertextualité.[28] Par ailleurs, la structure de l'intrigue de cette seconde tragédie, que F.L. Lucas critique (il est moins sévère pour *Le Démon blanc*),[29] est qualifiée de « unplotted undulations ».[30] Aux antipodes de ces jugements, J.R. Mulryne salue quant à lui la remarquable composition « expressionniste »* du cinquième acte[31] tandis que Christina Luckyj voit dans cette « multiplicité » une technique permettant de produire des perspectives variées sur un double plan moral et visuel.[32] Ainsi le

25. Alastair Bellany, *The Politics of Court Scandal in Early Modern England: News, Culture and the Overbury Affair, 1603-1666*, Cambridge, Cambridge University Press, 2002, p. 136.

26. Voir infra, pp. 41-44.

27. « Nous ne faisons que nous entregloser » écrit-il dans les *Essais*. Montaigne, *Les Essais*, « De l'expérience », III, xiii, ed Jean Balsamo, Michel Magnien et Catherine Magnien-Simonin, Gallimard (Bibliothèque de la Pléiade), Paris, 2007, p. 1115.

28. Julia Kristeva, *Sèmiôtikè. Recherches sur une sémanalyse*, Seuil, coll. « Tel Quel », Paris, 1969.

29. « [its weakness] lies in the plot. It lives too long, when it outlives the heroine ». *The Complete Works*, I, p. 24.

30. Herbert Whittaker, in Neill, *Duchess*, p. 297.

31. J.R.Mulryne, « Webster and the Uses of Tragicomedy » in Brian Morris ed., *John Webster*, Mermaid Critical Commentaries, London, Ernst Benn, 1970, pp. 151. Voir la citation complète supra p. 20.

32. Christina Luckyj, *A Winter's Snake: Dramatic Form in the Tragedies of John Webster*, Athens,

dernier acte, qui se situe principalement dans les appartements du Cardinal, est un final quelque peu erratique et délirant qui va rejouer sur un mode burlesque[33] la scène de l'intrusion de Ferdinand dans les appartements de la Duchesse à l'acte 3, scène 2, ainsi qu'Antonio le constate lui-même :

> I have got
> Private access to his chamber, and intend
> To visit him about the mid of night,
> As once his brother did our noble Duchess. (5.1.63-66)

À la fin de la première scène de l'acte 3, Ferdinand demande à Bosola le double qu'il avait fait fabriquer afin de pouvoir s'introduire dans la chambre de sa sœur :

> *Ferdinand*
> You told me
> You had got, within these two days, a false key
> Into her bedchamber.
>
> *Bosola*
> I have. (3.1.79-81)

Et, plus tard, de manière tout à fait symétrique, c'est cette fois le Cardinal qui remet à Bosola un passe pour accéder à ses appartements :

> *Cardinal*
> There is a master key
> Of our lodgings. [*Gives a key*]; and by that you may conceive
> What trust I plant in you. (5.2.328-30)

Si l'irruption de Ferdinand dans le boudoir où sa sœur se contemple dans son miroir pour constater qu'elle commence à avoir des cheveux blancs, signe avant-coureur de la mortalité,[34] produit un bouleversement majeur qui va se

---

University of Georgia Press, 1989.

33. « Act 5 [...] is deliberately separated from the first four acts by a change in vocabulary and by an increase in pressure from comic and tragicomic incidents ». Jacqueline Pearson, « Tragedy and Anti-Tragedy », p. 81.

34. *Duchess* : « Doth not the color of my hair 'gin to change? » (4.2.58). Quand elle sera prisonnière et mise à sa merci, Bosola lui rappellera cruellement ce détail tout en insistant sur son vieillissement prématuré dû à ce qu'il imagine avoir été une vie de débauche (« riot ») : « Thou art some great

poursuivre jusqu'à l'étranglement de la Duchesse, l'intrusion d'Antonio dans la chambre du Cardinal à l'acte 5, scène 4, va, quant à elle, entraîner toute une chaîne de méprises tragiques et d'accidents qui conduisent *in fine* à la mort des deux frères, à celle d'Antonio ainsi qu'à celle de Bosola lui-même.

Les éléments autobiographiques

De même que Webster ne dédaigne pas de recourir à l'autocitation, il n'hésite pas non plus, pour autant qu'on puisse les connaître, à utiliser certains éléments autobiographiques. Ainsi en plaçant au cœur de *La Duchesse* la question du mariage, le dramaturge emprunte sans doute à son expérience personnelle. Ses biographes ont en effet découvert que c'est grâce à l'obtention d'une dispense que Webster a pu être autorisé, le 18 mars 1606, en plein carême, à épouser une certaine Sarah Peniall. Le mariage eut lieu dans une paroisse située à Islington, en dehors de Londres, sans doute parce que la fiancée était alors enceinte de sept mois (leur premier fils sera baptisé le 8 mai de la même année). Cet événement de sa vie personnelle a peut-être inspiré le passage de la pièce où nous sont signalés les efforts de la Duchesse pour masquer sa grossesse grâce à un vertugadin (« farthingale ») et à une robe flottante (« loose-bodied gown »), tous artifices vestimentaires qui lui ont permis de dissimuler aux yeux du monde son « polichinelle dans le tiroir » :

> *Bosola*
> A whirlwind strike off these bawd farthingales,
> For, but that and the loose-bodied gown,
> I should have discovered apparently
> The young springal cutting a caper in her belly. (2.1.145-48)

Après cette légère entorse aux usages du temps, il semble que les choses soient rentrées dans l'ordre, le dramaturge, son épouse et leurs trois enfants s'installant alors à Smithfield, dans le quartier familial situé près de l'église St Sépulcre.

---

woman, sure, for riot begins to sit on thy forehead, clad in grey hairs, twenty years sooner than on a merry milkmaid's ». (4.2.125-27) On sent percer ici le préjugé anti aristocratique de Bosola, pour qui les grands dorment peu ou mal, du fait de leur débauche ou de leur conscience particulièrement chargée en péchés de toutes sortes, et ils en paient le prix en affichant, contrairement à la simplicité de la joyeuse fille de campagne, des signes de vieillissement prématuré.

Au terme de ce qui ressemble à une vie à la fois calme et bien remplie, Webster aurait logiquement dû être enterré là aux côtés de ses parents, de son frère et de sa belle-sœur. Mais on ignore toujours l'endroit où il mourut comme celui où il a été enterré. Le registre de la paroisse de St Jacques située dans le quartier de Clerkenwell, en dehors des murs de la City, indique toutefois qu'un certain John Webster y fut enterré le 3 mars 1638. Mais on n'a pas la preuve formelle qu'il s'agit bien là de l'auteur de *La Duchesse*.

L'apprentissage de l'écriture dramatique

On ne sait rien de ce qui a pu être à l'origine de son attirance pour le théâtre et la carrière de dramaturge, même si le jeune Webster a nécessairement dû la découvrir au cours de sa formation au Middle Temple. On pense qu'il a peut-être entrepris un début de carrière d'acteur avant de se former progressivement en écrivant des pièces en collaboration avec d'autres dramaturges comme Antony Munday, Thomas Heywood, John Marston, Thomas Middleton ou encore John Ford. Mais c'est surtout avec Thomas Dekker que Webster allait le plus coopérer, en particulier pour les deux comédies citadines satiriques respectivement intitulées *Westward Ho* (1604) et *Northward Ho* (1605). En tout, cette œuvre collaborative compte huit pièces. Il fallut ensuite cinq années à Webster pour qu'il écrive sa première grande tragédie, *Le Démon blanc*, jouée en 1612 par la compagnie de la Reine Anne au théâtre populaire du Red Bull, au nord-ouest de la ville, dans le quartier de Clerkenwell.[35] N'obtenant alors qu'un succès des plus mitigés, ce n'est que deux ans plus tard qu'il se verra enfin consacré en tant que dramaturge majeur avec *La Duchesse*, jouée au théâtre privé des Blackfriars par les Comédiens du roi, l'ancienne compagnie de Shakespeare. La pièce sera ensuite reprise au second théâtre du Globe (le premier ayant été détruit par un incendie en 1613 lors d'une représentation de l'*Henry VIII* de Shakespeare et Fletcher). Webster allait encore écrire une pièce intitulée *Guise* en 1616, drame dont il ne demeure pas la moindre trace, puis, en 1618, *The Devil's Law Case*, où le personnage du marchand, Romelio, rappelle les malcontents* que sont Flamineo et Bosola dans les deux grandes tragédies précédentes. Suivant en cela l'exemple de Shakespeare, son modèle absolu, Webster vise pour ses pièces un public aussi large que possible, loin des affèteries élitistes de certains de ses

35. Exactement au nord de l'atelier familial des Webster dans Cow Lane.

confrères.[36] En 1624, Webster collabora à nouveau avec Thomas Heywood pour *A Cure for a Cuckold*, puis s'associa à Rowley, Dekker et Ford, dans le cadre d'une pièce aujourd'hui disparue et intitulée *A Late Murther of the Son upon the Mother, or, Keep the Widow Waking*. Puis, après avoir écrit et mis en scène *Monuments of Honour*, le *pageant* du Lord Maire intronisé la même année, il s'attelle ensuite avec John Ford et Philip Massinger à une autre tragicomédie intitulée *The Fair Maid of the Inn*, pièce commencée par John Fletcher avant d'être emporté par la peste. L'ensemble de l'œuvre de Webster, telle qu'elle a pu être rassemblée dans les quatre volumes de l'édition de F.L. Lucas, n'est donc pas négligeable. La postérité n'aura malgré tout retenu que les deux grandes tragédies de 1612 et 1614 avec, semble-t-il aujourd'hui, une nette préférence pour *La Duchesse*. Avant d'aborder l'analyse de ses principaux personnages, de ses grands thèmes et de ses images, il est nécessaire de la situer dans le contexte politique et culturel qui était le sien, celui du milieu du règne du roi Jacques 1er, au moment où l'affaire sensationnelle du remariage de la comtesse d'Essex avec Robert Carr allait révéler la désastreuse implication du roi dont l'image serait ensuite durablement mise à mal. La thèse qui est ici la mienne et qui s'appuie sur un certain nombre d'indices et sur un faisceau d'éléments convergents, est que l'Italie de Webster n'est qu'un vaste trompe l'œil où les agissements criminels des frères d'Aragon et de Bosola renvoient de fait aux terribles événements en cours dans l'Angleterre de Jacues 1er. De ces agissements, Webster, en tant qu'ami de Sir Thomas Overbury, était nécessairement informé. Par-delà ce qui est habituellement présenté comme relevant d'une sensibilité baroque, c'est-à-dire d'une tendance à l'outrance et à la réflexivité théâtrale dans le cadre d'une conception pessimiste de la vie humaine sur terre, l'auteur de *La Duchesse* nous invite à deviner, en parallèle ou en coulisses, l'existence d'un théâtre d'ombres dans sa pièce, celui où interviennent de grands personnages contemporains à la Cour ou au palais de Whitehall. La dimension topique de l'œuvre n'est donc nullement anecdotique car elle relève d'un fort engagement personnel et d'une urgence dénonciatrice dont il convient de prendre

36. Pour Charles Forker, le drame de Webster s'inscrit avant tout dans la tradition du théâtre populaire : « He was obviously attracted to the sinewy texture and laboured obscurity of Chapman, to the ostentatious learning of Jonson, and to the satiric acridness of Marston. These men and the fashions they represented helped form his taste for stylistic shock effects, for a curt and sententious rhetoric, for contemptuous posturing, for the insistent abuse of courts, for the cynical disenchantment with lawyers [...] But [...] Websterian drama *is rooted firmly in the traditions of popular entertainment* », *Skull beneath the Skin*, p. 455, c'est moi qui souligne.

la réelle mesure. Cela ne revient pas à dire que le « message » l'emporterait ici sur la qualité esthétique d'une œuvre drapée dans une enveloppe quelque peu mystérieuse et énigmatique, sans doute parce qu'elle ne peut rien dire de manière frontale, mais dont la violence et le caractère sensationnel, loin d'être purement gratuits ou racoleurs, cachent une révolte et une indignation dont la rage de Ferdinand, quand il découvre le « pot aux roses » dans la pièce, peut sans doute permettre de donner une idée.

Scandale à la Cour et à la Tour

Il n'est en effet pas anodin de constater qu'en plus de textes dramatiques, Webster publia des « caractères », c'est à dire des portraits qui annoncent ceux d'un La Bruyère en France, et qui furent ajoutés à *His Wife*, le poème écrit par Sir Thomas Overbury. Ce poème circula sous forme manuscrite avant d'être publié en 1614, pour devenir un véritable « best-seller ». Overbury l'avait écrit pour amener la comtesse d'Essex, Frances Howard, à renoncer au remariage qu'elle convoitait avec Robert Carr, le favori du roi.[37] Overbury, qui ne voyait en elle qu'une redoutable enjôleuse, une coquette ensorceleuse aux mœurs légères, et qui l'avait fait savoir, se laissa prendre au piège qu'elle avait imaginé (avec la complicité du clan Howard et l'aide de Carr) pour se débarrasser de lui. Overbury avait écrit et fait circuler ce long poème dans les milieux autorisés pour bien signifier son opposition à ce remariage. En protestant convaincu et donc opposé aux intrigues du parti favorable aux catholiques poussé par Carr et le grand oncle de Frances, le comte de Northumberland, il craignait que ces derniers n'en soient favorisés. En outre, une victoire des Howard était pour lui synonyme de disgrâce à la Cour, où il souhaitait ardemment conserver son rang et sa place. L'homme

37. Voir « A virtuous widow » dans le recueil de caractères publié en 1616 par John Webster et intitulé *Sir Thomas Overburie His Wife* : « She is the *palm-tree* that thrives not after the supplanting of her husband. For her children's sake she first marries, for she married that she might have children, and for their sakes she marries no more. She is like the purest gold, only employed for princes' medals: she never receives but one man's impression… ». In Neill, *Duchess*, p. 169. L'image emblématique du palmier réapparaît dans le texte de *La Duchesse*, quand Antonio déclare à celle qu'il vient d'épouser : « That we may imitate the loving *palms*, / Best emblem of peaceful marriage, / That ne'er bore fruit divided. » (1.1.469-71). Dans *The Subject of Tragedy. Identity and Difference in Renaissance Drama*, Londres, Methuen, 1985, pp. 206-207, Catherine Belsey commente ces vers de la façon suivante : « [l]ove emulates both the divine (the music of the spheres) and nature (palm trees). It is the source of procreation (fruit). […] Love excludes the political: 'All discord with this circumference, / Is only to be pitied' (1.1.456-57). »

était donc devenu pour la comtesse le principal obstacle à sa décision de faire annuler son mariage avec le comte d'Essex sous prétexte qu'il n'avait jamais été consommé.[38] C'est le moment où, sur décision du roi, Robert Carr avait été fait Vicomte Rochester en 1611 et nommé au Conseil Privé. Il était, de fait, devenu l'homme le plus puissant du royaume après Jacques 1er.

Âgé de quatorze ans au moment de sa rencontre avec Overbury, Carr était un page écossais au service du comte de Dunbar. Cinq ans plus tard, il fut introduit à la Cour par Overbury qui joua alors les mentors pour pousser son jeune ami dans ce milieu riche de promesses pour un garçon ambitieux. Doté d'une belle prestance, Carr possédait un charisme et une force de séduction capables de lui attirer des faveurs en haut lieu et dont Overbury espérait recueillir les bénéfices par la suite. De fait, le roi ne manqua pas de le remarquer à l'occasion du tournoi de 1607 commémorant la montée de Jacques 1er sur le trône d'Angleterre (« Accession Day tilt ») au cours duquel Carr s'était cassé la jambe en tombant de cheval,[39] ce qui allait permettre au monarque de lui rendre visite dans sa chambre pour lui apprendre le latin disait-on alors avec un petit sourire. Jouant habilement de sa belle mine pour flatter les penchants du roi, dont l'attirance pour les jeunes hommes bien faits était alors un secret de polichinelle, Carr allait connaître une ascension fulgurante. Il remercia son ami en le prenant à son service en tant que secrétaire particulier. La liaison de Frances Howard avec Carr avait sans doute commencé dès 1612 et Overbury, pour complaire à son puissant ami, avait dans un premier temps joué les Cyrano en rédigeant les lettres que Carr envoyait alors à la belle. Après que le poème « His Wife » avait eu pour Overbury l'effet escompté, il était devenu l'homme à abattre pour Frances Howard. Elle intrigua donc pour que le roi lui propose une ambassade (on lui proposait les Pays-Bas, la France ou la Russie) afin de l'éloigner de la Cour. Mais Overbury, qui n'avait

38. Selon une autre hypothèse, qui repose sur des lettres envoyées par Overbury peu de temps avant sa mort dans lesquelles il menace de faire des révélations susceptibles d'anéantir son ancien ami Robert Carr, ce dernier l'aurait fait emprisonner à la Tour pour l'empêcher de révéler son implication supposée dans la mort du jeune Prince Henry. À l'époque beaucoup croyaient à son implication et en particulier le futur instructeur du procès Carr-Howard, le grand juriste Sir Edward Coke qui venait d'être nommé par Jacques « Chief Justice of the King's bench ». Voir sur ce point l'argumentation développée par Robert B. Bennett dans son article « John Webster's strange dedication: an Enquiry into Literary Patronage and Jacobean Court Intrigue », *English Literary Renaissance,* Vol. 7 N°3 (Autumn 1977), p. 367.

39. Voir Alastair Bellamy, *The Politics of Court Scandal*, pp. 28-29.

alors pas le moindre désir de quitter Londres, déclina l'offre, ce qui entraîna son emprisonnement à la Tour sur ordre de Jacques qui avait pris offense de son refus. Le roi, de toute façon, n'aimait guère Overbury à cause de l'ascendant qu'il avait sur son favori. On peut donc imaginer qu'il y avait une part de jalousie dans une décision aussi disproportionnée. Tel était à l'époque l'arbitraire royal. Une fois la première manche gagnée, Frances Howard intrigua à nouveau pour que le gouverneur de la Tour, William Wade, soit remplacé par un homme à elle, Sir Gervase Helwys (ou Elwes). Le geôlier chargé de surveiller Overbury eut ensuite beau jeu, avec l'aide d'une certaine Anne Turner, une ancienne gouvernante de Frances, veuve de médecin et tenancière de deux bordels à Londres où la noblesse avait ses habitudes,[40] et de James Franklin, apothicaire de son état et auprès duquel elle se serait approvisionnée en diverses substances nocives, d'ajouter de petites doses de poison[41] à sa nourriture ainsi qu'aux gâteaux et friandises diverses que faisait régulièrement parvenir au prisonnier son « ami » Carr.[42] Le malheureux devait décéder quelques semaines plus tard, le 15 septembre 1613, dans d'atroces souffrances. Quand la vérité éclata, ce fut un scandale retentissant et si, au terme du procès qui se tint deux ans plus tard,[43] Frances et Carr, tous deux emprisonnés

40. Alaister Bellany écrit à ce sujet : « Frances Howard's and Anne Turner's propensity for witchcraft [...] fit in nicely with their representation as 'whores'. Images of sexual transgression surface repeatedly in – and frequently dominate – discussion of the Overbury case ». *The Politics of Court Scandal*, p. 154.

41. Voir l'introduction de Donald Beecher à son édition de Sir Thomas Overbury *Characters (A Jacobean Miscellany)*, Ottawa, Dovehouse editions, 2003 : « In his *Extraordinary Popular Delusions and the Madness of Crowds* (1841), Charles Mackay [...] describes Frances as 'a person of violent passions, and lost to all sense of shame' [...] (566). Somerset allegedly humoured the prisoner with sweets, as well as partridges and other game, together with young pigs which were poisoned with lunar caustic. The poisoners were also said to have used aquafortis, mercury, *powder of diamonds*, and great spiders », p. 19 n. 2. Cette référence à la poudre, ou à la poussière, de diamants se retrouve dans les ultimes paroles, en forme de distique gnomique, que Ferdinand prononce en mourant : "Like diamonds we are cut with our own dust" (5.5.71).

42. Voir infra, p. 174. « Carr' s alleged multiple deceptions and betrayals of Overbury – tricking him into refusing James's offer of an embassy, promising to get him released from the Tower, sending him poisons disguised as medicines – could be perceived as a patriarchally unnerving sacrifice of true masculine friendship for the sake of a flighty, sexually unstable woman ». Bellany, op. cit., p. 175. En outre, il semblerait qu'Overbury n'ait pas seulement été empoisonné par la nourriture mais qu'on l'ait achevé en lui administrant un lavement rempli d'acide sulfurique. Voir Alastair Bellany, *Ibidem*, p. 145.

43. Ce procès allait faire sensation avec ses révélations sans doute exagérées d'histoires de débauche, d'intrigues, et de crimes impliquant les plus hauts personnages du royaume. Les feuilles à scandales, les ballades les plus infâmantes se mirent à proliférer de sorte que le misogyne Overbury passa pour un martyr ce qui permit à son poème « His Wife » de connaître un succès sans précédent.

jusqu'au début des années 1620 (elle fut libérée en 1622 et lui deux ans plus tard) eurent la vie sauve sur intervention du roi, le gouverneur de la Tour et ses trois comparses, qui n'avaient été que des exécutants, furent pendus haut et court à Tyburn en présence d'une foule nombreuse.[44]

44. Outre le livre d'Alaister Bellany, sur le scandale Howard-Robert Carr, on consultera, l'ouvrage de David Lindley, *The Trials of Frances Howard : Fact and Fiction at the Court of James I*, Londres, Routledge, 1993.

Chapitre II

Le contexte politique, culturel et artistique

La succession et le virage pro-catholique de Jacques Ier

Au mois de mars 1603, le peuple poussa un gros soupir de soulagement en voyant monter sur le trône d'Angleterre Jacques 1er, cousin de la reine Élisabeth, morte sans descendance et qui n'avait désigné son héritier qu'*in articulo mortis*. Avec Jacques, déjà père de deux fils, Henry et Charles, on avait l'assurance que l'angoisse liée à la succession de la dernière des Tudors ne se reproduirait pas. Ainsi, les deux héritiers mâles, qui faisaient tous deux profession d'un protestantisme bon teint, pouvaient servir de recours pour la succession. Ils incarnaient la promesse d'un vrai renouvellement national susceptible de mettre un terme aux difficultés et aux troubles qui avaient marqué la sombre fin de règne d'Élisabeth.[1] Mais lorsque Jacques, qui se voulait le champion de la paix, entreprit de signer en 1604 une paix unilatérale avec l'Espagne en prônant la tolérance à l'égard du catholicisme, beaucoup se mirent à déchanter. En outre, son attachement à des favoris bénéficiant alors d'incroyables largesses ainsi que son ivrognerie et sa débauche commençaient à faire jaser et à choquer par-delà le cercle de ses intimes et de ses obligés. Le prince Henry était par contre un protestant engagé, un jeune homme sportif dont la virilité offrait un contraste frappant avec la disgrâce physique et l'allure efféminée d'un père avec lequel il était de surcroît souvent en désaccord. Dans « A Monumental Column » (1613), Webster a laissé un portrait flamboyant de ce jeune prince plus que prometteur :

> We hoped much of him, till death made hope err:
> We stood as in some spacious theatre,

---

1. On pense notamment à la rébellion de Robert Devereux, comte d'Essex, contre la reine, en février 1601, suivie de son exécution quelques jours plus tard en compagnie de quatre de ses lieutenants.

> Musing what would become of him, his flight
> Reached such a noble pitch above our sight;
> Whilst he, discreetly wise, this rule had won:
> Not to let fame know his intents, till done.
> Men came to his court as to bright academies
> Of virtue and of valour; all the eyes
> That feasted at his princely exercise
> Thought that by day Mars held his lance, by night
> Minerva bore a torch to give him light.[2]

Fils de Mars et de Minerve, tel un *deus ex machina*, Henry a désormais pris son envol vers les cintres de ce vaste théâtre qu'est la terre pour s'en aller rejoindre les cieux puis les dieux de l'Olympe. Plus loin, vers la fin du poème, le Prince se voit salué de la sorte : « [y]oung, grave Maecenas of the noble arts / Whose beams shall break forth from thy hollow tomb, / Stain the time past, and light the time to come ».[3] Or, ce vers est repris littéralement dans le passage de la pièce où Antonio fait un éloge vibrant de la Duchesse : « All her particular worth grows to this sum: / She stains the time past, lights the time to come. » (1.1.201-202) Tout se passe comme si, en créant la figure de la Duchesse, Webster évoquait à nouveau en pointillés la mémoire du Prince Henry mais aussi des valeurs et un idéal qui avaient un moment éclairé l'Angleterre mais qui ne lui avaient pas survécu.[4] Lui disparu, un nuage noir s'est abattu sur le pays dès lors que tout espoir de renouvellement politique et de rayonnement culturel et religieux de l'Angleterre s'estompait au profit du cynisme et de la dépravation affichés sans vergogne en haut lieu. D'où l'accent mis dans la pièce sur la mélancolie de personnages comme les deux frères d'Aragon et Bosola, une mélancolie qui reflète la crise profonde de l'humanisme au cours des années 1613-14, c'est à dire au moment de la seconde moitié du règne de Jacques 1er (1603-1625). De manière générale, elle reflète la peur qui était alors celle des protestants d'être submergés par des catholiques revenant en force. Par ailleurs, cette crise aggravait un peu plus le fossé qui était en train de se creuser à Londres entre le monde de la Cour

2. In Neill, *Duchess*, p. 174.
3. Neill, *Duchess*, p. 180.
4. « In this play [*The Duchess of Malfi*] Webster transmuted the sorrow that rose from the failure of national hope in one who, like the Duchess, 'died young', into a sorrow that could not be defined, that resisted comfort. » Muriel Bradbrook, *John Webster*, p. 163.

et celui des citoyens. Dans *La Duchesse*, cette paranoïa rampante se retrouve dans la psychopathologie et dans les inhibitions malsaines de Ferdinand, les calculs cyniques de son frère le Cardinal, froid machiavel* incarnant le mal absolu inhérent au pouvoir ainsi que dans l'amère frustration du bilieux saturnien qu'est Bosola. Du fait de sa position assez viscéralement anticatholique, Webster représente des rites, des institutions et des prélats corrompus qui pervertissent la religion et abusent de leur position et de leur héritage social au sein de l'Église et de la noblesse pour satisfaire leurs vices et imposer leurs projets, fussent-ils de nature criminelle. À titre de réaction autant que de compensation face à ces excès de nature despotique, l'unique recours est celui de la probité individuelle et de la vertu héroïque (ce que Webster appelle « bright academies of virtue and valour » dans « A Monumental Column ») [5] comme celle dont la Duchesse fait preuve au moment de sa mort qu'à la grande surprise de Bosola elle accepte avec sérénité et stoïcisme. Les derniers vers de Delio, sur lesquels s'achève la pièce, sont à cet égard sans la moindre ambiguïté :

> I have ever thought
> Nature doth nothing so great for great men
> As when she's pleased to make them lords of truth:
> *Integrity of life is fame's best friend,*
> *Which nobly, beyond death, shall crown the end.* (5.5.115-19)

On peut également rappeler les dernières paroles que Vittoria Corombona prononce avant de mourir dans *Le Démon blanc* : « O happy they that never saw the court / Nor ever knew great man but by report » (5.6.260-61).[6] Antonio dit à peu près la même chose quand, avant de rendre l'âme, il s'exclame : « And let my son fly the court of princes » (5.4.70). Il est d'ailleurs possible qu'une femme de la trempe de la Duchesse ait rappelé aux spectateurs le souvenir de la reine Élisabeth 1re, dont l'Angleterre et les Londoniens en particulier (Webster et son cercle d'amis dramaturges et artisans en tout cas) commencent à se souvenir avec nostalgie à mesure que le règne de Jacques 1er déçoit et inquiète quand il ne suscite pas une franche indignation.[7] Le caractère indépendant et décidé de la Duchesse

5. Cité dans Neill, *Duchess*, p. 174.
6. In Weis ed., *Webster.* The Duchess of Malfi *and Other Plays*, p. 99.
7. Voir l'analyse de Curtis Perry et Melissa Walter : « Since both the Duchess's use of heroic, masculine language and the evocative theme of secret, royal pregnancies seem designed to evoke memories of

qui refuse de se soumettre à la tyrannie de ses frères est sans doute une manière discrète de critiquer une domination masculine fondée sur un ordre politique et sexuel dans lequel on peut lire en filigrane une satire de la corruption et de l'arbitraire grandissants sous le règne Jacques 1er. D'un autre côté, contrairement à la Reine Vierge, la Duchesse est féconde et connaît les douleurs comme les joies de la maternité. Si elle incarne une autorité vertueuse, elle doit cependant vivre sa vie familiale dans l'obscurité de ses appartements car l'obligation du secret qui est la sienne au vu des circonstances la relègue avec Antonio dans le cadre d'une domesticité confinée. Le choix d'un mariage privé et d'une vie familiale clandestine fait d'elle une recluse dans son propre palais. Elle qu'on ne désigne que par son titre mais qui n'apparaît jamais en tant que chef d'État dans la pièce semble n'aspirer qu'à un bonheur simple et tranquille, d'essence bourgeoise, c'est à dire non aristocratique et non héroïque.[8] Une telle mise en exergue des valeurs bourgeoises dans la pièce – celles-là mêmes qui étaient chères à Webster et à son milieu de riches artisans londoniens – va effectivement de pair dans la pièce avec une satire de l'aristocratie qui apparaît en toutes lettres dans la dédicace de la pièce que Webster fait à George Harding, baron Berkeley :

> I do not altogether look up at your title, the ancientest nobility being but a relic of time past, and the truest honour indeed being for a man to confer honour on himself…[9]

Pour Webster, la valeur véritable vient de l'individu, de son travail et de son talent personnel et non de la naissance et des titres de noblesse.[10] Quand la Duchesse teste la sincérité de Bosola, qui vient de faire un éloge assez extravagant d'Antonio

---

Elizabeth, it is possible that the play's atmosphere of decay expresses a cultural pessimism related to the passing of Prince Henry and the collapse of the programme of self-conscious Elizabethan nostalgia that he fostered ». « Staging Secret Interiors », p. 100.

8. Voir Alan Sinfield : « [the Duchess] asserts her own will, but she seeks merely domestic happiness », *Literature in Protestant England 1560-1660*, Londres, Croon Helm, 1983, p. 103.

9. Neill, *Duchess*, p. 5.

10. Au sujet du goût notoire de l'aristocratie jacobéenne pour les masques de Cour et pour ce qui relevait de l'artifice, du divertissement et de la théâtralité, Andrea Henderson écrit : « Aristocratic theatricality comes under attack then, not just for being antiquated and aristocratic but also because theatricality generally, with the growth of the mercantile economy, has come to seem a threatening sign of the instability of social hierarchies. The model for identity which was developed by the bourgeoisie in response to this theatricality […] was a depth model which privileged *self-definition and self-scrutiny* » (c'est moi qui souligne), « The Antitheatricality of *The Duchess of Malfi* » in

en disant de ce dernier « [b]ut he was basely descended », Bosola exprimera son désaccord en lui demandant « Will you make yourself a mercenary herald, rather to examine men's pedigrees than virtues? » (3.2.250-52). Paradoxalement, ces paroles, totalement insincères de la part de Bosola, reflètent pourtant le point de vue de Webster qui place le mérite et la vertu individuels très au-dessus des titres et de la naissance.

Un dramaturge engagé

L'auteur de *La Duchesse* rappelle ainsi que la corruption de la noblesse et de la Cour n'est jamais apparue de manière aussi visible qu'à l'occasion du scandale évoqué plus haut.[11] Même si l'affaire n'éclata publiquement qu'au moment du procès qui s'ouvre à la fin de l'année 1615, il est possible, voire vraisemblable, que la pièce, écrite et jouée un an plus tôt, en porte la marque directe ou indirecte, d'autant que certains passages rajoutés pour une représentation de 1617 y font rétrospectivement allusion.[12] De par ses liens personnels avec Overbury, Webster devait être au premier rang de ceux qui s'intéressaient à une telle affaire dont il connaissait un certain nombre de tenants et d'aboutissants, même s'il n'avait pas la preuve formelle d'agissements criminels qui ne seront révélés qu'un an après l'écriture de *La Duchesse*. Les secrets de l'ascension spectaculaire d'Overbury étaient donc probablement en partie connus de lui. Or, c'est à ce même Robert Carr que Webster va dédier son élégie « A Monumental Column ». S'il était certes l'ami de Sir Thomas Overbury, Carr était aussi l'ennemi juré du Prince, au point que la rumeur avait couru à l'époque qu'il l'avait fait empoisonner. Dans pareil contexte cette dédicace est particulièrement surprenante.[13] Carr était favorable aux catholiques et, sous l'influence de l'ambassadeur espagnol, le comte Gondomar, il intriguait aux côtés du roi pour que le Prince épouse une princesse catholique, l'infante Anne d'Espagne (qui épousera plus tard Louis XIII), tandis qu'Henry,

---

Dympna Callaghan ed., *The Duchess of Malfi*. Contemporary Critical Essays (New Casebooks), Palgrave Macmillan, New York, 2000, p. 63.

11. Voir supra, pp. 41-44.

12. Voir infra p. 52.

13. Charles Forker, *Skull beneath the Skin*, insiste lui aussi sur ce point : « It seems oddly inconsistent to find Webster, whose plays regularly attack ambitious hypocrisy and the immorality of courts, addressing his « night-peece » to Carr – a name that had become synonymous with Jacobean sycophancy and corruption at their worst », p. 110.

soutenu par Sir Walter Raleigh, était le champion du camp protestant. Il faut dire qu'en 1609 l'intrigant parvenu avait réussi à convaincre le roi de confisquer à son profit le domaine familial de Sherborne, qui appartenait à Sir Walter Raleigh, alors emprisonné à la Tour.[14] Le Prince Henry l'avait alors réclamé pour lui à son père, vraisemblablement dans l'intention de le rendre par la suite à son propriétaire, une bonne action que sa mort prématurée allait rendre de facto impossible. De surcroît, Carr et le Prince étaient alors tous deux rivaux en amour puisque l'un comme l'autre recherchaient les faveurs de la fort aguichante et très intrigante Lady Essex qui, bien que mariée depuis quatre ans, n'en avait encore que dix-huit. Le décès aussi mystérieux que soudain du Prince, le 6 novembre 1612, moins de deux mois après l'empoisonnement de Thomas Overbury, tombait donc à point nommé pour Carr et sa « fiancée » dans la mesure où il arrangeait « miraculeusement » leurs affaires. En vertu de l'adage emprunté à la *Médée* de Sénèque (« cui prodest scelus ? », « à qui profite le crime ? »), on comprend pourquoi la rumeur a pu un temps faire porter les soupçons sur Carr. La fièvre typhoïde fut mise en avant pour expliquer cette disparition brutale mais, au vu des connaissances médicales encore assez rudimentaires de l'époque, le doute ne saurait être entièrement dissipé sur les causes réelles de la mort du Prince.[15] La pression royale a également pu jouer un rôle dans cette ténébreuse affaire, d'autant que la grande popularité du Prince faisait de l'ombre à son père et que les rapports père-fils étaient loin d'être au beau fixe. Robert Bennett analyse ces événements tragiques à la lumière de la dédicace de Webster à Carr :

> Prince Henry's death, the poisoning of Overbury, the Essex and the lavish Carr-Howard marriage chart a bizarre history and political and personal immorality [with] the historically verifiable tactics of intrigue: homosexual seduction, aged panderers, court ladies prostituting daughters, infidelity, bawds, apothecaries, witchcraft, and poison; in other words, the common stock of Jacobean satiric tragedy. By thinking of Webster as a social commentator living in this world and by acquainting ourselves with his non-dramatic writings, we may

14. Dans la pièce, c'est ce que fait Julia quand elle vient réclamer pour elle le domaine de St Benoît appartenant à Antonio. Voir infra, p. 108.

15. La fièvre typhoïde, ou typhus abdominal, est une maladie causée par une bactérie proche de la salmonelle transmise par l'eau ou des aliments infectés et dont le diagnostic précis ne sera fait qu'en 1818. Dans la pièce (5.2.305-306), le Cardinal qui a empoisonné sa maîtresse Julia, fait croire qu'elle est morte de la peste. Voir infra, p. 166, n. 15.

> correct the impression – derived from reading his plays in a strictly literary context – that they are strained efforts at sensational effects within a worn-out tragic tradition. Rather we come to experience the *plays as disturbingly accurate visions of reality presented by a morally and socially committed poet.*[16]

Une telle dédicace, à laquelle Carr ne donna jamais la moindre suite, est bien évidemment ironique en ce qu'elle constitue une dénonciation déguisée de celui dont elle feint de demander les bienfaits. Cette dédicace, aussi hypocritement élogieuse que le dithyrambe de Bosola au sujet du très méritant et insuffisamment considéré Antonio, cache probablement un subterfuge pour tenter de piéger le dit Robert Carr qui, contrairement au Prince Henry, n'était pas de ceux qu'il salue à la fin de la pièce par la belle expression de seigneurs de la vérité (« Lords of truth »).[17]

Dès lors, cette tragédie qui, du fait de son culte outrancier du sensationnel, procèderait, selon certains critiques, d'une sensibilité pré-gothique* digne de la chambre des horreurs de Madame Tussaud*, prend ici une dimension nouvelle. Le drame, qui emprunte les habits pas tout à fait neufs de la tragédie de vengeance*, serait en fait une dénonciation déguisée d'intrigues sordides et de machinations politico-sexuelles n'ayant rien à envier à celles du duché d'Amalfi. D'ailleurs, dès son retour de France, où il était en exil et où il a pu observer la façon dont Louis XIII a mis un terme à l'influence des Médicis sur la conduite des affaires du pays, Antonio explique qu'il est bon pour un souverain de se débarrasser d'un favori devenu encombrant aux yeux de tous et de reprendre la main sur le gouvernement du royaume (1.1.4-18). Le roi de France aurait en effet fermé les yeux sur l'assassinat par ses fidèles de Concino Concini, Maréchal d'Ancre, le favori de la régente Marie de Médicis. Antonio ne tarit pas d'éloges sur cette action aussi radicale que remarquable :

> *Antonio*
> In seeking to reduce both state and people
> To a fixed order, their judicious king

16. Robert B. Bennett, « John Webster's strange dedication », p. 367. C'est moi qui souligne.
17. Voir les dernières paroles de Delio à la toute fin de la pièce : « I have ever thought / Nature doth nothing so great for great men / As when she's pleased to make them lords of truth ». (5.5.115-17)

Begins at home, quits first his royal palace
Of flatt'ring sycophants, of dissolute
And infamous persons – which he sweetly terms
His master's masterpiece, the work of heaven,
Consid'ring duly that a prince's court
Is like a common fountain whence should flow
Pure silver drops in general; but if't chance
Some cursed example poison't near the head
Death and diseases through the whole land spread. (1.1.5-15)

Concini, personnage arrogant, qui avait pris peu à peu une importance considérable dans la gestion des affaires du royaume, était un homme honni de la noblesse comme du peuple qui profana sa dépouille avant de la pendre par les pieds à l'une des potences qui avaient été élevées sur le Pont Neuf à Paris. Sa femme, Léonora Dori, connue sous le nom de la « Galigaï », fut alors jugée pour sorcellerie et exécutée en place de Grève (l'actuelle place de l'Hôtel de Ville) en juillet 1617. Il est donc probable que ce passage, probablement rajouté pour une représentation ultérieure de *La Duchesse*,[18] évoque la disgrâce puis la chute de Carr et de sa « sorcière » d'épouse,[19] la comtesse de Somerset, Frances Howard, après qu'ils avaient été tous deux emprisonnés et déshonorés au terme d'un procès à haute tension. Si l'on admet que le rôle joué par l'affaire Overbury et, de manière plus générale, la violente critique de la corruption de la Cour et

18. Neill, *Duchess*, p. 11 n 3.

19. L'annulation du mariage avait été demandée par Frances au motif que son époux, le comte d'Essex, était impuissant et que cette union n'avait jamais été consommée. Le test de virginité auquel elle dut se prêter fut pratiqué par dix matrones et deux sages-femmes qui confirmèrent qu'elle était effectivement vierge (« virgo intacta »). Mais, au motif qu'elle devait protéger sa pudeur, la comtesse avait demandé à être entièrement voilée pendant cet examen gynécologique. La rumeur courut alors qu'elle s'était fait remplacer par une jeune fille vierge et que le tribunal avait été abusé par cette substitution. L'époux, convoqué comme témoin, déclara à la barre que, s'il était effectivement incapable d'honorer son épouse, tel n'était pas le cas avec les autres femmes et il n'hésitait pas, paraît-il, à exhiber sa virilité à qui se prenait à en douter. Les juges émirent alors l'hypothèse d'une intervention satanique puisque les sorcières avaient la réputation de pouvoir « nouer l'aiguillette » du marié, à telle enseigne qu'il fut proposé d'envoyer le comte en Pologne pour se faire désenvoûter. Le fait est que l'annulation traîna en longueur et qu'elle ne fut finalement prononcée que sur l'intervention expresse de Jacques 1er. Sur les accusations de sorcellerie, voir François Laroque, « Préface » in Pierre Kapitaniak ed., Thomas Middleton, *La sorcière*, Paris, Classiques Garnier, 2012, pp. 8-9, et Pierre Kapitaniak « Introduction », pp. 40-2. Alastair Bellany, *The Politics of Court Scandal*, écrit, p. 149, « Frances Howard's identity as a witch was firmly and theatrically established at the trial of Anne Turner on 7 November 1615 ».

de la dérive jacobéenne vers l'absolutisme, est bien à l'arrière-plan de l'écriture de *La Duchesse,* la dimension politique et satirique d'une telle œuvre peut alors apparaître en toute lumière.[20]

L'influence des arts

Parallèlement à ce contexte politique bien particulier, on peut, jusqu'à un certain point, considérer que l'environnement culturel et artistique de Webster a joué un rôle moteur pour sa carrière et l'essor de son œuvre dramatique. La Duchesse présente en effet un texte très élaboré, au carrefour de plusieurs courants esthétiques, qui fait état d'une grande sensibilité à la question de l'image et de l'atmosphère dramatique. À Londres, Webster était en effet le voisin immédiat de l'imprimeur William White, éditeur de sermons tels que *White Devil, or the Hypocrite Uncased* (1613) de Thomas Adams, ainsi que d'ouvrages de théologiens d'obédience puritaine. Le dramaturge vivait aussi à proximité de l'atelier de Nicholas Okes, qui sera l'éditeur des premiers in-quartos de *King Lear* et d'*Othello* et de l'essentiel des œuvres de Webster. Le portraitiste Robert Peake et son fils vivaient eux aussi dans son voisinage immédiat tout comme John de Critz, un autre peintre contemporain qui, outre un portrait célèbre du roi, avait peint l'écusson et la suite des hauts faits du Prince Henry qui furent installés à l'Abbaye de Westminster après ses funérailles. Le miniaturiste Isaac Oliver, disciple de Nicholas Hilliard, avait lui aussi passé sa jeunesse dans le quartier de St Sépulcre avant d'aller s'installer près du théâtre des Blackfriars où *La Duchesse* fut jouée pour la première fois. Le contemporain de Robert Peake, William Larkin, auteur de portraits de la comtesse de Somerset et d'Anne Turner, sa complice dans l'assassinat de Sir Thomas Overbury, appartenait également à la paroisse tandis qu'Inigo Jones, peintre, architecte et concepteur de nombreux décors de masques de Cour, était né dans le quartier de Smithfield. On comprend mieux, dès lors, l'intérêt porté par Webster à l'art du portrait, art auquel il fait allusion

20. Pour Adrian Noble en effet, « L'atmosphère de *La Duchesse d'Amalfi* est davantage celle d'une cour ressemblant étroitement à celle du roi Jacques Ier que celle d'une cour italienne de la Renaissance. Depuis la mort de la Reine Élisabeth le pouvoir s'était de plus en plus concentré dans les mains de quelques favoris et, bien plus que la récompense du mérite, l'avancement était la rétribution des flagorneurs et des parasites », *La Duchesse D'Amalfi, L'Avant Scène* N°698 (15 novembre 1981), pp. 4-5.

dans *Le Démon blanc* et dans *La Duchesse*. Selon John Russell Brown, l'art de John Webster et sa méthode de composition répétitive évoque la technique du portraitiste :

> Webster had a persistent and brooding mind, and for him creation often involved repetitions; he worked in series, like a painter who re-aligns the elements of one composition in his next to suggest less obvious inter-relations, new astringencies, or sudden simplifications of form. Within Webster's plays, scenes echo each other, and his two great tragedies, both set at court and with a central heroine, are in important ways two versions of a single subject.[21]

Au terme du portrait idéalisé qu'il brosse de la Duchesse à l'acte 1, Antonio, pressé en cela par son ami Delio qui commence à montrer son impatience, conclut sa tirade en disant qu'il va aller raccrocher ce portrait : « I'll case the picture up » (1.1.200). Au terme des tourments que Ferdinand et Bosola infligent à la Duchesse à l'acte 4, Cariola, en réponse à la question de sa maîtresse, lui dit qu'elle n'est plus que l'ombre d'elle-même. Elle recourt alors à une image tirée de la sphère de l'art pictural : « [you are] like to your picture in the gallery, / A deal of life in show, but none in practice » (4.2.30-31). Cela équivaut à affirmer que la Duchesse n'est plus que l'ombre d'elle-même. Dans sa nouvelle intitulée, « The Oval Portrait »,[22] Poe raconte l'histoire d'un peintre qui épouse une jeune fille à qui il demande de poser pour lui. Après de longues séances où le peintre, totalement absorbé par son travail, oublie son modèle, la jeune femme restée silencieuse tout du long rend le dernier soupir juste après que le peintre se félicite que sa toile a si bien réussi à rendre la vie en captant chez la jeune fille toute l'étincelle et la sève de la vie.[23] Un tel vampirisme de l'art illustre bien la

21. John Russell Brown ed., *The Duchess of Malfi* by John Webster, Manchester, Manchester University Press, Revels Plays, 1964, « Introduction », p. xxx.
22. La nouvelle fut publiée dans le *Graham's Magazine* de Philadelphie sous le titre de « Life in Death ».
23. « And when many weeks had passed, and but little remained to do, save one brush upon the mouth and one tint upon the eye, the spirit of the lady again flickered up as the flame within the socket of the lamp. And then the brush was given, and then the tint was placed; and, for one moment, the painter stood entranced before the work which he had wrought; but in the next, while he yet gazed, he grew tremulous and very pallid, and aghast, and crying with a loud voice, 'This is indeed *Life* itself!' turned suddenly to regard his beloved: – *She was dead!* » in N.P. Willis, J.R. Lowell et R.W. Grisworld ed., *The Works of the late Edgar Allan Poe*, 2 vol., I (*Tales*), New York, J.S. Redfield, 1850, p. 369. Poe, comme on le sait, est particulièrement influencé par la veine du roman gothique qui séduira son premier traducteur, et introducteur en France, Charles Baudelaire.

phrase de Ferdinand qui se félicite de l'effet créé sur sa sœur par ses cadavres de cire : « She's plagued in art ! » (4.1.108). Vers la fin, lorsque le Cardinal donne à Bosola les instructions qui lui permettront de retrouver Antonio, il lui suggère de se renseigner auprès des peintres ayant fait le portrait de la Duchesse : « [...] go to th'picture-makers and learn / Who bought [the Duchess's] picture lately. (5.2.139-40) Pour expliquer à Antonio pourquoi les dames peu favorisées par la nature choisissent comme dames de compagnies des femmes plus laides qu'elles, la Duchesse recourt à un exemple qui donne à penser combien Webster était familier des ateliers et des boutiques de peintres de son quartier à Londres :

> Did you ever in your life know an ill painter
> Desire to have his dwelling next door to the shop
> Of an excellent picture maker? 'Twould disgrace
> His face-making and undo him. (3.2.49-52)

En ce qui concerne une éventuelle influence de peintres étrangers sur l'atmosphère générale de la tragédie, il est tentant d'évoquer le Caravage[24] et l'école des peintres ténébristes, notamment l'Espagnol José de Ribera qui ira s'installer à la Cour du vice-roi espagnol de Naples en 1616.[25] La pièce évoque une vaste suite de tableaux qui, hormis les quelques échappées au-dehors et de la fuite à Ancone ou à Milan, sont principalement composés de scènes d'intérieur et de nocturnes. La Duchesse y est montrée en recluse et la pièce donne à voir une série d'images inquiétantes où les personnages évoluent comme des ombres au sein d'un labyrinthe intérieur, le tout sur fond d'orages, de tempêtes et de paysages tourmentés parsemés de cimetières et de ruines.[26]

---

24. Voir infra pp. 66, n. 60 et 132, n. 27.

25. Voir infra p. 132, n. 27. Ralph Berry, dans *The Art of John Webster*, New York, Routledge, 1972 avec quelques autres à sa suite, voit dans l'art de John Webster une illustration du style baroque. Le problème posé par ce type d'approche est que le « baroque », terme reste tout de même très vague (étymologiquement il vient du portugais « *barroco* » qui désigne une perle irrégulière), procède d'une sensibilité fondamentalement catholique qui s'oppose en tous points à l'esthétique et au message du protestant calviniste qu'était John Webster. Charles Forker, *Skull beneath the Skin*, parle de « that notoriously vague term 'baroque' », p. 346.

26. Voir Leslie Duer, « The Landscape of Imagination in *The Duchess of Malfi* », *Modern Language Studies*, Vol. 10 N°1 (Winter 1979-80), pp. 3-9.

La gravure, domaine voisin de la peinture, intervient dans la fabrication des livres d'emblèmes qui ont, eux aussi, une place de choix dans *La Duchesse*.[27] Dans les emblèmes, chaque gravure sur bois est associée à un titre et à un texte, généralement un poème, placé au-dessous de l'image. Ainsi, quand, à l'acte 5, Antonio compare la futilité de la vie humaine à des enfants courant après des bulles de savon (« Like wanton boys whose pastime is their care, / We follow after bubbles blown in th'air », 5.4.63-4), cette image reprend le thème de nombreuses peintures de Vanités* réunies sous le titre générique d'« Homo bulla », l'homme n'est qu'une bulle.[28] Après que Bosola a dévoilé pour elle le désolant spectacle des cadavres d'Antonio et de ses enfants, la Duchesse dit vouloir souhaiter pour elle l'équivalent de la torture infligée à ses victimes par l'antique tyran Mezence qui consistait à lier un vivant à un cadavre jusqu'à ce qu'il meure d'inanition et de peur : « If they would bind me to that lifeless trunk, / And let me freeze to death » (4.1.66-7). Or, on trouve cette même image dans *The Choice of Emblems* (1586) de Geoffrey Whitney, où cet effrayant supplice symbolise un mariage sans amour.[29] Puis, lorsque Bosola compare l'âme à un oiseau en cage (« Didst thou ever see a lark in a cage ? Such is the soul in the body », 4.2.119-20), il évoque l'un des emblèmes religieux de Francis Quarles qui représente une âme emprisonnée dans la cage thoracique d'un squelette.[30] Lorsque la Duchesse se contemple dans le miroir (3.2.59 et seq.) et que Ferdinand surgit inopinément derrière elle pour lui tendre un poignard, Webster reprend là le thème iconographique de la femme au miroir surprise par la Mort :[31]

27. Loïs Potter confirme ce constat : « the emblematic view of the world is constantly reinforced by the play ». « 'Perpectives ey'd awry': Artificiality as Truth in English Renaissance Drama » in André Lascombes ed., *Spectacle & Image in Renaissance Europe*, Leyde, New York, Cologne, Brill, 1993, 264-79, p. 272. Voir aussi Catherine Belsey, « Emblem and Antithesis in *The Duchess of Malfi* » in Harold Bloom ed., *John Webster's* Duchess of Malfi, New York, Chelsea House Publishers, 1987, pp. 97-113.

28. Voir sur ce point le catalogue de l'exposition « Les Vanités dans la peinture au XVIIe siècle », organisée par Alain Tapié au Musée des Beaux-Arts de Caen puis au Petit Palais à Paris, 1990, p. 38.

29. Reproduit in Leah Marcus, *Duchess*, p. 49.

30. Voir Leah Marcus, *The Duchess of Malfi*, introduction, pp. 46-7.

31. Voir la toile intitulée « La femme au miroir et la mort » (1510) d'Hans Baldung (1484-1545) : http://artdelavieillesse.blogspot.fr/2010/03/les-ages-de-la-vie-dapres-hans-baldung.html (site consulté le 23 mai 2018)

> [t]he stage picture of the Duchess brushing her hair before a mirror whilst her brother advances from behind with a dagger has a raw melodramatic force, but it also carries a wealth of iconographic significance [...] Conjunctions of life and death in Renaissance art and literature frequently combine, as in Webster's tableau, a 'medieval' sense of life's vanity with a more 'modern' sense of life's irreplaceable value. Moreover, any allegorical reading of this scene would have to acknowledge that Ferdinand suggests the Devil as much as he does Death. When he hands the Duchess a dagger [...] Ferdinand aligns himself with the diabolical agents of the morality plays.[32]

C'est bien à une forme de Moralité* tardive, du type d'*Everyman* (1510), que fait parfois penser *La Duchesse*. Comme dans cette œuvre anonyme inspirée d'un drame flamand, où des personnages allégoriques posent la question de l'attitude à adopter devant la Mort et s'interrogent sur la meilleure façon d'obtenir le salut, l'héroïne de Webster semble affronter un défi analogue qui est principalement d'ordre métaphysique. L'atmosphère est celle des *ars moriendi* des drames du Moyen Âge.[33] Après le thème de la beauté au miroir des Vanités picturales du XVIIe siècle, cette scène combine entre elles les fonctions du *memento mori* chrétien et du *carpe diem* horatien[34] qui nous invite à profiter des joies de l'instant.[35]

La sculpture, qu'il s'agisse de la fabrication de statues de cire ou d'albâtre, comme pour les tombeaux où des gisants sont représentés au-dessus de la sépulture des grands, est également très présente dans *La Duchesse*. Lorsque la Duchesse dévoile ses intentions devant un Antonio médusé, elle s'efforce de le rassurer en lui montrant que, contrairement à son mari qui n'est plus qu'une figure de pierre, elle-même est bien vivante et faite de chair et de sang :

> This is flesh and blood, sir;
> 'Tis not the figure cut in alabaster
> Kneels at my husband's tomb. (1.1.441-43)

32. Rowland Wymer in Neill, *Duchess*, p. 249.
33. Voir Muriel Bradbrook, *John Webster*, p. 147.
34. Dans le onzième poème du premier livre des *Odes* d'Horace (23 avant J.-C.), l'adage complet, qui s'adresse à une femme, une certaine Leuconoé, est « Carpe diem (quam minimum credula postero) », c'est-à-dire « cueille le jour présent sans te soucier du lendemain ».
35. Voir « Les Vanités dans la peinture au XVIIe siècle ».

Cette image contraste avec celle que donne Cariola à l'acte 4 quand la Duchesse lui demande « Who do I look like now? » :

> Like to your picture in the gallery:
> A deal of life in show, but none in practice;
> Or rather, like some reverend monument
> Whose ruins are even pitied. (4.2.29-33)

Plus loin, la Duchesse s'étonne qu'il puisse y avoir une mode dans le domaine des pierres tombales et de l'art funéraire en général :

> *Duchess*
> Let me be a little merry. Of what stuff wilt thou make it [my tomb]?
>
> *Bosola*
> Nay, resolve me first, of what fashion?
>
> *Duchess*
> Why, do we grow fantastical in our deathbed? Do we affect fashion in the grave?
>
> *Bosola*
> Most ambitiously. Princes' images on their tombs do not lie as they were wont, seeming to pray up to heaven, but with their hands under their cheeks as if they died of the toothache. They are not carved with their eyes fixed on the stars, but as their minds were wholly bent upon the world… (4.2.140-49)

Tout autant que la statuaire et les arts funéraires, la peinture, l'art du portrait, les livres d'emblèmes, étaient bien connus de Webster qui les mentionne à plusieurs reprises dans sa pièce.

Perspectives et anamorphoses

Dans un article, Inga-Stina Ewbank montre que le dramaturge n'ignorait rien de ces « perspectives dépravées »[36] qui faisaient fureur en ce début de XVIIe siècle. À ses yeux, l'art de *La Duchesse* serait en partie inspiré de la technique de l'anamorphose,* appelée alors *perspective.*[37] À l'appui de ses dires, elle cite un sonnet de Ben Jonson placé en liminaire des *Melancholike Humours* (1600) de Nicholas Breton (1545-1626) :

> [...]
> Looke here on Bretons worke, the master print:
> When, such perfections to the life doe rise.
> If they seeme wry, to such as look asquint,
> The fault's not in the object, but their eyes.
> For, as one comming with a laterall viewe,
> Unto a cunning piece wrought perspective,
> Wants facultie to make a censure true:
> So with this Authors Readers will it thrive:
> Which being eyed directly, I divine
> His proofe their praise, will meete, as in this line.[38]

Comme dans d'autres textes, où elle joue un rôle important (on pense, en particulier au *Richard II*[39] de Shakespeare), l'anamorphose serait, selon Ewbank, au cœur de la technique et de l'art de Webster dans cette pièce :

> More than any other Jacobean dramatist, Webster's art seems to build on a continual shifting of perspective – a method that makes both the moral attitude and the artistic unity of his plays difficult to define...[40]

36. J'emprunte ici le sous-titre de l'ouvrage de Jurgis Baltrusaitis, *Anamorphoses ou Thaumaturgus opticus – Les perspectives dépravées*, Paris, Flammarion, 1984 (ouvrage d'abord paru en 1955 sous le titre *d'Anamorphoses ou perspectives curieuses*).

37. Voir François Laroque, « Perspective in *Troilus and Cressida* » in John Mucciolo ed., *Shakespeare's Universe. Renaissance Ideas and Conventions. Essays in Honour of W.R. Elton*, Scolar Press and Ashgate, Aldershot and Brookfield (Vermont), 1996, p. 236 : « [...] in Elizabethan England [...] the word perspective had the technical meaning of an optical game with strange or curious effects or of a painting built in such a way as to produce a fantastic or distorted image, whose meaning can only appear under a specific angle of vision ». Voir aussi Ernest B. Gilman, *The Curious Perspective. Literary and Pictorial Wit in the Seventeenth Century*, New Haven and London, Yale University Press, 1978, pp. 50-66.

38. In Neill, *Duchess*, p. 260.

39. Voir sur ce point l'article d'Allan Shickman, « The 'Perspective Glass' in Shakespeare's *Richard II* », *Studies in English Literature, SEL*, 1500-1900, Elizabethan and Jacobean Drama (Spring, 1978), pp. 217-28.

40. « Webster's realism, or, 'A cunning piece wrought perspective' » in *John Webster*, ed. Brian Morris (Mermaid Critical Commentaries), Ernest Benn, Londres, 1970, p. 159.

C'est cette même dualité de vision (frontale puis latérale) qui est illustrée dans le célèbre tableau d'Holbein, « Les Ambassadeurs » (1533), vaste toile à laquelle une exposition entière (« Making and Meaning ») a été consacrée en 1997.[41] Ce tableau en forme de *Vexierbild*,[42] montre tout d'abord une image frontale, où, aux pieds des deux ambassadeurs, Jean de Dinteville et Georges de Selve, on aperçoit une longue tache ovoïde en forme d'« os de seiche ».[43] Dans un second temps, si l'on se place sur le côté droit, presqu'à l'horizontale du tableau, on obtient une seconde vision, latérale celle-ci, permettant alors de redresser la tache et de faire apparaître un crâne. Avec son riche symbolisme qui illustre le thème de la vanité du savoir humain, qui s'ajoute à celui de la vanité du pouvoir, ce tableau représente une forme de Vanité* précoce annonçant les tableaux plus tardifs dont la vogue fleurira à la fin du XVIe et au début du XVIIe siècle.[44] À la fin de son article, Ewbank montre comment Webster applique une technique analogue à sa pièce :

> It is Bosola's speeches which fill the Duchess's plain replies with meaning: she is both 'a box of worm-seed' and 'thy duchess', both a grey-haired woman who cannot sleep and 'Duchess of Malfi still'. That image, in which Bosola's view of the Duchess and her own view are superimposed upon one another, is very much 'a cunning piece wrought perspective'.[45]

41. Voir le lien https://www.thinglink.com/scene/651767955331219458 (consulté le 26 mai 2018).

42. Le terme allemand de *Vexierbild*, emprunté aux frères Grimm, désigne un puzzle optique à l'image des tableaux du milanais Arcimboldo ou des gravures du pragois Wenceslas Hollar (1607-1677).

43. Jurgis Baltrusaitis, *Anamorphoses ou thaumaturgus opticus*, Paris, Flammarion, 1984, p. 128.

44. Voir mon article, "Avant-garde et avant-scène : les étranges perspectives d'Hans Holbein et de William Shakespeare", *Interfaces. Image, Texte, Langage.* N° 13, Dijon, juin 1998, pp. 1-27 et Loïs Potter « Perspectives Ey'd Awry », p. 264. Ce dernier article explique comment ce tableau correspond à une pièce en deux actes puisque la pièce où il était accroché à l'origine fonctionnait un peu comme un théâtre. Dans le premier acte, le spectateur entrait par une porte située à la gauche du tableau et, dans le second, il sortait de l'autre côté par une seconde porte placée latéralement à la droite du tableau, qui révélait, selon son angle oblique, le crâne caché derrière la tache et qui était flou ou invisible de face. Comme le dit encore Baltrusaitis, « les personnages et tout leur attirail scientifique s'évanouissent et à leur place surgit le signe de la Fin. La pièce est terminée ». *Anamorphoses ou magie artificielle des effets merveilleux*, Paris, Olivier Perrin, 1969, p. 15.

45. « Webster's realism », p. 178.

Voilà qui donne une idée plus précise de la méthode de composition de la pièce et qui pose la question de la présence d'une seconde image dissimulée derrière l'image de surface.[46] La réplique cinglante de la Duchesse à un Bosola venu l'arrêter à Ancône et qui vient d'insulter son mari (« Forget this base, low fellow », 3.5.112) révèle une conscience aiguë du double visage des personnes et des choses dans la tragédie :

> *Duchess*
> Were I a man,
> I'd beat that counterfeit face into thy other. (3.5.112-13)

Bosola, comme les hommes de la petite troupe dont il prend la tête pour aller arrêter la Duchesse, porte un masque (« vizard ») pour garder l'anonymat. La violence potentielle à laquelle la Duchesse fait allusion (« were I a man ») pourrait ici dévoiler, ou plutôt redresser à coups de poing, l'image fausse (« counterfeit »)[47] de la vision frontale pour rétablir l'image cachée et véritable (« thy other [face] »). Le recours à cette anamorphose implicite, qui fait de Bosola une sorte de dieu Janus,[48] montre l'importance que Webster accorde à la double dimension ainsi qu'à l'idée de plans superposés et qui se trouve effectivement au cœur de la technique dramatique et de l'imagerie de la pièce.[49]

---

46. « [...] Webster's puzzling vision of life [is related] to the 'perspective' art of the sixteenth and seventeenth centuries, to paintings such as Holbein's *The Ambassadors* and the anonymous trick portrait of Edward VI in which apparent distortions or chaotic images 'click into focus' when the observer discovers the correct position from which to view them », Charles Forker, *Skull beneath the Skin*, p. 346.

47. L'adjectif « counterfeit », comme le participe passé « painted », revient à plusieurs reprises dans *La Duchesse*, pour évoquer à la fois le caractère trompeur des apparences ainsi que le recours fréquent qui est fait dans la pièce au semblant, à l'illusion et au mensonge cherchant à déguiser la réalité des faits (par exemple lorsque Bosola fait l'éloge d'Antonio devant la Duchesse pour obtenir un aveu de sa part ou quand le Cardinal feint de croire à la fin que sa sœur est toujours vivante, 5.2.103-10).

48. Les Romains l'avaient surnommé *bifrons* car l'un de ses visages regardait en arrière vers le passé et l'autre vers l'avenir.

49. L'équivalent de ces anamorphoses textuelles se retrouve dans les jeux d'anagrammes qui circulaient à l'époque sur l'affaire et que Bellany cite dans son ouvrage : « Francis Howard » donnait ainsi « Carr finds a whore » et « Thomas Overburie : « O! O! a busie murder », *The Politics of Court Scandal*, p. 106.

Cette esthétique est ici mise au service d'un message satirique et politique. Pour contourner la censure,[50] l'image est à la fois grossie à la loupe et déformée par anamorphose*,[51] de sorte que les travers de la Cour d'Amalfi reflètent ceux du palais de Whitehall quand on la regarde « de biais ». L'image frontale est celle de la Duchesse et de ses frères d'Aragon mais celle qu'il convient de lire à partir d'une perspective oblique[52] correspond à l'actualité contemporaine dont il a été question plus haut. La tragédie propose donc la peinture d'un pouvoir dévoyé par le favoritisme et la tyrannie, dont les décisions, peu conformes à l'usage et à la morale ordinaire, portaient la marque des intrigues de clans rivalisant entre eux pour faire prévaloir leurs vues, pour ne pas dire leurs vices, au détriment de l'intérêt supérieur du royaume. Il n'existe évidemment pas de correspondance étroite entre les personnages de *La Duchesse* et les responsables des scandales et des crimes qui seraient représentés en filigrane de l'intrigue de surface. Car, contrairement à une œuvre comme *A Game at Chess* de Thomas Middleton,[53] la

50. On consultera sur ce point *Freedom and Censorship in Early Modern English Literature*, Sophie Chiari ed., New York, Routledge (à paraître début 2019).

51. Dans la pièce, le corps de la Duchesse change pour devenir celui d'une femme enceinte avec les symptômes que décrit en détail Bosola. Selon Theodora Jankowski, « Defining/Confining the Duchess » in Neill, *Duchess*, p. 329, nous aurions là deux états successifs relevant d'un côté de son « corps politique » et de son « corps naturel » de l'autre. Ce « double corps » correspondrait ainsi au double temps ou aux deux actes de l'anamorphose. L'image grotesque et déformée que la tragédie de Webster donne du duché d'Amalfi dissimule l'image en creux de la Cour et de la monarchie de Jacques 1er. Par anamorphose, l'image de l'Italie doit donc pouvoir se résoudre ou se redresser en image de l'Angleterre.

52. À l'acte 1, scène 1, Ferdinand et Bosola se demandent pourquoi le Cardinal est tellement indisposé par celui qui est pourtant son homme de main et son espion : « *Ferdinand* My brother here, the Cardinal, could never / Abide you. *Bosola* Never since he was in my debt. / *Ferdinand* Maybe some *oblique* character in your face / Made him suspect you? » (1.1.225-27). L'adjectif « oblique », d'usage assez rare au sens de « sournois », « fuyant » au temps de Webster, est plus lié au domaine des mathématiques, de l'astronomie et de l'astrologie. En association avec l'optique et avec l'anamorphose, un tel emploi suggère que Bosola aurait un double visage, l'un qu'on peut voir de face, l'autre restant caché, ne se révélant que « de biais ». Voir supra, p. 61 et infra p. 153, l'analyse des deux visages de Bosola tels que les voit la Duchesse au moment de son arrestation.

53. Jouée en 1624, cette comédie satirique utilise les termes et les images du jeu d'échecs pour décrire les relations houleuses entre l'Espagne (les pièces noires du jeu) et l'Angleterre (les pièces blanches), à l'occasion du fameux « mariage espagnol » où Charles, le second fils de Jacques 1er, devait épouser l'Infante d'Espagne. Le cavalier noir renvoie au comte Gondomar, le très impopulaire ambassadeur espagnol, arrivé à Londres en 1613, qui est présenté comme un intrigant machiavélique. Le public anglais allait applaudir à tout rompre les neuf représentations de la pièce qui fut ensuite interdite. Le Globe dut fermer quelque temps ses portes et si Middleton échappa à la prison, il dut s'acquitter d'une forte amende. Il ne devait plus écrire de pièces de théâtre par la suite.

pièce de Webster ne peut être réduite à la simple transposition satirique d'une actualité anglaise, pour brûlante qu'elle ait pu être. Webster a habilement inversé les situations de ses personnages par rapport à celles des principaux intervenants dans l'assassinat d'Overbury. Plus qu'un remède à la solitude d'un veuvage précoce la décision énergique de la Duchesse apparaît comme une chance de bonheur dans un monde qui n'en comptait pas beaucoup. La saisir est certes une option risquée, mais sympathique aux yeux d'un auteur et un public qui voyaient dans le mariage un sacrement capable d'assurer aussi bien l'épanouissement du couple dans la famille que l'obéissance aux commandements de Dieu.[54] Or, dans la pièce, ce remariage est un acte de provocation aussi odieux qu'inadmissible pour les deux frères d'Aragon. Dans l'affaire Howard-Carr, c'est Thomas Overbury qui s'oppose au remariage de la comtesse, tandis que l'autorité en place s'efforce de le promouvoir en sous main. Dans la pièce de Webster, la Duchesse épouse un homme de condition inférieure alors que Frances Howard désire s'unir à l'homme le plus puissant d'Angleterre après le roi. Dans le cadre d'un savant jeu d'optique, la vision offerte par l'œuvre de fiction est à la fois double et inverse, à l'instar de l'image qui se forme dans une chambre noire*. L'art dramatique de Webster ne relève donc pas seulement de la tragédie de vengeance* qu'un sensationnalisme de façade et une méta-théâtralité appuyée pourraient paraître renouveler sous forme d'une parodie grinçante, voire grotesque*.[55] Il constitue aussi un habile montage visuel, où ce qui est montré en surface doit être *in fine* éclipsé par une réalité autre et autrement plus contemporaine que celle qui est donnée à voir dans l'intrigue.

54. Voir Mary Beth Rose, « A Waste of Shame: the Heroics of Marriage in English Renaissance Tragedy » in *The Expense of Spirit. Love and Sexuality in English Renaissance Drama,* Cornell University Press, Cornell, 1988 : « The effort to unite public and private life and to confer upon them equal prestige is formulated in the Protestant idealization of marriage. This is the discourse in which the Duchess is inscribed. [...] In the Protestant conception of marriage as a heroic endeavor, a military idiom is absorbed and transformed from the heroism of action », pp. 162-63.

55. Pierre Iselin in F. Laroque, P. Iselin et J. Giornal eds., King Lear. *L'œuvre au noir,* (Paris, PUF, 2008, p. 156) présente le grotesque comme une « perspective politique qui réfléchit la difformité du monde et de la société, sous forme de satire... ». Une telle définition peut s'appliquer à *La Duchesse,* où le recours au grotesque permet la satire politique. Pour Charles Forker, *Skull beneath the Skin,* « [o]ne common understanding of the grotesque in art sees its defining characteristic as a conscious superimposition of incompatible emotions upon each other, a yoking of laughter with tears, of the absurd with the pathetic, or the mechanical with the natural [...] The genius of Webster's greatest play lies partly in its subtle balancing and blending of these contraries so that our experience of extraordinary horror does not annul our pride in human strength or our pity for human suffering. », p. 364.

Jeux et illusions, effets d'optique

On est en effet ici en présence d'une forme de réalisme fantastique, d'un surcodage pré-gothique*, où l'exagération et la noirceur relèvent d'une savante technique de déformation optique.[56] Aux XVIe et XVIIe siècles, l'utilisation des miroirs et des effets d'optique, avec leurs secrets de fabrication, avaient encore, aux yeux de beaucoup, des relents de magie, voire de sorcellerie. Reginald Scot évoque par exemple ce qu'il appelle « les astuces étonnantes, visions et compositions merveilleuses que l'on peut faire avec du verre ».[57] Et d'ajouter :

> Il faut bien posséder l'optique. On y voit à l'œuvre les maîtres de l'illusion dans diverses sortes de miroirs : prismes, ronds, à facettes, creux, bombés, massifs, réguliers, irréguliers, colorés ou incolores. On peut fabriquer des miroirs qui donnent l'impression d'y voir

56. L'analyse qu'Yves Peyré fait du *Démon blanc* peut être reprise quasiment mot pour mot dans le cas de *La Duchesse :* « Rapprochements étranges, choc des contraires qui se heurtent, curieuse superposition des incompatibles, la pièce fonde son esthétique sur une constante dispersion de signes se recomposant de façon inattendue dans les glissements d'un plan à l'autre qui font se répondre, souvent par inversion, l'image textuelle et l'image scénique. Tragédie de la dislocation du sens, de l'éclatement des perspectives et de la perversion des valeurs, *Le Démon blanc* installe en son sein une infinité de miroirs qui se renvoient les uns aux autres un déroutant labyrinthe d'apparences grotesques et de reflets déformés. » *Théâtre élisabéthain,* II, pp. 1700-1701. L'image du labyrinthe correspond aux errements sinueux d'un Bosola et l'idée de « reflets déformés » à la technique de l'anamorphose.

57. Cette même image du verre soufflé figurait déjà dans ces vers de « A Monumental Column », l'élégie funèbre écrite à la mémoire du Prince Henry : [...] so many times miscarries /A crystal glass, whilst that the workman varies /The shape in the furnace (fixed too much upon /The curiousness of the proportion), /Yet breaks it ere't be finished, and yet then /Moulds it anew, and blows it up again, / Exceeds his workmanship... (in Neill, *Duchess,* p. 179). On retrouve l'image de la verrerie dans les échanges entre Julia et le Cardinal : « Sooth, generally for women, / A man might strive to make glass malleable / Ere he should make them fixed » (2.4.13-15). Dans l'intermède des fous il est question d'une lentille géante (lunette astronomique appelée "perspective") capable d'embraser le monde, tandis que le deuxième Fou présente, quant à lui, la verrerie comme une image de l'enfer : *First Madman* Doomsday not come yet? I'll draw it nearer by a perspective, or make a glass that shall set all the world on fire upon an instant. *Second Madman* Hell is a mere glasshouse, where the devils are continually blowing up women's souls on hollow irons, and the fire never goes out. (4.2.72-8). Dans son adaptation cinématographique de *Don Juan* (1979), Joseph Losey, pour accompagner en images l'ouverture de l'opéra de Mozart, plonge le spectateur dans l'atelier de souffleurs de verre de Murano. Ces images annoncent le destin final de Don Juan lorsqu'il est précipité par le Commandeur au milieu des flammes de l'enfer.

> quelque image ou visage que l'on a en tête. D'autres sont agencés de telle sorte que l'on peut y voir ce que d'autres font dans des lieux très éloignés [...] Il y a des verres transparents qui rapetissent ce qui est grand ; rapprochent ce qui est éloigné ; éloignent ce qui est proche...[58]

Si, pour le sourcilleux gentilhomme protestant du Kent, il s'agissait de dénoncer les supercheries des magiciens ou autres utilisateurs de boules de cristal, Webster mêle, quant à lui, les références scientifiques au monde de la sorcellerie et de la manipulation diabolique. Les allusions au télescope, à l'astronomie, à l'optique ou à la médecine abondent dans la tragédie, ce qui n'empêche nullement Ferdinand, le Cardinal ainsi que Bosola de passer pour des créatures infernales, pour des démons[59] qui viennent hanter un imaginaire où poisons et maléfices sont légion. Le monde de la raison symbolisé par les mathématiques se voit progressivement balayé par une déraison grandissante qui culmine avec l'apparition des fous et la lycanthropie de Ferdinand qui signe son inhumanité. La comédie et les joyeux échanges du début font place à de grandes ombres noires qui menacent cet éphémère bonheur domestique qui va peu à peu virer à la tragédie au sein d'un monde de ténèbres dominé par l'enfermement, la claustrophobie et la persécution. Le rire ne disparaît pas pour autant mais se fait grinçant et sombre dans la comédie noire et le burlesque des dernières scènes.

À partir d'un fait divers sanglant tiré de l'histoire napolitaine, Webster tisse la trame d'une intrigue à plusieurs étages, dont la structure profonde et l'esthétique caravagesque,[60] renvoient au spectacle tragique, indicible en clair, de la monarchie jacobéenne et de son irrémédiable corruption. Tel Hamlet face à Claudius, le dramaturge ne peut dire la vérité qu'à travers la folie de cette *extravaganza* italianisante

58. Reginald Scot, *La sorcellerie démystifiée* (Livre XIII, chapitre xix), Pierre Kapitaniak ed., Paris, Jérôme Millon, 2015, p. 403.

59. Bosola se présente ironiquement comme l'un des « familiers » de Ferdinand (1.1.251-52), au sens du démon qui lui est attaché et qui, selon les croyances de la sorcellerie, suçait le sang de sa victime en échange de pouvoirs magiques.

60. Le Caravage est connu pour son usage du clair-obscur et des ombres portées. Une grande partie du tableau étant plongée dans l'ombre et dans un noir d'encre faiblement éclairé par une lumière oblique, les figures semblent littéralement surgir du tableau devant l'œil du spectateur.

en forme de tragicomédie et qui, à l'image du « Meurtre de Gonzago », lui sert à faire passer son message. « Le meurtre de la Duchesse » renvoie peut-être à celui du Prince Henry, une éventualité pas vraiment improbable à ses yeux, et la vengeance sanglante qu'il donne à voir joue un rôle d'exutoire symbolique pour un ressentiment qui pouvait difficilement s'exprimer de manière frontale et directe. La tragédie qui se déroule derrière les murs épais du palais ducal d'Amalfi et que le dramaturge scénarise en gros plan rappelle en effet, tout en les mettant prudemment à distance, les événements qui étaiennt en train de secouer le pays tout entier. Comme le dit la duchesse à Antonio : « [...] as a tyrant doubles with his words / And fearfully equivocates, so we / Are forced to express our violent passions / In riddles and in dreams » (1.1.431-34). Les événements réels ou historiques relatés dans *La Duchesse* se réfléchissent donc sur la surface courbe du miroir convexe des « énigmes » et des « rêves », déformation optique qu'il appartient ensuite au spectateur ou au lecteur de restituer sur la surface plane de l'actualité récente. Les brillants jeux de perspective et les sombres merveilles de l'anamorphose webstérienne renvoient en pointillés ses destinataires à des « réalités » troublantes qui nous sont donnés à voir de biais, ou, si l'on préfère, « entre les lignes ».[61] Dans le livre qu'il consacre à l'affaire Overbury, Alastair Bellany se demande comment les spectateurs de la pièce donnée aux Blackfriars en 1614 ont pu réagir face à cette attaque de l'aristocratie et des vices d'une Cour étrangère.[62] Les allusions qui sont faites aux principaux protagonistes de l'affaire Overbury dans le poème anonyme cité par Bellany sont assez transparentes,

61. Pour J.W. Lever « [t]he court of Amalfi presents in miniature the court of Whitehall, with its adventurers, its feverish pulling of strings for office and promotion, its heedless and heartless pursuit of privilege », *The Tragedy of State: A Study of Jacobean Drama*, London, Methuen (1971), 1980, p. 95. Selon Christina Luckyj, « *The Duchess of Malfi* was first performed in 1613, a year marked by two prominent marriages: the auspicious political marriage of King James's daughter Princess Elizabeth to the Protestant Prince Frederick, and the scandalous second marriage of Frances Howard to the King's Scottish favourite Robert Carr, a couple whose association with court corruption was later spectacularly confirmed by their arrest for the murder of Sir Thomas Overbury. Certainly, when Bosola compares the Arragonian brothers to 'plum trees, that grow crooked over standing pools; they are rich and o'erladen with fruit, but none but crows, pies and caterpillars feed on them' (1.1.48-51), it is hard to resist seeing this as a slur on James, who showered gifts [...] on favourites such as Carr ». The Duchess of Malfi. *A Critical Guide*, « Introduction », p. 9.

62. *The Politics of Court Scandal*, pp. 5-6.

ce que ne pouvait pas faire Webster sauf à provoquer la censure et risquer la prison. Déplacer l'action de la Cour d'Angleterre à la Cour d'Amalfi un siècle avant cette affaire était donc un moyen commode de ne pas faire de remous en haut lieu tout en donnant quelques indices aux *conoscenti*, aux initiés qui, dans ce théâtre privé pour privilégiés, disposaient de l'information nécessaire pour être à même d'identifier le vrai visage des protagonistes derrière leurs masques.

Chapitre III
La pièce et ses personnages

Les sources

The Mystery of the Duchess of Malfi, le livre très documenté de Barbara Banks Amendola,[1] nous renseigne sur le fait divers qui frappa et scandalisa la population de Naples et de la petite ville d'Amalfi dans les premières années du XVIe siècle. C'est cette histoire d'abord relatée par un moine dominicain, Matteo Bandello (1485-1561), évêque d'Agen, que Webster a adaptée dans sa tragédie. Admis dans les cercles de la Cour, l'écrivain prélat était alors proche de la reine Marguerite de Navarre (1492-1549), sœur de François 1er et grand-mère d'Henri IV. François de Belleforest, l'un des protégés de la reine lettrée auteur de l'*Heptaméron* (1558), traduisit ensuite les 214 *Novelle* de Bandello en français, parmi lesquelles on trouve « L'infortuné mariage du seigneur Antonio Bologne, avec la duchesse de Malfi, et la mort piteuse de tous les deux ». C'est en effet là la première nouvelle du deuxième volume de ses *Histoires tragiques* (Paris, 1565). Avec six autres nouvelles du recueil, cette histoire fut remarquée et choisie par William Painter (1540-1595), lieutenant d'artillerie de la Tour de Londres, qui les traduisit en anglais et les publia l'année suivante à Londres dans le second tome de son *Palace of Pleasure* (1566).

Giovanna d'Aragon régna en tant que duchesse d'Amalfi de 1493 à 1511, date à laquelle elle fut probablement assassinée. Fille d'Henri d'Aragon, elle était l'une des descendantes directes de la Maison d'Aragon, la lignée espagnole qui régna sur le royaume de Naples de 1442 à 1501. Elle était née en 1478 juste avant son frère jumeau (un détail mentionné par Webster dans sa tragédie et qu'on ne trouve dans aucune de ses sources) ; son frère aîné, Luigi, avait hérité du titre paternel mais il avait préféré entrer dans les ordres et devenir Cardinal

1. *The Mystery of the Duchess of Malfi*, Thrupp, Stroud, Gloucestershire, 2002.

dans l'espoir d'être ensuite élu pape. Giovanna fut mariée à l'âge de douze ans à Alfonso Piccolomini, fils du duc d'Amalfi, qui succéda à son père en 1494. Mais, l'année suivante, le roi de France Charles VIII envahit le royaume de Naples et le duc, gravement blessé au cours de la bataille, allait mourir trois ans après des suites de cette blessure. Jeune et belle, la duchesse devait, dix ans plus tard, épouser l'intendant de son domaine, Antonio da Bologna. Le mariage était resté secret car il était contraire au code d'honneur de la famille régnante selon lequel une duchesse ne pouvait en aucun cas épouser un homme de condition inférieure à la sienne. Cette union clandestine ne fut révélée qu'en novembre 1510 et, selon un témoignage de l'époque, elle ne manqua pas alors de défrayer la chronique de la ville de Naples. Dans la pièce, c'est le Premier Pèlerin qui se fait le porte-parole de cette réaction d'indignation : « Who would have thought / So great a lady would have matched herself / Unto so mean a person ? » (3.4.23-25)

Entre-temps, le couple avait eu deux enfants et, craignant les conséquences du scandale et surtout les représailles qui les menaçaient,[2] il s'était réfugié à Sienne pour fuir les sbires au service de la famille d'Aragon. La Duchesse fut néanmoins arrêtée avec ses deux enfants quelque part entre Sienne et Venise, puis emprisonnée à Amalfi, à la suite de quoi on n'entendit plus jamais parler d'elle. Quant à Antonio, qui se cachait à Milan, il fut assassiné deux ans plus tard par un certain Daniele da Bozzolo sur ordre du frère de la Duchesse, le Cardinal Louis d'Aragon. Dès l'année suivante, en 1514, Bandello, qui s'y représente en tant que Delio, l'ami d'Antonio, écrira la nouvelle qui reprend le fil de cette histoire tragique pour la révéler au monde. L'auteur, tout moine qu'il est, montre sa compassion pour le sort fait à la Duchesse et il déplore l'injustice qu'il y a à condamner chez une femme ce qui ne pose aucun problème chez un homme, à savoir le désir sexuel, pour regretter ensuite l'existence de stupides préjugés liés aux appétits supposés insatiables de la femme :

> [...] we men always want to satisfy every whim that comes to our mind, and we do not want poor women to satisfy theirs [...] it seems to me a great stupidity that men consider that their honour and that of their house be vested in the appetite of a woman...[3]

2. Dans la pièce, Antonio dit craindre les sbires de Ferdinand et du Cardinal : « My brothers have dispersed / Bloodhounds abroad... » (3.5.46-7).

3. Cité par Leah Marcus in *The Duchess of Malfi*, p. 19.

Dans son récit, Belleforest décrit les affres nocturnes de la belle duchesse qui, ayant connu l'amour et le plaisir avec son premier mari, ne peut que cruellement ressentir le manque et la frustration au cours des années suivant sa mort :

> [...] cette belle Duchesse éperonnée d'un même désir, qui point tous autres qui sont de chair et d'os, se fâchait fort de coucher seule, et lui venait à contrecœur d'être sans parti, mêmement la nuit que le silence et l'obscurité lui offraient devant les yeux de l'esprit l'image du plaisir qu'elle avait expérimenté du vivant de feu Duc son Seigneur et mari et que nuitamment elle s'en voyait toute frustrée [...] Elle voyait un combat continuel en soi-même, et tel qu'elle n'osait ce qu'elle voulait le plus [...] Las ! disait-elle : est-il possible qu'après avoir goûté combien vaut l'honnête obéissance que l'épouse doit à son mari, j'aie désir d'expérimenter les ardeurs qui brûlent et altèrent les âmes passionnées de ceux qui s'assujettissent à l'amour ? [...] Ainsi la Duchesse fait et bâtit son destin, arrêtant en soi d'épouser son maître d'hôtel, ne faisant qu'épier l'occasion et le temps à propos, pour lui en faire l'ouverture. Et quoi qu'une honte naturelle, qui accompagne les dames ordinairement, lui clouât la bouche [...] si est-ce qu'à la fin, vaincue d'amour et d'impatience, elle franchit le saut [...] jetant loin la crainte conçue de vergogne, pour se donner chemin au plaisir, qu'elle souhaitait plus que le mariage, qui ne servait que de masque et couverture pour pallier les folies et éhontées lubricités : aussi en porta-t-elle toute telle pénitence que sa folie le méritait.[4]

Ici, l'accent est mis sur les « ardeurs » et « éhontées lubricités » de la Duchesse et sur le plaisir qu'elle recherche à nouveau après l'avoir connu avec son premier mari, de sorte que le mariage n'aurait été qu'une « couverture » lui permettant de donner libre cours à ses désirs. Il conclut sur un jugement moral en vertu duquel pareille folie ne pouvait que se voir tôt ou tard punie par une issue tragique. Painter blâme lui aussi la Duchesse qu'il compare à la reine Sémiramis de Babylone restée dans les mémoires comme un exemple de vice, de luxure et de cruauté, avant de poursuivre,

> [...] because a woman being as it were the image of sweetness, courtesy and shamefastnesse, so soon as she steppeth out of the right tract and leaveth the smell of her duty and modesty, besides the denigration of

4. François de Belleforest, *Histoires tragiques* (1565), tome 2, 1591, signatures B4, B5 et C2.

> her honor, thrusteth herself into infinite troubles and causeth the ruin of such which should be honored and praised, if women's allurement solicited them not to folly.[5]

Il va plus loin encore dans sa condamnation de la conduite de la Duchesse dont il réprouve ouvertement l'inconséquence pour une personne de son rang et de sa qualité :

> Who would think that a great lady would have abandoned her estate, her goods, and child, would have misprized her honour and reputation, to follow like a vagabond, a poor and simple gentleman, and him besides that was the household servant of her court? And yet you see this great and mighty duchess trot and run after the male like a female wolf or lioness when they go to salt, and forget the noble blood of Aragon whereof she was descended, to couple herself almost with the simplest person of all the trimmest gentlemen of Naples.[6]

L'auteur l'accuse de déroger aux obligations de son rang ainsi qu'à son honneur de femme pour la comparer à une louve ou à une lionne en chaleur (« when they go to salt ») qui irait s'accoupler au premier venu. La perspective adoptée par ces différents auteurs reste moralisatrice et elle souligne aussi bien le désir sexuel excessif de la part d'une veuve que l'ambition d'un serviteur qui saisit là une occasion de s'élever au-dessus de sa condition. Dans un texte intitulé « Of whoredoms Committed under Colour of Marriage », Thomas Beard, un théologien d'obédience puritaine, reprend à son tour cette histoire à titre d'exemple pour condamner leur attitude où il voit un double manquement aux devoirs du chrétien :

> [...] there was a gentleman of Naples called Antonio Bologna that had been governor of Frederick of Aragon's house when he was King of Naples, and had the same office under the Duchess of Malfi after she was widow; with whom in protract of time he grew to have such secret and privy acquaintance (albeit she was a princess and he her servant) that he enjoyed her as his wife. And thus they conversed secretly together, under the colour of marriage accorded betwixt them, the space of certain years, until she bore him three children.[7]

5. In Neill, *Duchess*, p. 128.
6. In Neill, op. cit., p. 147.
7. *The Theatre of Gods Judgments* (1597), in Neill, *Duchess*, pp. 166-67.

Il va de soi qu'à ses yeux le mariage entre Antonio et la Duchesse n'est absolument pas légal et que cette cérémonie, gardée secrète par la suite, n'était qu'un simulacre destiné à servir de caution au désir sexuel et à l'ambition immodérée.

Le Français Simon Goulart racontera à son tour cette histoire en n'excusant ni Antonio, dont il épingle l'ambition ivre et le manque de respect pour la maîtresse des lieux qui l'emploie à son service, ni la Duchesse qu'il accuse de lui avoir fait les yeux doux :

> [...] transported with her desire, she discovers her thoughts unto this gentleman, who drunk with his own conceit, and forgetting the respect which he owed unto his lady and to her house, neither yet remembering his own mean estate, would not excuse himself nor give her such counsel as he ought in this occurrent; but being presumptuous and lustful, he yielded to join (under the veil of a secret marriage) with her, who had long before cast unchaste looks at him, and with whom he had rashly and against all duty fallen in love.[8]

On voit donc que la plupart des sources auxquelles Webster a pu recourir condamnent fermement l'attitude des deux époux et que cette histoire, très célèbre à l'époque, a principalement servi de prétexte à des attitudes réprobatrices et à un discours moralisateur. Avec *La Duchesse*, on change radicalement de perspective car cette fois ce sont les deux frères, beaucoup plus que leurs futures victimes, qui sont la cible de l'auteur.

La tragédie de vengeance

La pièce que Webster tire de ces événements distants de plus d'un siècle mêle la tragédie domestique, illustrée par l'anonyme *Arden de Faversham*,[9] une pièce écrite sur la base d'un fait divers qui présente l'aspiration d'une femme (Alice) à l'autonomie sexuelle, à la tragédie de vengeance* jacobéenne, un genre hybride ou impur,[10] qui reprend la tradition inaugurée par la *Tragédie espagnole* de Thomas Kyd (1558-1594). Ce type de drame accorde une place éminente au

8. *Admirable and Memorable Histories Containing the Wonders of Our Time*, traduit du français par Edward Grimeston, Londres, 1607. In Neill, *Duchess*, pp. 161-67.

9. Voir la Notice sur la pièce présentée par Anny Crunelle-Vanrigh, *Théâtre Élisabéthain*, I, pp. 1624-32.

10. Voir l'article d'Inga Stina Ewbank, « The Impure Art of John Webster », *Review of English Studies*, IX (1958), Oxford, Oxford University Press, 253-67.

surnaturel, au théâtre dans le théâtre ainsi qu'à des scènes de violence sanglante, non dépourvues d'une forme d'humour noir à l'effet souvent sinistre et macabre.[11] Webster y ajoute une dimension satirique et politique dans un ensemble assez énigmatique qui garde quelque chose d'inachevé. Pour Fredson Bowers, « [t] he play is peculiar in that the protagonist (the duchess herself) is the victim of the villains' revenge [...] The problem, how to bring the guilty persons to justice, remained ».[12] C'est en effet au nom de sa « vengeance » que Ferdinand envoie Bosola à Milan pour tuer Antonio : « thou shalt shortly thither / To feed a fire as great as my revenge » (4.1.134-36). Contrairement à la plupart des drames de ce type, *La Duchesse* ne montre aucune sympathie pour les vengeurs que sont les frères d'Aragon, en réalité deux criminels qui entendent faire payer à leur sœur l'offense faite à l'honneur et au sang de la famille. Après eux, c'est Bosola qui se voudra le vengeur d'Antonio et de la Duchesse :

> Well, good Antonio,
> I'll seek thee out, and all my care shall be
> To put thee into safety form the reach
> Of these most cruel biters that have got
> Some of thy blood already. It may be
> I'll join with thee in a most just revenge. (5.2.338-43)

Ironiquement, c'est justement au moment où il projette de l'aider et de lui sauver la vie qu'il le tuera à la suite d'une incroyable méprise. Bosola est donc, là encore, directement responsable de sa mort comme il avait préparé celle de la Duchesse. Bosola est un vengeur raté qui accable ceux qui sont des victimes au lieu de châtier des coupables qu'il n'éliminera qu'à l'occasion de la confusion finale. Pour R.B. Sewall, la formule webstérienne n'est pas moins atypique.[13] Le seul crime commis par la Duchesse et Antonio est en effet d'avoir osé se marier et braver l'interdiction des frères. Par contre, l'assassinat de la Duchesse et de deux de ses enfants ainsi que de sa suivante Cariola est un crime qui demande à être vengé à défaut de pouvoir être puni par la justice. Ce serait normalement à Antonio de s'en charger mais, comme on le voit dans la pièce, ce n'est pas un

11. Voir Pollock, « Plaisirs de la cruauté », pp. 252-53.

12. *Elizabethan Revenge Tragedy, 1587-1642*, Princeton, Princeton University Press, 1940, p. 177.

13. À ses yeux *La Duchesse* est en effet ce qu'il appelle dans une formule qui claque « [...] a revenge play without a crime ». *The Vision of Tragedy*, New Haven, Yale University Press,1962, p. 81.

combattant et il manque terriblement de convictions et de courage physique. Bosola lui servira donc de substitut très imparfait car il a lui-même trempé dans le complot ourdi contre la Duchesse et porte la responsabilité directe de sa mort. Il ne pourra donc en mourant que résumer l'hécatombe de la dernière scène qu'il attribue à un vaste et providentiel schéma de vengeance dans lequel il a lui-même été pris et dont il ressort, une fois de plus, frustré, « neglected » :

> *Roderigo*
> How comes this?
>
> *Bosola*
> Revenge – for the Duchess of Malfi, murdered
> By th'Aragonian brethren; for Antonio,
> Slain by this hand; for lustful Julia,
> Poisoned by this man; and lastly for myself,
> That was an actor in the main of all,
> Much 'gainst mine own good nature, yet i'th'end
> Neglected. (5.5.78-85)

Le rejet du participe passé « neglected » au début du vers 85 met ce mot particulièrement en valeur et fait entendre une dernière fois ce leitmotiv du « unbeneficed scholar » corrompu et dévoyé par l'ingratitude de grands personnages dont il n'aura servi la cause et les intérêts qu'à son détriment. Le scénario traditionnel de la tragédie de vengeance* est ici en grande partie bouleversé, pour ne pas dire perverti, de sorte que le chaos final, pourtant attendu dans ce type de pièce, ne donne lieu à aucune satisfaction particulière. Justice n'a pas été faite puisqu'innocents et coupables gisent côte à côte dans leur sang. Et quand Delio, arrivé trop tard sur les lieux, déplore ce qu'il appelle un désastre (« this great ruin », 5.5.109), il termine sur une note moralisatrice qui critique la fausse gloire des grands de ce monde mais qui n'éclaire en rien la confusion et le chaos de ce très étrange dénouement.

Les personnages

Pour Charles Forker, les personnages de *La Duchesse,* comme sa structure générale sont calqués sur le même schéma que ceux de sa tragédie précédente, *Le Démon blanc* :

> Webster employs several types or roles that he had already utilized in the earlier tragedy – the female servant who functions as dramatic foil to her mistress, the corrupt and worldly cardinal [...], the criminally deranged nobleman, the libidinous court lady, the supine cuckold, the child-survivor of the carnage, even the grotesques of doctor and lawyer [...].[14]

Ces cinq personnages principaux illustrent chacun une humeur bien particulière : l'humeur sanguine pour la Duchesse et Antonio, la colère pour Ferdinand, le flegme pour le Cardinal et la mélancolie pour Bosola.

La Duchesse : Une héroïne du désir ?

La Duchesse, figure centrale de la tragédie,[15] est dépeinte comme une femme déterminée, peu encline à céder à la menace de ses frères. Elle déclare en effet dès qu'ils ont quitté ses appartements :

> Shall this move me? If all my royal kindred
> Lay in my way unto this marriage,
> I'd make them my low footsteps...(1.1.331-33)

Elle fait preuve d'une résolution martiale et joue pleinement son rôle de femme de pouvoir bien décidée à ne pas s'en laisser compter. Il y a là de la fierté et une conscience aigue de son rang que l'on retrouvera dans son attitude stoïque au moment des tourments que Ferdinand et Bosola lui infligent à l'acte 4 quand

14. Forker, *Skull beneath the Skin*, p. 304.

15. Pour J.R. Mulryne, « Webster and the Uses of Tragicomedy », c'est une erreur de croire que l'action de la pièce est vue à travers le filtre de l'esprit de la Duchesse, même si sa folie (celle de son remariage, à propos duquel Cariola parle de « fearful madness », 1.1.489), la relie aux diverses autres formes de folie dans la tragédie : « The Duchess, by acts of choice and eddies of temperament, is firmly knit to the world that destroys her [...] Her ties with madness are equivocal, resisting and denying it, but also recognising in it an echo of her own living so faithful as to be almost consoling », p. 153.

elle refuse de se laisser humilier par eux et déclare : « I am Duchess of Malfi still » (4.2.131). Cela dit, elle se garde bien de leur jeter la vérité au visage, alors que sa décision d'épouser son intendant Antonio est déjà prise. Elle sera donc obligée de leur mentir, ce qui la contraindra à mener une vie familiale clandestine dans l'intimité de ses appartements. La simplicité, pour ne pas dire la banalité de ses désirs, n'en est pas moins un acte de courage, voire d'héroïsme. Linda Woodbridge montre en effet que, contrairement à l'*hubris* d'un Tamerlan ou d'un Faust qui prétendent dépasser la nature humaine, la Duchesse est, quant à elle, une héroïne du désir quotidien :

> In an age of Tamburlanian and Faustian overreaching, the great triumph of *The Duchess of Malfi* is its daring affirmation of ordinary life on earth. I have called the Duchess a hero of desire; what is remarkable is that she is a hero of *ordinary desire*. Ferdinand fantasizes a duchess whose insatiable lusts are epic: the strong-thighed bargeman, the sledge-hefting wood-cutter, the lovely squire seem to his aspiring mind only a random sample of her legion of lovers, whom he thinks she must pursue with the monomania of a Tamburlaine pursuing new kingdoms to conquer.[16]

Antonio, de son côté, observe une attitude diamétralement opposée, puisqu'il idéalise totalement cette femme à qui il voue un culte qu'on pourrait qualifier de post-pétrarquiste :

> [...] in that look
> There speaketh so divine a continence
> As cuts off all lascivious and vain hope.
> Her days are practiced in such noble virtue
> That sure her nights – nay more, he very sleeps –
> Are more in heaven than other ladies' shrifts.
> Let all sweet ladies break their flattering glasses
> And dress themselves in her. (1.1.191-98)

16. Queen of Apricots: The Duchess of Malfi, Hero of Desire » in Naomi Conn Liebler ed., *The Female Tragic Hero in English Renaissance Drama*, New York, Palgrave, 2002, (pp. 161-84), p. 178.

Mais la Duchesse n'est ni une sainte ni un modèle de chasteté sans pour autant s'identifier à la louve lascive des fantasmes de son frère Ferdinand. Webster la situe entre ces deux extrêmes pour tenter d'en contrôler l'image. Il en fait tout simplement une « vraie femme », un être de chair et de sang avec ses désirs, ses qualités et ses défauts. La Duchesse est loin d'être parfaite. C'est une grande dame dotée d'un fort tempérament bien décidée à ne pas subir les contraintes et les conventions sociales de son temps et de son rang. Elle choisit la vie et les risques qu'elle comporte plutôt que de se résoudre à satisfaire aux impératifs hypocrites de la réputation pour adopter une conduite conforme aux usages et à la volonté de ses frères : « Whether the spirit of greatness or of woman / Reign most in her, I know not » 1.1.487-88) dit justement d'elle Cariola à la toute fin de la longue première scène de la pièce. La Duchesse se comporte en pionnière dans un monde corseté par la religion, l'étiquette sociale et les préjugés d'un patriarcat fortement affirmé.

Outre la façon dont elle ose défier tabous et préjugés, la Duchesse devra de surcroît prendre l'initiative en amour et dévoiler ses intentions devant un Antonio quelque peu interdit, car son respect du rang est tel que jamais il n'osera faire le premier pas : « The misery of us that are born great! / We are forced to woo, because none dare woo us » (1.1.429-30). Elle en viendra plus tard à envier les oiseaux qui n'ont pas, eux, à subir les contraintes de l'étiquette ni le poids des préjugés :

> The birds that live i'th'field
> On the wild benefit of nature live
> Happier than we; for they can choose their mates,
> And carol their sweet pleasures to the spring. (3.5.16-20)

La Duchesse prend donc en toute conscience de cause le risque de nouer une union clandestine et d'avoir trois enfants avec Antonio, quitte à causer le déplaisir de ses frères. Toutefois, elle qui insiste sur l'importance du secret entourant sa vie privée, va, sans doute par excès de confiance,[17] commettre une première erreur en accédant à la proposition de ses frères de nommer Bosola Surintendant de ses

17. Voir ce que dit Bosola à la fin : « Security, some call the suburbs of hell ». (5.2.338)

écuries (1.1.262). Sa seconde erreur, fatale cette fois, sera d'accorder du crédit à l'éloge hypocrite que Bosola fait d'Antonio et d'avoir alors l'extrême naïveté de lui confier son secret (3.2.224-300).

La critique, qui commente abondamment le remariage de la Duchesse, est en désaccord sur l'interprétation de ce désir, certains y voyant l'expression d'une sensualité débridée (même si ce type de position est aujourd'hui très minoritaire), d'autres une volonté à la fois normale et naturelle d'éviter de se consumer en vains désirs et une inclination allant tout à fait dans le sens de la vie.[18] Le premier point de vue est repris en 1983 par Lisa Jardine qui, comparant la Duchesse à Gertrude, conclut :

> [...] [l]ower in her sexual drive than 'a beast that wants discourse of reason', the Duchess of Malfi, like Hamlet's mother, steps out of the path of duty and marries for lust.[19]

Pareille prise de position[20] surprend, d'autant que Webster adopte une position diamétralement opposée dans sa pièce. Contrairement à Ferdinand qui affirme « Marry? They are most luxurious / Will wed twice » (1.1.289-90), il voit dans la décision de la Duchesse, non pas l'expression d'un désir immodéré mais au

18. Voir le compte rendu du quotidien *Le Monde* du 24 janvier 2011 où Fabienne Farge décrit la mise en scène de la pièce d'Anne-Laure Liégeois au théâtre 71 de Malakoff : « Dans cet étrange poème d'amour, de souffrance et de mort, où l'homme, possédé par les forces obscures, est un loup pour l'homme, le plus fascinant est la manière dont la duchesse parvient à échapper à cette alternative : dévorée ou être dévorée. Anne-Laure Liégeois et sa formidable actrice, Valérie Schwarcz, rousse à la sensualité ambiguë, n'en font ni une victime ni une dépravée : juste une jeune femme éclatante de vie, dans ce monde de putréfaction. » Ce texte peut être consulté sur le site : https://www.lemonde.fr/culture/article/2011/01/24/la-duchesse-de-malfi-impose-sa-liberte-absolue_1469813_3246.html (consulté le 13 juin 2018)

   Pour Linda Woodbridge, « [t]roughout he play, the Duchess is marked as the object of our empathy – in the warmth of her courage and dignity with which she faces death. And throughout the play, the attitudes and behavior of the three antagonists are marked as vicious, destructive and antisocial » in « Queen of Apricots, p. 163.

19. Lisa Jardine, *Still Harping on Daughters: Women and Drama in the Age of Shakespeare*, Sussex, Harvester Press, 1983, p. 71.

20. Voir Charles Forker, *Skull beneath the Skin*, p. 297 : « [...] a tradition of prim moralism has crept steadily into academic commentaries, stressing the Duchess's willful obsession with private happiness, her lack of sexual discipline, her violation of degree in marrying below her rank, her irresponsibility in abandoning her subjects, her secrecy and deceptiveness... »

contraire un choix vertueux et courageux de la part d'une femme encore jeune et belle ainsi qu'elle le clame elle-même face à Ferdinand après que ce dernier s'est insinué par surprise, de nuit, dans ses appartements :

> *Duchess*
> Why should only I,
> Of all the other princes of the world,
> Be cased up like a holy relic? I have youth
> And a little beauty. (3.2.136-39)

En effet, plutôt que de prendre un amant et de se laisser aller, comme son frère le Cardinal, à entretenir une liaison illicite pour son seul plaisir égoïste, elle décide de se remarier dans le cadre d'un contrat privé connu sous le nom de *sponsalia per verba de praesenti*, une union souscrite par paroles de présent, une cérémonie toute simple au cours de laquelle les alliances étaient échangées devant témoin. Comme le dit la Duchesse à Antonio pour le rassurer :

> Be not amazed – this woman's of my counsel.
> I have heard lawyers say, a contract in a chamber
> *Per verba de presenti* is absolute marriage. (1.1.463-65)

Pour le calviniste qu'était Webster, le mariage était de beaucoup préférable au célibat et à la chasteté prônés par les catholiques et la pièce sur ce point ne fait pas mystère de ses sympathies.[21] La Duchesse est une femme sensuelle qui procède devant témoin à un mariage librement consenti et donc légalement contracté (du moins selon la loi anglaise qui ne valait visiblement pas pour le duché de Naples).[22] Comme elle le dira plus loin à Ferdinand, elle n'est pas une sainte destinée à être enfermée dans un reliquaire (« cased up like a holy relic »,

21. Voir l'article de Margaret Lael Mikewell, « Catholic and Protestant Widows in *The Duchess of Malfi* », *Renaissance and Reformation*, Vol. 7, N°4 (November 1983) 265-79 : « The brothers' attitude toward the Duchess as widow derives from traditional Catholic doctrine; yet their actions, particularly their attempt to immobilize their sister, represent the perversion of that doctrine. The marriage of Duchess, on the other hand, conforms to Protestant counsel for the widow found in religious conduct books. This straightforward dichotomy shapes the underlying dynamics of the play, which dramatizes a fairly clear-cut conflict between good and bad characters », pp. 272-73.

22. Elle affirme elle-même la légalité religieuse de cette union : « How can the church build faster ? / We now are man and wife, and 'tis the church / That must by echo this » (1.1.474-76).

3.2.138).[23] Elle a besoin de vivre et elle n'hésite donc pas à affirmer sa puissante vitalité en revendiquant une union charnelle qui la comble. Sa remarquable fertilité, qui semble particulièrement réjouir Antonio,[24] en fera aussi une mère attentionnée qui évoque la toupie avec laquelle joue son petit garçon (3.5.75) et, qui, avant de mourir, demande à Cariola de lui donner son sirop pour la toux sans oublier de faire dire ses prières à sa petite fille le soir avant de la mettre au lit. (4.2.190-92) L'appétit féroce avec lequel elle se jette sur les abricots que lui offre Bosola[25] témoigne de sa belle santé autant que de l'état avancé de sa maternité aux dires de celui qui est ici l'espion de Ferdinand.

La Duchesse paiera le prix fort de son audace – et de ses erreurs à l'acte 4, scène 2, lorsqu'aux côtés de sa suivante Cariola, elle est face à ses bourreaux qui vont lui faire subir une atroce séance de torture mentale. Ferdinand lui demande en effet de saisir dans le noir une main glaciale qui porte au doigt l'alliance qu'elle a donnée à Antonio.[26] Après quoi il lui faudra encore affronter la révélation des

23. Voir Rowland Rymer : « [...] she is both more and less than the plaster saint of Antonio's initial encomium [...] she shows herself to be no 'figure cut in alabaster' but a passionate and spirited woman », in Neill, *Duchess*, p. 247. Muriel Bradbrook oppose quant à elle le rire sinistre et sardonique de Ferdinand à la joie simple de la Duchesse : « Ferdinand's actions begin with the manic grandeur of forbidding his courtiers to laugh except when he laughs. [According to Pescara and Delio] 'The Lord Ferdinand laughs / Like a deadly cannon / That lightens ere it smokes', 3.3.54-5. The Duchess's mirth consists of simple, rather childish bawdy jokes with her maid and her husband, but Ferdinand entry transfers it into the bitter wit with which she enacts her play of banishing Antonio. She neither employs nor suspects any espionage; her wit serves chiefly to control her own pain and resentment... », *John Webster*, p. 148.

24. *Antonio* [*to Delio*] « She's an excellent / Feeder of pedigrees: since you last saw her / She hath had two children more » (3.1.5-7). Selon Emma Smith (voir en fin de volume le site de sa conférence sur *La Duchesse*), cette réplique s'inscrit dans le contexte de la comédie car, outre qu'elle montre l'existence d'un temps très élastique dans la pièce, la présence de ces enfants, même s'ils ne sont que de simples figurants, renvoie à l'idée du renouveau qu'ils incarnent, à un nouveau futur qui, génériquement, ne colle pas avec le tragique qui reste lié à la mort et à la destruction.

25. Voir infra p. 81, 99, 144, 151, 165, 173, 173 n. 22, 191.

26. Notons que c'est le cardinal qui, selon les pèlerins témoins du bannissement de la famille de la Duchesse à Ancône, arrache violemment l'alliance qu'elle porte au doigt : « *First Pilgrim* What was it with such violence he took / Off from her finger? *Second Pilgrim*: 'Twas her wedding ring, / Which he vowed shortly he would sacrifice / To his revenge » (3.4.36-38).

figures de cire présentées comme les cadavres d'Antonio et de ses enfants, avant de subir l'*antimasque**[27] de la danse des fous préparé que Ferdinand lui réserve pour la punir de la folie de ce remariage honni :

> I will send her masques of common courtesans,
> Have her meat served up by bawds and ruffians,
> And, 'cause she'll needs be mad, I am resolved
> To remove forth the common hospital
> All the mad folk, and place them near her lodging.
> There let them practise together, sing and dance,
> And act their gambols to the full o'th'moon. (4.1.120-26)

Les tortures vont se poursuivre et lui arracher des malédictions au cours desquelles elle maudit successivement les étoiles, les belles saisons de l'année (« smiling seasons », 4.1.94) en appelant de ses vœux la peste sur le monde (4.1.93 - 100). La façon dont Antonio décrit à Delio les affres de son accouchement pourrait s'appliquer à cette longue séquence où elle doit subir d'incroyables souffrances : « She's exposed / Unto the worst of torture, pain, and fear » (2.3.57-8). Dans la scène suivante, Bosola, méconnaissable sous ses divers déguisements, va débiter une longue prière funéraire composée de dix-huit heptamètres rimés en guise de mortification (4.2.165-82) avant de la faire étrangler par un bourreau. C'est là le point culminant de la tragédie. L'acte 5 commence à l'extérieur du palais du Cardinal, dans une atmosphère pré-gothique évoquant le mur en ruines d'une ancienne abbaye, avant qu'Antonio s'introduise dans le secret des appartements du Cardinal pour à la fois provoquer et être l'une des victimes de l'hécatombe finale.

Les deux frères d'Aragon

Dès le début, il est clair que les deux frères de la Duchesse sont les méchants de la tragédie. Pour les décrire, Bosola recourt à une image de prunier poussant dans les parages d'eaux croupissantes et fétides et envahis de parasites de toutes sortes :

> He and his brother are like plum trees that grow crooked over standing pools; they are rich and o'erladen, stagnant with fruit, but none but crows, pies, and caterpillars feed on them. (1.1.48-51)

27. Pour Leah Marcus, cet intermède des fous ne serait en réalité autre qu'une parodie mordante du masque de Cour jacobéen. The Duchess of Malfi *by John Webster*, Londres, Methuen (Arden Early Modern Drama), 2009, pp. 27-8.

Ils sont tous deux unis par un semblable mépris des femmes qui se manifeste dès qu'ils apprennent le remariage de la Duchesse :

> *Cardinal*
> Curs'd creature!
> Unequal Nature, to place women's hearts
> So far upon the left side!
>
> *Ferdinand*
> Foolish men,
> That e'er will trust their honor in a bark
> Made so slight, weak bulrush as is woman,
> Apt every minute so sink it (2.5.31-6)

Car même si leur comportement et leurs motivations diffèrent, le dégoût qu'ils inspirent comme la dépravation qui les caractérise les rapprochent pour en faire un seul et même monstre aux deux visages :

> *Bosola [à Ferdinand]*
> Your brother and yourself are worthy men;
> You have a pair of hearts are hollow graves,
> Rotten and rotting others. (4.2.302-304)

L'un comme l'autre puent en effet la mort et le vice et leur perversité n'a d'égale qu'un désir de semer l'effroi dans les cœurs, pour l'un, et le pouvoir de dissimulation et de manipulation pour l'autre.

Ferdinand, duc de Calabre

On ignore les causes précises de la cruauté étrange dont Ferdinand fait preuve vis-à-vis de sa sœur jumelle, même si l'idée de pulsions incestueuses refoulées[28] peut l'expliquer en partie. Alors qu'il met sa sœur en garde contre

28. Ainsi que le suggère Muriel Bradbrook, la conscience ou la perception de ces pulsions incestueuses n'était évidemment pas la même du temps de Webster qu'elle l'est de nos jours du fait de l'importance prise par la psychanalyse : « For a Jacobean, the madness of the Spanish royal house and the Spanish code of honour would have sufficed to explain all this; to a modern audience, the idea that Ferdinand's driving impulse is an incestuous fixation on his twin sister opens up a meaning more readily available today. It explains the ceremonial forms his persecution takes; ritual is an effective way of disguising and controlling repressed desires », *John Webster*, p. 157.

toute hypocrisie et dissimulation et affirme qu'il a les moyens de connaître jusqu'à ses pensées les plus intimes,[29] Ferdinand se cadenasse de l'intérieur et préfère ignorer les ressorts secrets de ses motivations sadiques. Il s'aveugle sur sa sexualité véritable et Bosola évite d'ailleurs de le questionner plus avant sur ce terrain particulièrement glissant :

Ferdinand
[...] she's a young widow;
I would not have her marry again.

Bosola
No, sir?

Ferdinand
Do you not ask the reason, but be satisfied
I say I would not. (1.1.248-50)

Antonio voit en lui « [a] most perverse and turbulent nature » (1.1.162) dont le rire est soit faux soit méchant :

What appears in him mirth is merely outside;
If he laugh heartily, it is to laugh
All honesty out of fashion. (1.1.163-65)

Il est également sournois et cauteleux et, aux dires d'Antonio, il a mis au point tout un système de surveillance et d'espionnage grâce auquel il peut piéger celles et ceux qui lui résistent ou qui lui désobéissent :

Antonio
He speaks with other's tongues and hears men's suits
With others' ears; will seem to sleep o'th'bench
Only to entrap offenders in their answers;
Dooms men to death by information,
Rewards by hearsay.

29. Hypocrisy is woven of a fine small thread, / Subtler than Vulcan's engine; yet, believe't / Your darkest actions – / Nay, your privats't thoughts – / Will come to light. (1.1.304-307)

Delio

Then the law to him
Is like a foul black cobweb to a spider:
He makes it his dwelling and a prison
To entangle those shall feed him. (1.1.166-73)

Antonio se méfie de ses silences car c'est alors qu'il est le plus dangereux :

He is so quiet that he seems to sleep
The tempest out, as dormice do in winter.
Those houses that are haunted are most still,
Till the devil be up. (3.1.21-4)

Le duc, qui a par ailleurs a manie de sortir et de rentrer son poignard de son fourreau face à la Duchesse, geste censé traduire ses pulsions incestueuses et criminelles, se livre néanmoins dès ses premières paroles à des plaisanteries de salle de garde. Or, il n'aime rire qu'à ses propres bons mots et il reproche effectivement à Roderigo et Grisolan de rire à une facétie dont il ne serait pas l'auteur [30] quand Silvio, riant de l'impuissance de Castruchio, affirme que le cheval de ce dernier se cabre devant l'obstacle (« reels from the tilt often », 1.1.116), ou qu'il « se cabre vivement sur la motte »[31] avec de lourds sous-entendus de nature sexuelle :

Ferdinand
[...] women like that part which, like the lamprey,
Hath ne'er a bone in't.

Duchess

Fie, sir!

Ferdinand

Nay,
I mean the tongue. (1.1.326-28)

30. « Why do you laugh? Methinks you that are courtiers should be my touchwood: take fire when I give fire – that is, laugh when I laugh, were the subject never so witty. » (1.1.118-20)

31. Claude Duneton, *La Duchesse*, p. 38.

Le mauvais goût de Ferdinand apparaît encore quand il compare la beauté, à ses yeux entachée de salissure morale, à la plaie purulente de la lèpre : « Methinks her fault and beauty, / Blended together, show like leprosy /The whiter, the fouler » (3.3.62-3). Comme dans *Le Démon blanc*, sa première tragédie, Webster recourt ici à une image où la blancheur désigne la dissimulation et l'hypocrisie, mais dont la laideur est digne du monde grotesque d'un Bosola, dont les paroles révèlent à intervalles réguliers l'obsession de la pourriture et de la maladie.

À côté de son esthétique de l'horreur et du macabre, *La Duchesse* recourt à une esthétique de la laideur et de la dissonance dont le « Let us howl » du chœur des fous composé par le musicien Robert Johnson donne un exemple. Dans ses tonalités discordantes et lugubres, il donne la chair de poule à l'auditoire. Voilà qui permet de comprendre pleinement ce que Ferdinand veut dire quand il s'écrie triomphalment : « She's plagued in art » (4.1.108). L'art de la torture exquise est un art contagieux, une remarque peut s'applique aussi à ce que le spectateur peut ressentir face à cette série d'images peu ragoûtantes qui finissent par créer chez lui une forme de malaise.

Quand il apprend que la Duchesse a mis au monde un enfant, la réaction de Ferdinand est d'une violence inouïe : c'est comme s'il avait arraché une mandragore,[32] la plante des sorciers, dont on sait que le cri pouvait frapper de folie ceux qui s'y essayaient. La nature profondément trouble et névrotique du lien de Ferdinand avec sa sœur renvoie à un conflit enfoui qui oppose chez lui désir et culpabilité.[33] Même s'il n'en a pas une conscience claire, il y a dans son mélange d'excitation, d'obsession sexuelle et de rage dévastatrice quelque chose qui, *volens nolens* le renvoie à un désir incestueux. Plus loin, face à son frère le Cardinal horrifié par sa violence passionnelle, Ferdinand se laisse aller à imaginer les pires horreurs pour punir la Duchesse et son mari qui, à ses yeux, forment un couple maudit :

> I would have their bodies
> Burnt in a coal-pit with the ventage stopped
> That their cursed smoke might not ascend to heaven;
> Or dip the sheets they lie'n in pitch or in sulphur,

32. « I have this night digged up a mandrake ». (2.5.1)

33. Voir l'article d'Elizabeth Brennan, « The Relationship between Brother and Sister in the Plays of John Webster », *Modern Language Review*, Vol. 54 N°4 (Oct. 1963), pp. 491-93.

Wrap them in't, and then light them like a match;
Or else to boil their bastard to a cullis,
And give't his lecherous father to renew
The sin of his back. (2.5.66-73)

Ce cauchemar d'une purification par le feu, où Ferdinand imagine de faire consumer le corps de sa sœur et de son mari dans un four (« coal-pit ») ou de les faire flamber dans des draps enduits de poix et de soufre, fait du personnage une sorte d'inquisiteur fou. À cette volonté de détruire leur « péché » par les flammes, comme dans le cas des hérétiques et des sorcières, s'ajoute un fantasme de cannibalisme qui rappelle le banquet final du *Titus Andronicus* de Shakespeare, où le vengeur Titus fait ingérer à la reine des Goths Tamora la chair de ses deux fils broyée dans un pâté en croûte. Ces images disproportionnées, dont le Cardinal note l'incongruité, trahissent un comportement qui rappelle la violence de la tragédie de vengeance* sénéquéenne. Mais cette rage est aussi une fuite en avant et une manière d'aveuglement, incapable qu'il est de voir clair en lui comme le révèle son goût du noir, des scénarios nocturnes et de son errance « by owl-light » (4.2.318), entre chien et loup, plus loup que chien en réalité comme le montre sa métamorphose.

Après lui avoir désigné les enfants et la Duchesse étranglés par les bourreaux, Bosola lui demande s'il n'a pas envie de pleurer face à ce spectacle. Ferdinand se dit alors incapable de contempler le visage de sa sœur : « Cover her face. Mine eyes dazzle; she died young » (4.2.249). Il ne peut malgré tout s'empêcher de lui jeter un dernier regard (« Let me see her face again », 4.2.256), ce qui est révélateur de l'état de confusion mentale et d'ambivalence psychique dans laquelle il se trouve, un peu comme Zerlina dans son célèbre aria, « vorrei e non vorrei »,[34] dans le *Don Giovanni* de Mozart. Ferdinand va ensuite nier devant Bosola, qui n'en croit pas ses oreilles, avoir jamais commandité le meurtre de la Duchesse. Ce personnage crépusculaire, chez qui obsession sexuelle, sadisme et goût de la terreur sont obscurément mêlés, montre à quel point l'image de la Duchesse le tourmente. Du fait de leur ressemblance en tant que jumeaux[35] tout se passe

34. « Je veux et je ne veux pas » (littéralement « je voudrais et je ne voudrais pas »). La phrase est reprise dans l'épisode de Calypso dans *Ulysse* de Joyce pour décrire l'hésitation de la femme de Leopold Bloom, Molly, à commettre ou non l'adultère avec Blazes Boylan.

35. On trouve la même ambivalence et la même sidération visuelle dans *La Nuit des rois* quand

comme si, suspendu ente être et non être, Ferdinand était amené à contempler sa propre mort. Son total effondrement psychique en sera la conséquence. Lorsque Bosola lui demande qui va révéler ce meurtre, Ferdinand lui répond en anticipant en quelque sorte sa métamorphose en loup :

> The wolf shall find her grave and scrape it up –
> Not to devour the corpse, but to discover
> The horrid murder. (4.2.293-95)

Avant de quitter la scène et le monde de la raison, il pétrifie littéralement Bosola quand il s'exclame : « 'Tis a deed of darkness » (4.2.319). Il sombre alors dans la forme la plus extrême de la mélancolie amoureuse, la lycanthropie. Le médecin nous explique que le duc, persuadé que son poil pousse en-dedans de sa chair, se transforme en loup-garou qui va déterrer les cadavres la nuit dans les cimetières. Tout cela résume l'atmosphère ténébreuse de l'oeuvre tout en anticipant sur la vision pessimiste d'un Bosola termine de façon sinistre sa vie de serviteur floué des intérêts des grands : « In what a shadow or deep pit of darkness / Doth womanish and fearful mankind live! » (5.5.99-100). Le personnage du duc de Calabre constitue une étude saisissante du psychisme sadique,[36] celle d'un homme qui, horrifié par la nature de ses pulsions sexuelles, est en proie à une culpabilité qui le ronge et que sa fuite en avant dans l'hallucination et la folie l'empêchera d'admettre.

Orsino s'exclame : « A natural perspective, that is and is not » (5.1.213). William Shakespeare, *Twelfth Night or What You Will*, ed. Keir Elam, Londres, Cengage Learning (Arden Shakespeare), 2008. Voir infra pp. 117-19 mon analyse de l'intertexte shakespearien et des parallèles entre *La Nuit des rois* et *La Duchesse*.

36. *Les Bienveillantes*, roman du franco-américain Jonathan Littell publié en 2006, dont le titre et la structure sont inspirés de l'*Orestie* d'Eschyle, retrace les mémoires d'un officier SS fictif, Maximilien Aue. Ce membre des *Einsatzgruppen*, les fameuses unités militarisées du IIIe Reich, est un criminel de guerre ayant participé aux grands massacres nazis en Europe qui éprouve lui aussi des sentiments incestueux pour sa sœur jumelle. Il y a donc là, à mon avis, un lien possible avec la pièce à scandale de Webster et un roman ayant, lui aussi, suscité pas mal de remous. Cela fait aussi de leur étude commune du psychisme d'un criminel sadique et pour ce que le Michael Mönninger, dans un article intitulé « La banalisation du mal », (*Die Zeit*, 21 septembre 2006), appelle « une esthétisation de l'horreur et une poétique de la cruauté. »

Le Cardinal, un machiavel en habit de pourpre

Son frère le Cardinal représente, lui, une dimension différente mais non moins mystérieuse du mal. Bosola vient de passer sept années aux galères pour avoir commis un crime à son service :

> *Delio*
> I knew this fellow seven years in the galleys
> For a notorious murder, and 'twas thought
> The Cardinal suborned it. (1.1.67-9)

Il est donc sans illusions sur lui et il le décrit comme bien pire que le diable lui-même :

> Some fellows, they say, are possessed with the devil, but this great fellow were able to possess the greatest devil and make him worse. (1.1.43-5)

Il a néanmoins aux yeux Delio, une apparence de bonhommie et l'air d'un bon vivant :

> What's that Cardinal?
> I mean his temper? They say he's a brave fellow,
> Will play his five thousand crowns at tennis,
> Dance, court ladies – and one that hath fought single combats.
> (1.1.146-49)

Mais Antonio, plus lucide ou mieux informé, rectifie aussitôt le tir :

> Some such flashes superficially hang on him for form. But observe his inward character: he is a melancholy churchman. The spring in his face is nothing but the engendering of toads. Where he is jealous of any man, he lays worse plots for them than ever was imposed on Hercules, for he strews in his way flatterers, panders, intelligencers, atheists, and a thousand such political monsters. (1.1.150-56)

Ce genre de portrait rappelle que Webster est aussi l'auteur de *Characters* publiés à la suite de « His Wife », le poème de Thomas Overbury.[37]

Plus tard, au moment du faux pèlerinage de la Duchesse et d'Antonio à Ancône, le Cardinal quittera la mitre et la crosse pour revêtir l'armure et se préparer au combat (3.4.2-22). L'homme d'Église, qui a échoué à se faire élire pape pour avoir distribué trop de pots de vins (1.1.156-60), est donc moins prélat que politique et homme d'action. Aucune piété ni pitié chez lui, juste un art consommé de la dissimulation et une farouche détermination à aller dans le sens de ses intérêts. Comme la Duchesse, il n'est désigné dans la pièce que par son titre. C'est un personnage froid et distant qui, non seulement incarne le mal, mais qui a l'art de l'encourager chez les autres. La salamandre, qui traverse le feu sans se brûler, brille dans ses yeux (3.3.49) et ce regard de feu est synonyme de mort et de meurtre :

> *Bosola*
> This fellow doth breed basilisks in's eyes:
> He's nothing else but murder. (5.2.144-45)

Cela étant, il ne partage nullement la cruauté et la rage de son frère vis-à-vis de la Duchesse. Il voit dans cette colère une dangereuse propension à l'hystérie, un état excessif et délirant indicateur d'une démence latente :

> How idly shows this rage, which carries you,
> As men conveyed by witches, through the air
> On violent whirlwinds! […] Are you stark mad? (2.5.49-66)

Selon Silvio, le Cardinal est un artiste de la laideur et du mal qui aurait réussi a créer plus de visages souffrants que Michel Ange n'en a réalisé de beaux :

> That Cardinal hath made more bad faces with his oppression
> Than ever Michaelangelo made good ones. (3.3.51-2)

Mais, sous son calme et son contrôle apparents, couve aussi chez lui une sourde angoisse proche de celle de Ferdinand qui se croit poursuivi par son ombre comme s'il était terrifié par sa propre image :

37. Voir supra, p. 43, n. 43.

> *Cardinal*
> When I look into the fishponds in my garden,
> Methinks I see a thing armed with a rake
> That seems to strike at me. (5.5.5-7)

Ce reflet sinistre dans le bassin à poissons de son parc est une image de la Mort et de sa faux, une allégorie qui ne va pas tarder à se transformer en châtiment. Cette silhouette armée d'une fourche, ou d'un râteau, est aussi une inquiétante figure de double, une anamorphose de l'ecclésiastique et de sa crosse. Malgré tout, à distance du délire de Ferdinand, cette éminence grise sait donner le change et incarner un machiavélisme tranquille. On le voit à la façon dont il manipule et traite son espion Bosola ou encore par la manière dont il se débarrasse de sa maîtresse Julia, qui a eu le tort de lui arracher son secret, en lui donnant à baiser une bible empoisonnée (5.2.275-89).[38] La relation purement sexuelle et quelque peu mécanique qu'il entretient avec elle rappelle le lien à la fois obscur et intime entre l'amour et la mort qui s'établit au fur et à mesure dans la pièce. À la fin, le Cardinal ne se fait plus la moindre illusion, sachant pertinemment, comme Ferdinand, qu'il est damné puisqu'en mourant il demande à être totalement oublié : « [to] be laid by, and never thought of » (5.5.88). Les deux frères auront donc été les agents énigmatiques de leur propre destruction, l'un éliminant l'autre comme Regan et Goneril, les deux sœurs méchantes du *Roi Lear*.

Bosola, le malcontent

Si la Duchesse est bien entendu le personnage central de la pièce, Bosola, l'espion et l'exécuteur des basses œuvres des deux frères d'Aragon, est à la fois acteur et commentateur de l'intrigue, le représentant d'une humanité faible se laissant aller à commettre le mal sous l'impulsion d'un mélange de rancune sociale et d'ambition mal placée. Il est sans doute le seul personnage original créé par Webster dans sa pièce car, si son existence historique est avérée, il n'est pas présent dans les sources. C'est à la fois un impitoyable satiriste, doué d'une

38. Dans la mesure où c'est Ferdinand qui donne l'ordre à Bosola d'étrangler la Duchesse et deux de ses enfants, il est étrange que le Cardinal qui, dans un premier temps, fait mine d'ignorer sa mort devant Bosola, en revendique ensuite la responsabilité devant Cariola : « By my appointment, the great Duchess of Malfi / And two of her young children four nights since / We strangled… » (5.2.268-70).

voix propre, ce qui n'est pas le cas de tous les personnages de la pièce, qui ne trouve de grâces à pratiquement personne, pas même à lui-même. Mais c'est aussi un homme d'action qui n'hésite pas à tuer quand on le lui demande et qui joue un rôle d'intermédiaire entre les différents personnages. À l'instar d'un Iago, à défaut d'omniscience – car il lui faudra du temps pour percer à jour les secrets de la Duchesse et d'Antonio – il semble être doué d'un don d'ubiquité. Il est l'œil de Ferdinand et du Cardinal avant d'être le persécuteur de la Duchesse qu'il aura ensuite à cœur de venger pour faire payer aux deux frères d'Aragon leur ingratitude à son égard. Et s'il réussit parfaitement comme espion et comme assassin, il échouera lamentablement en tant que vengeur, avouant à la fin qu'il a tué Antonio en voulant le sauver, à son insu, dans le noir. Le brouillard où il évolue alors (« in a mist », 5.5.92) est à ses yeux responsable de sa méprise (« mistake », 5.5.93). En même temps, il nous rappelle que nous sommes au théâtre grâce à une forme de mise en abyme qui n'absout en rien sa faute mais qui, en quelque sorte, la déréalise :

> *Malateste* [*To Bosola*]
> How came Antonio by his death?
>
> *Bosola*
> In a mist; I know not how –
> Such a mistake as I have often seen
> In a play. (5.5.91-4)

Bosola est d'abord l'héritier d'une tradition théâtrale et de toute une galerie de personnages dont il emprunte tour à tour les caractéristiques sans jamais savoir qui il est lui-même.

Pour Antonio, il est clair qu'il n'est rien d'autre que le péché d'envie fait homme :

> Here comes Bosola,
> The only court gall. Yet I observe his railing
> Is not for simple love of piety;
> Indeed, he rails at those things which he wants,
> Would be as lecherous, covetous or proud,
> Bloody, or envious, as any man,
> If he had means to be so. (1.1.22-8)

Il n'est pas dépourvu d'une certaine valeur mais c'est un homme qui n'a pas trouvé d'emploi à la mesure de ses talents et de son ambition :

> 'Tis great pity
> He should thus be neglected: I have heard
> He's very valiant. This foul melancholy
> Will poison all his goodness; [...] want of action
> Breeds all black malcontents. (1.1.71-8)

Ancien étudiant à l'université de Padoue, il a, selon Delio, échoué en tant qu'érudit (« speculative man », 3.3.46-7) à obtenir le poste qu'il aurait mérité : il se range implicitement parmi les « unbeneficed scholar[s] » auxquels il fait allusion à l'acte 3 (2. 271), de sorte que, pour trouver un emploi, il a dû se résoudre à se mettre au service des deux frères d'Aragon qui vont l'utiliser pour toutes sortes de sales besognes comme celle consistant à espionner la vie privée de la Duchesse et celle de tueur à gages.[39] Pourtant, Bosola ne se fait aucune illusion et n'ignore apparemment rien de l'ingratitude des grands qui n'ont pas leur pareil pour faire miroiter une récompense sans jamais l'accorder par la suite : « Who would rely upon these miserable dependences in expectation to be advanced hopes of appointed tomorrow? » (1.1.53-5). Il fait partie de ces « alienated intellectuals », qu'on pourrait décrire comme les « angry young men »[40] du XVIIe siècle,[41] à qui l'université avait donné une solide formation intellectuelle dans un climat d'anti-autoritarisme souvent marqué par des sympathies puritaines. Pour Emma Smith, Bosola est un mélange de John Donne, dont il utilise à plusieurs reprises les « conceits »* métaphysiques, notamment quand il recourt à l'image « géométrique » des béquilles qu'il compare aux deux branches d'un compas (1.1.60-6), et de Iago. Comme Flamineo dans *Le Démon blanc*, Bosola

39. Pour Muriel Bradbrook, « Bosola is a professional murderer, prepared to kill a servant to prevent him unbarring a door; he has served as a galley-slave for murders committed at the Cardinal's instigation. Yet he is also a 'fantastical scholar', slow in working, much concerned with curious learning ». *John Webster*, p. 159.

40. Créé en 1956 en Angleterre pour promouvoir la pièce de John Osborne, *Look back in Anger*, le terme a ensuite été utilisé pour désigner les jeunes écrivains comme Alan Sillitoe, Harold Pinter, Edward Bond ou Arnold Wesker, mécontents de l'état de la société anglaise et décrivant leur malaise face au décalage entre une éducation « upper class » à Oxford ou Cambridge et leurs origines sociales modestes.

41. Voir l'article de Mark Curtis in Neill, *Duchess*, p. 193.

incarne le personnage typiquement webstérien du « malcontent »* qui pourrait faire sienne la plainte d'Antonio face à ce qu'il appelle « the inconstant / And rotten ground of service » (3.2.196-97). Il s'estime en effet fort mal récompensé pour les risques qu'il prend (il a passé sept ans aux galères pour avoir tué un homme à la demande du Cardinal, nous dit Delio, 1.1.67-8) et pour le mal qu'il se donne au service de grands personnages passés maîtres dans l'art pervers de la manipulation :

> Better service than to be slighted thus.
> Miserable age, where only the reward
> Of doing well is the doing of it! (1.1.30-2)

Si Bosola et Antonio incarnent un peu les deux faces d'une même médaille (Antonio la bonne et Bosola la mauvaise) on sent entre eux une forme d'inimitié et surtout de méfiance. Antonio n'hésite en effet pas à ironiser sur son air oisif (« Now, sir, in your contemplation ? / You are studying to become a great wise fellow? »), à quoi Bosola rétorque par une surprenante image de maladie infectieuse : « Oh, sir, the opinion of wisdom is a foul tetter that reputation runs all over a man's body » (2.1.75-8). En un sens, il est une réincarnation du serviteur de la comédie plautienne. Intelligent et madré, il possède un flair quasi imparable pour débusquer tout ce qui peut ressembler à une mise en scène ou à un mensonge. C'est ainsi qu'il devine que lorsque la Duchesse prétend congédier son intendant pour malversation, il s'agit en réalité d'une scène montée de toutes pièces. Il se montrera beaucoup plus malin que les auteurs de cette supercherie en se lançant dans un éloge sans limites de la personne d'Antonio. Heureusement surprise et pas assez méfiante, la Duchesse finit par avouer à Bosola qu'Antonio est en réalité son mari et le père de ses trois enfants. De manière hypocrite, car ce stratagème lui a permis de percer à jour le secret de la Duchesse, mais aussi en partie sincère, car Bosola est de ceux qui aimeraient croire qu'on peut réussir dans ce bas monde à l'aide de son seul mérite, ce dernier va alors dire son admiration pour le choix fait par la Duchesse :

> Do I not dream? Can this ambitious age
> Have so much goodness in't as to prefer
> A man merely for worth, without these shadows
> Of wealth and painted honours? Possible? [...]
> Fortunate Lady! [...]

No question but many an unbeneficed scholar
Shall pray for you for this deed and rejoice
That some preferment in the world can yet
Arise from merit. (3.2.264-74)

Les deux hommes sont aussi des rivaux (l'un est gardien du secret de la Duchesse tandis que l'autre ne cherche qu'à en percer le mystère) et ils se méfient l'un de l'autre. Lorsque Antonio surprend l'espion des deux frères en train de rôder (il le traite en effet de « night-walker », 2.3.25) avec une lanterne sourde[42] dans les parages des appartements de la Duchesse, il l'interpelle en laissant entendre qu'il a peut-être empoisonné la Duchesse – prétendument souffrante et en réalité sur le point d'accoucher. Il ajoute que des bijoux ont disparu chez elle et des insultes sont alors échangées entre eux. Bosola traite Antonio de « false steward » (2.3.35) et Antonio qualifie à son tour d'« impudent snake » (2.3.38) avant de lui barrer la porte menant à la chambre de son épouse :

Antonio
Sir, this door you pass not:
I do not hold it fit that you come near
The Duchess' lodgings till you have quit yourself. (2.3.48-50)

S'il suscite à bon droit la méfiance, Bosola, comme tout espion digne de ce nom, réussit néanmoins à déjouer les soupçons, allant jusqu'à obtenir des confidences de la bouche de la Duchesse qui lui avoue son mari n'est autre qu'Antonio et qu'elle a eu trois enfants de lui (3.2.263-68). Lorsqu'il fait part de sa découverte à Ferdinand, il éprouve un sentiment mêlé, qu'on pourrait situer quelque part entre dégoût de soi pour la bassesse de cette action (« Oh, this base quality / Of intelligencer !», 3.2.313-14), et désir de reconnaissance et de récompense : « Now, for this act I am certain to be raised » (3.2.316). Mais, quelle que soit son incontestable part de responsabilité personnelle dans les crimes qu'il est amené à commettre, le personnage se montre, un peu tardivement il est vrai, aussi capable d'admiration face au courage de la Duchesse face à l'adversité :

42. Une lanterne sourde (« dark lantern » dans le texte anglais) est une lanterne dont certaines parois sont opaques, de telle façon que celui qui la porte puisse voir sans être vu et masquer complètement la lumière en cas de besoin. Voir infra, p. 161

Bosola

She seems
Rather to welcome the end of misery
Than shun it – a behavior so noble
As gives a majesty to adversity.
You may discern the shape of loveliness
More perfect in her tears than in her smiles. (4.1.3-8)

Une telle description pourrait presque rejoindre l'éloge de la Duchesse qu'un Antonio, aussi naïf qu'idéaliste, fait au début de la pièce. Elle n'est que noblesse, majesté, beauté à ses yeux, tous termes qui laissent entendre que Bosola, l'espion et le dénonciateur sans états d'âme, est sur le chemin d'une conversion personnelle. L'homme plaide ici la cause de la Duchesse pour que Ferdinand cesse sa cruauté gratuite et lui accorde de pouvoir mourir en chrétienne :

Faith, end here,
And go no farther in your cruelty.
Send her a penitential garment to put on
Next to her delicate skin, and furnish her
With beads and prayer-books. (4.1.113-17)

Il montrera par la suite une forme de compassion à son égard ainsi qu'un vrai revirement moral quand la Duchesse revient brièvement à elle avant de rendre le dernier soupir :

[…] Her eye opes,
And heaven in it seems to ope, that late was shut,
To take me up to mercy. (4.2.331-33)

Il est vrai qu'avant ce moment de repentir face à la mort aussi violente qu'injuste de la Duchesse, dont la dignité dans ces moments particulièrement difficiles lui a apporté une lueur de grâce, Bosola s'en était violemment pris à Ferdinand pour lui reprocher son ingratitude :

[…] I stand like one
That long hath ta'en a sweet and golden dream:
I am angry with myself, now that I wake […]

> Let me know
> Wherefore I should be thus neglected. Sir,
> I served your tyranny, and rather strove
> To satisfy yourself than all the world;
> And though I loathed the evil, yet I loved
> You that did counsel it, and rather sought
> To appear a true servant than an honest man. (4.2.308-17)

Bosola est un personnage tourmenté et intérieurement divisé qui se hait lui-même et qui, dans un cheminement assez tortueux entre bien et mal[43] (Rowland Rymer parle à son sujet de « moral gyrations » et de « corrosive self-hatred »),[44] ne cesse d'exprimer son ressentiment et sa misanthropie.[45] Il fait donc montre d'une particulière complexité. Lucide,[46] amer et sans illusion aucune, il fait sciemment le mal au service de grands personnages qui l'utilisent mais qui ne lui vouent pas la moindre reconnaissance, cela sans qu'il trouve par ailleurs bon de faire quoi que ce soit pour aider des personnes qu'il admire, comme la Duchesse, puisqu'il la précipite dans l'affliction avant de la faire étrangler par un bourreau. Totalement désabusé sur l'homme et sa condition sur cette terre, il considère le corps comme une simple enveloppe charnelle appelée à la décomposition et à la pourriture :

> What thing is in this outward form of man
> To be beloved? We account it ominous
> If nature do produce a colt, or lamb,

43. Pour Andrea Henderson, il s'agit d'un personnage pirandellien en quête d'auteur : « Bosola is [...] the supreme representative of a person without a role. From the beginning, he is presented as an actor figure under the direction of the Aragonian brothers [...] In trying to establish himself through acting, Bosola involves himself in a vicious cycle: the more the tries to play his role, the less he understands himself. He ends up dividing himself in two, becoming both actor and spectator, and observing himself as a mere actor in moments of crisis », « Antitheatricality of *The Duchess of Malfi* », p. 69.

44. « *The Duchess of Malfi* » (*English Dramatists: Webster and Ford*), in Neill, *Duchess*, pp. 245-46.

45. Alvin Kernan in *The Cankered Muse*, New Haven, Yale University Press, 1959, insiste quant à lui sur « [...] his psychotic hatred of the flesh which is mixed with fascination, his sick concentration on disease and the bodily processes, and his sadistic joy in torturing others... », p. 237.

46. Il faudrait nuancer ici car, s'il se montre lucide et sans illusion aucune face à Ferdinand et au Cardinal dans ses moments d'amertume, il a aussi l'art de se faire passer pour une victime, notamment quand il déclare : « I stand like one / That long hath ta'en a sweet and golden dream: / I am angry with myself, now that I wake. » (4.2.307-309).

A fawn, or goat, in any limb resembling
A man, and fly from't as a prodigy.
Man stands amazed to see his deformity
In any other creature but himself [...]
Though we are eaten up of lice and worms,
And though continually we bear about us
A rotten and dead body, we delight
To hide it in rich tissue. (2.1.45-58)

Ce discours est directement inspiré du fameux monologue en prose d'Hamlet : « What piece of work is a man – how noble in reason [...] And yet to me what is this quintessence of dust? » (2.2.269-75).[47] Jouant plus tard le rôle du fossoyeur, Bosola reprendra son pessimisme sans pour autant retrouver la note de comique grotesque de la scène du cimetière de la pièce de Shakespeare :

> Thou art a box of wormseed, at best but a salvatory of green mummy. What's this flesh? A little crudded milk, fantastical puff paste. Our bodies are weaker than those paper prisons boys use to keep flies in – more contemptible, since ours is to preserve earthworms. (4.2.115-19)

Bosola est également animé par une misogynie farouche qui se manifeste à plusieurs reprises dans la pièce. Au début de l'acte deux (2.1.21-44),[48] il laisse en effet éclater une terrible méchanceté vis-à-vis de la Vieille Dame de la Cour dont il critique le maquillage et le cabinet de toilette qu'il compare à un atelier de sorcière (« a shop of witchcraft », 2.1.35). Le dégoût que ce dernier ressent et inspire pour la corporalité se retrouve dans une repoussante anecdote empruntée à la dermatologie :

> *Bosola*
> There was a lady in France that, having had the smallpox, flayed the skin off her face to make it more level; and whereas before she looked like a nutmeg-grater, after she resembled an abortive hedgehog. (1.1.25-29).

47. William Shakespeare, *Hamlet*, Ann Thompson and Neil Taylor eds.,.

48. La scène est analysée par Farah Karim-Cooper dans *Cosmetics in Shakespearean and Renaissance Drama*, Édimbourg, Edinburgh University Press, 2006, pp. 106-107.

Sous la peau il y a bien sûr le crâne, comme le dira T.S. Eliot dans son poème[49] mais, avant l'os, il y a ce qui ressemble à une masse informe et peu ragoutante, qu'on peut voir sur les planches anatomiques et les dessins d'écorchés de l'époque. Par ailleurs, quand il offre des abricots à la Duchesse, dont il se sert comme d'une sorte de test de grossesse, il croit bon d'ajouter après coup :

Bosola
I wish your grace had pared 'em.

Duchess
Why?

Bosola
I forget to tell you the knave gardener –
Only to raise his profit by them the sooner –
Did ripen them in horse dung. (2.1.134-37)

Bosola qui, sur proposition de Ferdinand, a été promu Grand Intendant des écuries de la Duchesse,[50] n'ignore évidemment pas que le crottin de cheval était récupéré pour alimenter les jardins en engrais. Quand Ferdinand lui propose le poste, il ne manque d'ailleurs pas d'ironiser sur cet aspect de la fonction quand il ajoute en guise de boutade : « Say then my corruption / Grew out of horse dung » (1.1.279-80). Il n'hésite pas non plus à soulever le cœur de la Vieille Dame (et celle du spectateur ou du lecteur) quand, pour donner une idée de son haleine pestilentielle, il déclare : « I would sooner eat of a dead pigeon, taken from the soles of the feet of one sick of the plague, than kiss one of you fasting » (2.1.37-9). Bosola montre une étrange complaisance verbale dans ce registre du repoussant et de l'ignoble, n'hésitant pas à évoquer ensuite ces maladies de peau que sont le lupus et la rougeole (1.2.54). Lorsque Antonio se permet d'ironiser sur sa condition d'étudiant raté, il lui fait une réplique surprenante où une réputation de savant se voit comparée à des pustules recouvrant le corps d'un homme : « Oh, sir, the opinion of wisdom is a foul tetter that reputation runs all over a man's body » (2.1.77-8). À ses yeux de satiriste écorché vif, l'homme

49. Voir supra, p. 19.

50. Alastair Bellany signale dans son livre qu'en 1612 Carr avait été en concurrence avec le comte de Pembroke pour obtenir la charge lucrative de « Grand Intendant des Écuries », autre allusion topique au scandale Howard-Carr dans *La Duchesse. The Politics of Court Scandal*, p. 45.

est une maladie ambulante. Il se plaît à traquer impitoyablement toutes les manifestations somatiques, notamment les maladies de peau, qui révèlent ou trahissent une nature viciée de l'intérieur et corrompue dans ses fondements même. Sa vision du monde et des hommes oscille entre vision clinique et vision excrémentielle à la Jonathan Swift.[51]

Bosola fait, là encore, penser à Hamlet, lui aussi acteur et commentateur de l'action dans laquelle il est engagé. Dans le chant de mortification qu'il entonne pour consoler autant que pour terroriser la Duchesse, il évoque la brume (« mist of error », 4.2.175) où se meuvent les insensés (« fools », 4.2.173) qui s'attachent à la vie sur terre et aux biens de ce monde. Les masques successifs qu'il emprunte dans cette scène (« old man », « bellman », v. 160, « tomb-maker », v.163) pour ne pas être reconnu de la Duchesse et pour procéder aux étapes de sa mortification avant l'exécution finale ne font pas oublier que ce personnage protéen[52] aux motivations souvent insaisissables est d'abord un homme de main, un tueur à gages : « Whose throat must I cut? », demande-t-il à Ferdinand dans l'une de ses répliques sardoniques (1.1.242). [53] Et quand, à l'acte 5, le Cardinal lui demande d'enlever le cadavre de Julia, la réponse qu'il donne alors frôle l'autodérision puisqu'il se présente désormais en fossoyeur du village : « I think I shall / Shortly grow the common bier for churchyards! » (5.2.311-12). Mais, parallèlement à ce cynisme, il sait aussi faire preuve de compassion et d'une réelle émotion. Ses larmes coulent quand il assiste à ce qui ressemble à une seconde mort de la Duchesse : « Where were / These penitent fountains while she was living? / Oh, they were frozen up » (4.2.349-51). Il ne manquera pas non plus de plaindre Antonio et il aura à cœur de le venger de l'injustice dont il a été victime de la part des deux frères. Bosola est donc un personnage énigmatique, un homme dont le rôle et les motivations restent difficiles à cerner.[54] Charles

51. Voir Norman O. Brown, « Excremental Vision » in Ernest Tuveson ed., *Swift: a collection of critical essays*, Englewood Cliffs, NJ : Prentice Hall, 1964.

52. Voir Muriel Bradbrook, *John Webster :* « [...] Bosola is never permitted the luxury of being a self. He is the masquer, in both senses: he comes with ceremony to his captive Duchess; he leads those scenes that have generally been understood as parody or inversion of a Court masque », p. 161.

53. À l'acte 5, scène 5, il n'hésitera pas à tuer le serviteur qui porte le corps d'Antonio pour qu'il n'ouvre pas la porte des appartements du Cardinal qu'il a l'intention de tuer : « *Bosola* There's for you first, / 'Cause you shall not unbarricade the door / To let in rescue. *He kills the servant.* »

54. Selon Fredson Bowers, *Elizabethan Revenge Tragedy,* « [Bosola] is a misfit, a man of worthier talents forced into a degrading position and, with a brutal philosophy, making the most of it by the

Forker voit en lui une figure de Judas qui, à la fin de la pièce, se transformerait en Joseph d'Arimathée, l'homme charitable qui procède à la descente de croix et à l'inhumation du Christ.[55] C'est sans doute lui faire beaucoup d'honneur. Car Bosola ne manque pas de lucidité et il ne se fait aucune illusion sur le sort qui l'attend dans l'autre monde. Les derniers mots qu'il prononce avant de mourir montrent qu'il se sait damné. Comme pour le docteur Faust de Marlowe, son repentir aura été trop tardif pour lui épargner les flammes de l'enfer : « Mine is another voyage ». (5.5.103)

Antonio, le mari passif

Dans la pièce, Antonio est à la fois l'antithèse et le double de Bosola car tous deux sont au départ des serviteurs qui se laissent entraîner (Bosola par intérêt et Antonio par amour) dans un jeu dangereux et mortel qui les dépasse. En acceptant d'épouser la Duchesse, Antonio est pris dans le vortex des jeux de pouvoir et il devra dès lors porter lui aussi un masque et se prêter à des simulacres comme le faux procès qui lui est intenté à l'acte 3, scène 2 pour sa prétendue mauvaise tenue des comptes de la Duchesse.[56] À la suite de ce stratagème, Bosola, qui a parfaitement compris leur manège, fait alors son éloge auprès de la Duchesse dans un but intéressé :

> He was an excellent courtier and most faithful, a soldier that thought it as beastly to know his own value too little as devilish to acknowledge it too much. Both his virtue and form deserved a far better fortune. (3.2.243-47)

thoroughgoing manner in which he plays his part. If he must be a villain [...] he has decided to be an efficient one. [...] Indeed, Bosola has an almost surgical interest in torturing the human spirit to see how much it can endure before the veniality he seeks as the excuse for his existence is forced to the surface », p. 179.

55. *Skull beneath the Skin*, p. 343.

56. Muriel Bradbrook voit en lui un personnage de second plan car, en dépit de son mariage avec la Duchesse et des enfants qu'il a avec elle, il reste assez falot et cantonné à un rôle passif, alors que la Duchesse, elle, est celle qui prend l'initiative et qui fait face à l'adversité : « Marriage as a social contract, an affair of the larger family, means that if Antonio was [the Duchess's] husband he was not her 'lord and husband'; he jests at himself as a lord of Misrule, reigning only in the night. He simply does not belong with the great ones; his rôle in the marriage is passive, indeed feminine; the Duchess, acting as the masculine half in the partnership, proposes the contract, directs their action, plans their flight, faces her brothers. At the end, Antonio hopes only to ask pardon of his new kinsmen [...] since he is an upper servant, his life is held as cheap as Bosola's by the brothers », *John Webster*, p. 150.

Le jugement biaisé qu'il porte ici sur Antonio rejoint celui qu'il fera de lui à la fin quand il prendra le personnage en pitié : « Oh, poor Antonio! Though nothing be so needful / To thy estate as pity, yet I find / Nothing so dangerous » (5.2.330-32).

Même si Antonio est le premier à entrer en scène avec un monologue d'une vingtaine de vers à son retour d'exil à la Cour de France, il apparaît plus comme un témoin et un commentateur des événements que comme un acteur à proprement parler. Au début de la pièce, Ferdinand n'hésite pas à le féliciter pour ses qualités de cavalier et il lui décerne le bijou promis au vainqueur du tournoi puisque, selon Silvio, c'est lui qui a enfilé le plus d'anneaux au cours du tournoi de course à la bague[57] organisé à la Cour d'Amalfi :

Ferdinand
Who took the ring oftenest?

Silvio
Antonio Bologna, my lord.

Ferdinand
Our sister Duchess's great master of her household?
Give him the jewel. (1.1.85-87)

On voit bien l'ironie et les sous-entendus d'un tel échange car l'image grivoise de l'enfilage de la bague[58] préfigure en filigrane le futur mariage d'Antonio et de la Duchesse (qui lui mettra littéralement la bague au doigt) tout en évoquant la

57. Il y a peut-être là une allusion au fait que le roi Jacques 1er avait justement fait connaissance de Robert Carr à l'occasion d'un tournoi à la Cour, en 1606.

58. Claude Duneton précise en note que « 'courre la bague' est l'un des jeux classiques de la noblesse ; hérité des anciens tournois, il consiste pour le cavalier à enlever un anneau au bout de sa lance en passant au galop. Mais la « bague », comme « ring » en anglais, désigne à volonté le sphincter féminin bien connu », *La Duchesse de Malfi*, p. 250. Voir aussi l'article de Wayne Rebhorn, « Circle, Sword and the Futile Quest: The Nightmare World of Webster's *Duchess of Malfi* », *Cahiers Élisabéthains*, 27, 1985, pp. 53-5. Il est également possible que ces nombreuses images de bague dans la pièce soient un autre clin d'œil de Webster à l'affaire Overbury et Howard-Carr, dans la mesure où une certaine "Cunning Mary", guérisseuse de son état, avait accusé la comtesse d'Essex de lui avoir demandé de pratiquer des maléfices sur son mari pour lui nouer l'aiguillette (c'est-à-dire pour le rendre impuissant) dans le cadre de son désir de faire annuler son mariage pour épouser Robert Carr. "Cunning Mary" avait montré aux enquêteurs une bague que lui aurait donnée la comtesse à titre de paiement pour ses services alors que cette dernière prétendait qu'elle lui avait été volée.

vigueur sexuelle de celui qui lui fera trois enfants par la suite. Plus tard, lorsqu'il saura la vérité, Ferdinand n'aura pas de mots assez durs pour qualifier l'intendant du palais de la Duchesse, un simple comptable qui n'a rien d'un gentilhomme :

> Antonio!
> A slave that only smelled of ink and counters,
> And ne'er in's life looked like a gentleman
> But in the audit time. (3.371-74)

Antonio est d'abord un homme prudent et réservé comme on le constate dans la scène où la Duchesse le convoque sous prétexte de vérifier avec lui quelques comptes en l'absence d'un mari qui aurait pu s'en occuper. Le jeu de mots implicite sur « winding-sheet » et « wedding sheets », au vers 380 de cette première scène, permet opportunément à la Duchesse de demander à son intendant ce qu'il pense du mariage :

> *Antonio*
> Begin with that first good deed began i'th'world
> After man's creation – the sacrament of marriage.
> I'd have you provide for a good husband:
> Give him all.
>
> *Duchess* All ?
>
> *Antonio* Yes, your excellent self.
>
> *Duchess* In a winding-sheet ?
>
> *Antonio* In a couple.
>
> *Duchess* Saint Winifred, that were a strange will!
>
> *Antonio* 'Twere strange if there were no will in you
> To marry again.
>
> *Duchess*
> What do you think of marriage?
>
> *Antonio*
> I take't as those that deny purgatory:
> It locally contains or heaven or hell;

> There's no third place in't. [...]
> Say a man never marry, nor have children –
> What takes that from him? Only the bare name
> Of being a father, or the weak delight
> To see the little wanton ride a-cockhorse
> Upon a painted stick, or hear him chatter
> Like a taught starling. (1.1.376-94)

Après avoir accepté la proposition de la Duchesse, Antonio restera un mari discret et déférent (c'est la Duchesse qui garde tous les pouvoirs au cours de la journée) qui n'appelle jamais la Duchesse par son prénom. Elle-même le définit comme un « Lord of Misrule » (3.2.7) dont le règne est strictement limité au temps de la nuit.[59] Le jour, c'est elle seule qui est aux commandes et qui exerce les prérogatives que sa position sociale et son rôle politique à Amalfi lui imposent. Évoluant dans l'ombre de la Duchesse, il apparaît comme le personnage passif du couple,[60] comme l'écrit Michael Best :

> The key to Antonio's ineptitude is perhaps that he is both passive and naïve. He starts the play as a chorus, an onlooker, and it is something of a surprise when he steps from the audience to play a part, at the call of the Duchess. His relationship with her is at all times that of a rather bewildered follower.[61]

Antonio n'est évidemment pas un guerrier et le moins qu'on puisse dire est qu'il ne fait pas preuve d'un courage excessif lors de l'intrusion nocturne de Ferdinand dans les appartements de la Duchesse. Il ne fait en effet son entrée, pistolet à la main, qu'après le départ de ce dernier (3.2.141). Au moment où la Duchesse et lui sont arrêtés à Ancône avec leurs enfants, il montre une surprenante résignation face au destin qui l'accable :

59. Voir François Laroque, « La notion de 'misrule' à l'époque élisabéthaine : la fête comme monde à l'envers et comme contre-temps » in Jean Lafond et Augustin Redondo ed., *L'image du monde renversé et ses représentations littéraires et para-littéraires de la fin du XVI*e *siècle au milieu du XVII*e, Paris, Vrin, 1979, p. 168.
60. « [...] the play focuses on woman's interest, woman's erotic choice, and Antonio as the object of that choice is by far the more passive party in the transaction ». Dympna Callaghan, « Introduction » in Dympna Callaghan ed., *The Duchess of Malfi*, p. 13.
61. « A Precarious Balance : Structure in *The Duchess of Malfi* » in Harold Bloom ed., *John Webster's* Duchess of Malfi, New York, Chelsea House Publishers, 1987, p. 22.

Best of my life, farewell, since we must part –
Heaven hath a hand in't, but no otherwise
Than as some curious artist takes in sunder
A clock or watch, when it is out of frame,
To bring it in better order. (3.5.58-62)

Dans cette courte tirade, certes résignée mais non sans espoir puisqu'Antonio s'en remet ici à la Providence, Dieu est déjà assimilé à celui que Voltaire nommera « le Grand Horloger »de l'univers.[62] Dans son adieu à la Duchesse, il ne lui apporte qu'un piètre réconfort en lui conseillant de faire preuve de patience et d'endurance face aux terribles épreuves qui l'attendent : « Oh, be of comfort ! / Make patience a noble fortitude. (3.5.68-9) Pour elle, les baisers d'Antonio ont la froideur de ceux qu'un anachorète donne à un crâne et les ultimes paroles de ce dernier avant la séparation paraissent effectivement peu chaleureuses et bien ternes : « My heart is turned to a heavy lump of lead, / With which I sound my danger » (3.5.87-8). Pour le Cardinal, c'est quelqu'un qui ne fréquente guère les églises (Antonio est en effet souvent décrit comme un protestant rigoureux, voir comme un puritain dans la pièce) si ce n'est pour faire un peu comme tout le monde :

There is a gentleman called Delio
Here in the camp that hath been long approved
His loyal friend: set eye upon this fellow,
Follow him to Mass; maybe Antonio –
Although he do account religion
But a school name – for fashion of the world
May accompany him. (5.2.5.2.126-33)

À la fin, encouragé la voix de la Duchesse qu'il a cru reconnaître dans l'écho produit par l'ancien mur de l'abbaye situé le long de la rivière qui coule dans le parc du palais du Cardinal, Antonio décide de tenter le tout pour le tout :

Come, I'll be out of this ague;
For to live thus is not indeed to live –
It is a mockery and abuse of life.
I will not henceforth save myself by halves;

62. Voir son fameux distique : « L'univers m'embarrasse, et je ne puis songer / Que cette horloge existe et n'ait point d'horloger ». *Les systèmes et les cabales avec des notes instructives*, Londres, 1772.

Lose all, or nothing. (5.3.47-51)

Mal lui en prendra car, en voulant se rendre dans les appartements du Cardinal pour tenter de parlementer avec lui, il sera confondu avec ce dernier par un Bosola vengeur et en pleine confusion. Blessé à mort par le couteau du spadassin, ce dernier lui apprend alors que la Duchesse et deux de ses enfants ont été assassinés. Antonio prononce en mourant un long discours, où il déclare que, sa vie étant désormais devenue inutile, il accepte la mort avec une forme de résignation philosophique montrant la vanité de toute aspiration humaine :

Some men have wished to die
At the hearing of sad tidings; I am glad
That I shall do't in sadness. I would not now
Wish my wounds balmed nor healed, for I have no use
To put my life to. In all our quest of greatness,
Like wanton boys, whose pastime is their care,
We follow after bubbles blown in th'air. (5.5.58-64).

Ce constat désabusé rejoint la description qu'il avait donnée à la Duchesse de la folie de toute ambition après que celle-ci lui avait mis la bague au doigt :

Ambition, madam, is a great man's madness,
That is not kept in chains and close pent-up rooms,
But in fair, lightsome lodgings, and is girt,
With the wild noise of prattling visitants,
Which makes it lunatic beyond all cure. (1.1.408-12)

Au moment où il se voit choisi entre tous comme l'objet des faveurs de sa maîtresse, le modeste, l'austère[63] et le peu charismatique Antonio décrit la folie de l'ambition chez les grands, une démesure dont il entend s'exclure dès le départ car il a parfaitement conscience de la modestie de son rang social. À ses yeux, le palais des grands est un perpétuel brouhaha qui ne vaut guère mieux qu'un asile d'aliénés en plein délire. L'ironie dramatique du passage est à souligner dans la mesure où il annonce le grand charivari de l'acte 4 où, sur

63. Bosola, qui fait de lui une sorte de puritain avant la lettre, le qualifie en effet de « precise » (2.3.64), tout en voyant en lui un pur et simple entremetteur de la Duchesse.

ordre de son frère Ferdinand, quatre fous entonneront leur sinistre « Let us howl » avant de répandre clameurs et obscénités devant une Duchesse pétrifiée par ce spectacle (4.2.60-108). Tout se passe comme si les paroles qu'Antonio ne prononce que pour en écarter l'augure, avaient été reprises puis appliquées à la lettre par Ferdinand pour punir la double folie du remariage de sa sœur et celle de l'ambition manifestée par un simple serviteur.[64] Il n'y a là aucune cohérence psychologique ni de vraisemblance dramatique. Il s'agit d'un procédé, d'un pur artifice permettant à Webster d'annoncer la mascarade des fous de l'acte 4. Les paroles et les images qu'il place dans la bouche d'Antonio sont dès lors, non pas l'expression de sentiments crédibles, mais un moyen d'anticiper et de diffuser des scénarios à venir. Le dramaturge utilise encore avec Antonio un procédé analogue dans l'incident de l'horoscope qui tombe de sa poche pour dater précisément son histoire (9 décembre 1504) et permettre à Bosola, qui le ramasse, de comprendre enfin la vraie raison de l'agitation qui règne dans le palais de la Duchesse.

Les seconds rôles féminins : Julia et Cariola

Parallèlement à ces cinq personnages principaux, Julia et Cariola, les deux autres femmes de la pièce, servent d'antithèse et de faire-valoir à la Duchesse. La première est l'épouse du courtisan et avocat impuissant Castruchio et la maîtresse du Cardinal. Elle résistera aux avances de Delio, l'ami d'Antonio, en se moquant de lui. Alors qu'il n'a apparemment aucune raison objective de le faire, le Cardinal la soupçonne de lui être infidèle :

> You fear
> My constancy because you have approved
> Those giddy and wild turnings in yourself [...]
> We had need go borrow that fantastic glass
> Invented by Galileo the Florentine,
> To view another spacious world i'th'moon,
> And look to find a constant woman there. (2.4.10-18)

64. Dans ses *Admirable and Memorable Histories*, Simon Goulart, insiste particulièrement sur l'ambition inouïe de l'intendant : « [...] she discovers her thoughts unto this gentleman, who, drunk with his own conceit, and forgetting the respect which he owed unto this lady and to her house, neither yet remembering his own estate, would not excuse himself nor give her such counsel as he ought in this occurent » in Neill, *Duchess*, p. 161.

L'image reprend un autre stéréotype du temps, analogue à celui de la « lusty widow » de Ferdinand, qu'on retrouve dans la chanson que le roi François 1er aurait gravée sur un vitrail du château de Chambord : « Souvent femme varie / Bien fol est qui s'y fie ». En réalité, le Cardinal ne croit pas si bien dire puisque Julia, à l'acte 5, s'offrira effrontément à la lubricité de Bosola qu'elle provoque pistolet à la main (5.2.149-224). Celle-ci, à l'instar de la Duchesse, prend en effet les devants pour s'offrir sans ambages à un Bosola surpris, mais pas mécontent au fond (car, instruit par l'exemple du Cardinal, il pense qu'il va pouvoir l'utiliser à ses fins), un homme qui lui plaît et dont elle admire la force et le physique avantageux. Elle prend comme prétexte quelque philtre d'amour ou une poudre aphrodisiaque (« love powder », 5.2.154) qu'on lui aurait fait boire à son insu pour justifier ce coup de foudre. Elle se montre encore plus directe que la Duchesse et tout à fait résolue sans imaginer un instant que Bosola puisse l'éconduire :

> I am sudden with you:
> We that are great women of pleasure use
> To cut off these uncertain wishes and unquiet longings,
> And in an instant join the sweet delight
> And the pretty excuse together. Had you been
> I'th'street, under my chamber window,
> Even there I should have courted you. (5.2.191-97)

Dès lors que ce sont les femmes qui prennent l'initiative amoureuse dans *La Duchesse*, on comprend l'intérêt que la pièce présente pour les études féministes dans une œuvre qui est désormais positivement reçue et évaluée à l'aune de la modernité. À l'acte 5, Julia prend une nouvelle fois l'initiative en allant réclamer au marquis de Pescara la jouissance de la citadelle de St Benoît qui appartenait à Antonio avant son bannissement. Delio se fait le porte-parole de son ami pour la lui demander et, s'étant fait éconduire par le marquis, Antonio s'en trouve d'autant plus dépité que ce dernier accède sur le champ à la requête de Julia, décision qu'il justifie ensuite de la sorte :

> *Antonio* [*aside*]
> How they fortify
> Themselves with my ruin!

Delio

Sir, I am
Little bound to you.

Pescara

Do you know what it was?
It was Antonio's land, not forfeited
By course of law, but ravished from his throat
By the Cardinal's entreaty. It were not fit
I should bestow so main a piece of wrong
Upon my friend; 'tis a gratification
Only due to a strumpet, for it is injustice. (5.1.40-6)

En demandant ce bien pour lui, Delio souhaite juste savoir à qui il est en réalité destiné. La réponse lui est immédiatement donnée quand Pescara présente Julia comme la putain du Cardinal, celle à qui le marquis de Pescara accorde en quelque sorte le salaire de sa luxure.[65] Quant à la suivante de la Duchesse, Cariola, c'est une célibataire convaincue qui, comme elle l'explique à Antonio, refuse de se marier (3.2.23) pour pouvoir rester aux côtés de sa maîtresse. Elle joue un rôle quelque peu ambigu dans la scène de badinage érotique avec sa maîtresse et son mari, eux dont elle est le témoin de mariage et le gardien du secret, tout en donnant une illustration d'une réaction très humaine en se débattant et en mordant et griffant ses geôliers dans la scène où elle attend la mort aux côtés de la Duchesse.

Personnages secondaires et auxiliaires dramatiques

Si on laisse de côté les serviteurs, les courtisans que sont Silvio, Roderigo et Grisolan, réduits à un rôle purement fonctionnel tout comme les pèlerins du sanctuaire d'Ancône qui, à l'acte 3 scène 4 de la pièce sont essentiellement les commentateurs de l'action, ainsi que divers serviteurs qui interviennent ici ou là dans la pièce, on compte essentiellement six personnages mineurs dans *La Duchesse*. Quant aux quatre fous qui, sur l'ordre de Ferdinand, viennent accabler la

65. Il n'est pas impossible que cette scène, qui n'apporte pas grand chose à l'action, ait une incidence topique et qu'elle renvoie à la confiscation par Jacques 1er du domaine de Sherborne, le domaine familial appartenant à Sir Walter Raleigh, qui en fit ensuite don à son favori, Robert Carr qu'il venait de nommer Vicomte de Rochester. Voir Alastair Bellany, *The Politics of Court Scandal*, p. 33.

Duchesse de leurs cris et de leurs obscénités sous prétexte de soigner sa prétendue « folie », on peut les considérer comme les participants à un insert, à une forme de pièce dans la pièce à intégrer dans la suite de tableaux qui défilent à l'acte 4 :

> *Servant*
> Your brother hath intended you some sport:
> A great physician, when the Pope was sick
> Of a deep melancholy, presented him
> With several sorts of madmen, which wild object,
> Being full of change and sport, forced him to laugh,
> And so th'impostume broke; the selfsame cure
> The Duke intends on you. (4.2.37-43)

Delio, l'ami d'Antonio, à la fois commentateur et confident, a une fonction principalement chorique qui se rapproche de celle d'Horatio dans *Hamlet*, même s'il prend une initiative quelque peu inattendue dans la scène où il tente de séduire Julia et s'il joue par ailleurs un petit rôle dans quelques scènes secondaires. La cour qu'il fait à Julia (2.4.46-84), dans un but intéressé (il lui offre de l'argent en lui demandant très directement si elle accepterait d'être sa maîtresse), contraste avec le total dévouement amoureux de son ami Antonio face à la Duchesse. Par contre, la manière brutale dont Julia déclare sa flamme à Bosola est visiblement une parodie de la démarche de la Duchesse qui convoque son intendant pour lui proposer tout de go le mariage. L'avocat Castruchio, le mari de Julia, dont le nom indique clairement l'impuissance supposée,[66] est une caricature ambulante des mœurs et de la politique de la Cour. Ferdinand se sert de lui tout en moquant sa condition de cocu notoire. Le marquis de Pescara est, quant à lui, un bon soldat[67] et un mécène dont la conduite noble et droite est à l'opposé de celle de Ferdinand et du Cardinal qui ne promeuvent leurs protégés que pour mieux les corrompre (1.1.261-80). De son côté, le comte Malateste campe un personnage insipide évoluant dans l'entourage de Ferdinand et à qui ce dernier propose la main de sa sœur (3.1.40-41) qui le rejettera aussitôt dans un éclat de rire : « A count? He's a mere stick of sugar candy » (3.1.42). Il est encore question de lui à

66. Yaurait-il ici une allusion à l'impuissance du comte d'Essex invoquée par Frances Howard pour faire annuler leur mariage ?

67. Historiquement, il était le beau-frère de Ferdinand, et son principal titre de gloire sera d'avoir défait François 1er à la bataille de Pavie en 1536.

l'acte 3, scène 3, à propos de la construction de nouvelles fortifications à Naples pour lutter contre les envahisseurs français, moment où Silvio et Delio profitent de l'occasion pour se moquer de ses piètres qualités de stratège en chambre qui préfère des plans de batailles et ses petits soldats de plomb à l'action sur le terrain. C'est lui aussi qui, à la fin, respectera à la lettre les ordres du Cardinal de ne pas venir à son secours au cas où il entendrait des cris dans ses appartements et qui, avec le marquis de Pescara, constatera l'hécatombe finale avant d'accueillir le fils survivant de la Duchesse et d'Antonio appelé à succéder à sa mère à la tête du duché. Le personnage du médecin à l'acte 5, scène 2, nous éclaire sur l'étrange maladie de Ferdinand, la lycanthropie, dont il inventorie les symptômes non sans se targuer d'être craint de son patient et de le contrôler, alors que ce dernier se jette sur lui pour le rouer de coups dans une scène riche en effets de comique de situation, pour ne pas dire de farce.

Ces personnages secondaires ne prennent en tout qu'une assez faible part dans l'intrigue et servent à mettre en valeur la relation de la Duchesse avec Antonio, la seule qui apparaisse solide et saine[68] dans la pièce. Tout le reste n'est qu'échec, illusions ou amours impossibles comme l'indiquent l'impuissance de Castruchio, l'ennui que le Cardinal éprouve avec sa maîtresse, les pulsions incestueuses et sadiques de Ferdinand, l'attirance lascive de Julia pour Bosola, l'échec de Delio à séduire Julia, l'idée absurde d'un mariage entre un comte en sucre d'orge et la Duchesse et, à la fin, le mensonge de Cariola qui prétend être « contracted / To a young gentleman » (4.2.232-33) dans la tentative désespérée d'échapper au nœud coulant. Toutes les relations sexuelles décrites ou imaginées dans la pièce mènent leurs protagonistes à la mort ou à la destruction de toute forme d'émotion.

Il ne reste finalement dans cet ensemble que peu de cohérence psychologique, dans la mesure où une forme d'irrationalité prédomine, qu'il s'agisse des attitudes de Ferdinand avant sa transformation supposée en loup-garou ou des masques successifs d'un Bosola dont on a du mal à comprendre l'itinéraire en zigzags. Car en dépit de quelques grands traits caractéristiques du malcontent, du sentiment d'être la victime de l'ingratitude de ses supérieurs (« neglected ») et d'être passé à côté de sa vie, on a un peu l'impression qu'il ne se situe ni du côté du mal ni dans le camp du bien, qu'il évolue dans un entre-deux assez flou et qu'il est plongé dans

68. « Her robust physicality is thoroughly wholesome », écrit Linda Woodbridge à propos de la Duchesse dans « Queen of Apricots », p. 171.

le brouillard jusqu'à la fin de la pièce. Ces identités instables et problématiques contribuent à créer une vision déroutante de l'existence et du monde marquée par le flux et la relativité, sans posture héroïque (hormis celle de la Duchesse au moment de sa mort) ni le moindre idéal aristocratique. La Duchesse et sa fidèle suivante Cariola meurent étranglées tandis qu'Antonio, lui, reste en vie à l'abri loin d'elle et de leurs enfants, avant d'être à son tour victime, mais par erreur, de la lame d'un Bosola en pleine confusion.

Problèmes de structure

Ce final en deux temps, où la Duchesse meurt au quatrième acte, bien avant son mari, a été critiqué (on reproche souvent au cinquième d'acte d'être un pur « anticlimax », une suite un peu vide et vaine en l'absence de son personnage titre)[69] mais elle ne fait après tout que reprendre une formule précédemment utilisée par Shakespeare dans *Le marchand de Venise, Jules César* ou *Antoine et Cléopâtre*, à savoir celle du double dénouement (« double » ou « split ending »). William Archer s'en prend violemment à ce qu'il juge comme un défaut majeur de composition :

> [...] the construction of Webster's *Duchess of Malfi* is helplessly loose, shambling and maladroit, and the horrors that he is supposed to 'touch' so 'skilfully' are frigid and mechanical inventions...[70]

69. « [The] fatal flaw was not in the struggling humanity of the tragic protagonist, but in the oddly decentred plot ». Dympna Callaghan, « Introduction », *Duchess of Malfi*, p. 1. Selon Andrea Henderson, « [i]n a world where the private life cannot be shown and the shows of public life are meaningless, it is only in the conflict between the two that one finds a form of action that is both honest and presentable. That the spectacular and violent fifth act should constitute an alternate climax in the play is thus not terribly surprising ». « Antitheatricality in *The Duchess of Malfi* », p. 73. Pour Michael Neill, la nature quelque peu erratique et farcesque du cinquième acte sert à mettre en valeur la noble solennité de la fin du quatrième où la Duchesse est étranglée par le bourreau de Ferdinand : « The notorious shapelessness of the final act, epitomized in the near-farcical mistake of Antonio's death 'in a mist' and the confused 'scuffle' in which the Cardinal, Bosola, and Ferdinand receive their death-wounds, contrasts with the ceremonious formality of the Duchess's death to exhibit the helpless subjection of these characters to the arbitrary power of death », « 'Fame's best friend': The Endings of *The Duchess of Malfi* » in *Issues of Death*, p. 330.

70. In *The Old Drama and the New*, Small, Maynard, Boston, 1923, p. 76.

Quatre ans plus tard, F.L. Lucas, remettra en perspective ce jugement à l'emporte-pièce en fournissant une analyse un peu plus nuancée et à laquelle T.S. Eliot acceptera de se ranger :

> Webster cannot give his plays a close-knit logical unity; he is often childishly irrelevant; and his characters are sometimes wildly inconsistent from scene to scene [...] But his work remains more than a mere chaos of dramatic fragments, and he is a highly successful playwright in his own Gothic style.[71]

Outre les nombreux inserts qui relèvent du masque et de l'anitmasque*, on trouve pêle-mêle des pantomimes (comme lors de la scène à Ancône où le Cardinal troque ses habits ecclésiastiques contre un uniforme, scène accompagnée de chants qui est suivie du bannissement de la Duchesse et d'Antonio), des paraboles comme celle de Ferdinand à propos de l'Amour, de la Mort et de la Réputation (3.2.122-35) ou des fables comme celle du saumon et de la roussette où la Duchesse défend les qualités personnelles de son mari Antonio face à un Bosola qui vient de lui demander de l'oublier en décriant sa basse extraction : « Fie, madam, / Forget this base, low fellow [...] [o]ne of no birth. » (3.5.112-14). Déconcertante, la pièce de Webster l'est à plusieurs titres car, loin d'une vision manichéenne en noir et blanc, avec les bons d'un côté et les méchants de l'autre, elle plonge des personnages intègres tels que la Duchesse, Antonio et son ami Delio, dans le chaudron d'une corruption à l'italienne. La vertu et le mérite souvent vantés dans la pièce sont loin d'être récompensés car celles et ceux qui les incarnent, ou tentent de les incarner, voire de les défendre, non seulement ne sont pas sans quelques failles, mais se heurtent encore à des personnages plus forts ou plus rusés qu'eux, à des êtres puissants, tantôt machiavéliques, tantôt possédés par une étrange fascination face au spectacle de la folie et du démembrement du corps humain.[72] De nombreux critiques se sont interrogés sur le sens qu'il convient de donner à ces scènes. Pour Una Ellis-Fermor, le monde de La Duchesse est enveloppé de brume et demeure irréel :

> [...] the final horror [...] the infinite empty space in which man hovers, the material and spiritual world are both in different terms unreal.

71. Lucas, *The Complete Works of John Webster*, I, p. 21.

72. Voir sur ce point l'analyse de Jean-Pierre Villquin, « *The Duchess of Malfi* : Tragédie baroque » in P.

À ses yeux en effet, le conflit créé par la présence de ce que Bosola nomme en mourant « the deep pit of darkness » (5.5.99) et le constat, fait plus haut, selon lequel « the stars shine still » (4.1.97) reste non résolu.[73]

Sensibilité morbide et effets macabres prédominent dans le Grand-Guignol* final[74] où, à la faveur de la pénombre, on voit se réveiller chez le frère jumeau de la Duchesse ce loup qui est un loup pour l'homme et qui va symboliquement permettre aux forces de Thanatos de l'emporter sur celles d'Éros dans un ultime et quasi apocalyptique triomphe de la Mort.[75] Il faudra bien entendu se pencher plus en détail sur ces scènes, dont il nous appartiendra d'analyser le sens et la fonction pour tenter de comprendre leur raison d'être au sein d'une esthétique à la fois traditionnelle et profondément novatrice. Car c'est bien dans cette contradiction, dans cet écartèlement même, que réside une partie du mystère de cette écriture et du sombre génie de John Webster.

Iselin et J.-P. Moreau ed., op. cit., p. 274 : « La recherche de l'effet prime la vérité de l'émotion. La mort qui est naturellement présente dans toute la tragédie devient ici prétexte à de macabres mises en scène. L'exécution de la Duchesse suit un véritable rituel, c'est une cérémonie, une longue scène autonome à l'intérieur de la pièce. [...] On peut relever de multiples effets racoleurs, au choc des mots s'ajoute le choc des images. [...] Les allusions aux pratiques les plus sordides de la sorcellerie ne nous sont pas épargnées, comme ces effigies de cire transpercées d'aiguilles, enfouies dans le fumier (4.1.62-4). Le raffinement des supplices est décrit avec une étonnante complaisance, que ce soit la cruauté mentale, comme la présence des fous (4.2.60-108) ou la cruauté physique comme l'évocation à plusieurs reprises de corps écorchés vifs (5.2.75). »

73. *The Jacobean Drama: An Interpretation*, Methuen, Londres, (1947), 1961, pp. 172-73.

74. Voir à ce sujet le compte rendu de Fabienne Darge, de la mise en scène d'Anne-Laure Liégeois : « À la fin, seul clin d'œil au Grand-Guignol, qui longtemps empoissa les mises en scène anglaises de *La Duchesse de Malfi*, les poches de sang éclatent à vue, tandis que tourne à toute vitesse l'aiguille d'une pendule détraquée, comme la vie dans sa folle course contre la mort. »

75. Voir « Le Triomphe de la Mort » (1562), le tableau peint par Pieter Bruegel, au musée du Prado à Madrid. On y voit la Mort à cheval armée d'une immense faux et suivie d'une horde de spectres qui sèment la terreur dans une foule où se trouvent juxtaposés pêle-mêle des rois, des cardinaux, des joueurs de cartes, des amants et des musiciens. Derrière eux, l'armée des morts protégés par de hauts boucliers les prend à revers pour les empêcher de fuir. À gauche, un squelette juché sur une carne joue de la vielle en tirant une charrette remplie de crânes. L'arrière-plan rouge brun n'est qu'incendie, supplices et gibets où pendent des condamnés et sur lesquels sont perchés de très sinistres oiseaux noirs.

Chapitre IV
L'intertexte shakespearien

Shakespeare in love vs. « Webster in hate »

Le film à succès de John Madden, *Shakespeare in Love*, montre dans l'une de ses séquences un jeune garçon assis contre une travée du « Théâtre de la Rose » à Londres. C'est le même qui, malgré une audition peu convaincante, avait été pressenti pour jouer le rôle de la jeune Ethel dans la pièce mort-née « Ethel and the Pirate's Daughter », vite remplacée par « Roméo et Juliette » sur la géniale suggestion de l'acteur Edward Alleyn. Ce garnement dépenaillé, qui est en train de jouer avec deux souris sur le haut d'un tonneau placé à la verticale, avait été brutalement congédié par Will qui ne voulait plus de lui dans sa troupe depuis qu'il avait renoncé à sa première idée. Will, qui le rencontre par hasard alors qu'il est à la recherche du jeune « Thomas » (Gwyneth Paltrow), profite de l'occasion pour tenter de se faire pardonner sa brutalité en lui souhaitant d'avoir plus de chance à l'avenir. Le gamin, lui répond alors qu'il a joué dans *Titus Andronicus*, où on lui tranchait la tête et où la fille de Titus, Lavinia était mutilée à coups de couteau, en ajoutant d'un air sadique qu'il aime bien ce genre de spectacle et qu'il écrira plus tard des pièces de théâtre dans la même veine. Quand Will lui demande son nom il s'entend répondre « John Webster ». Le jeune Webster propose alors à Will de voir comment un chat va d'un coup de dents couper la couper la tête de la souris qu'il lui tend avant de déclarer : « Plenty of blood. That's the only writing ».[1] Will s'éloigne alors, l'air dégoûté. Plus tard, c'est le même gamin rancunier qui va espionner les répétitions de *Roméo et Juliette* au Théâtre de la Rose et qui reçoit discrètement une pièce donnée par Edmund Tilney, l'Intendant des Menus Plaisirs – l'homme chargé d'organiser les spectacles à la

1. On trouvera le scénario du film sur le site ci-dessous : http://www.imsdb.com/scripts/Shakespeare-in-Love.html (consulté le 29 mai 2018)

Cour et de la censure – qui lui propose de collaborer avec lui.[2] Webster a en effet vu que c'était une « vraie femme » qui jouait le rôle de Roméo sur scène et c'est lui qui obligera Viola, habillée en homme, à ôter sa perruque en lui glissant une souris dans le cou. Les femmes étant alors, comme on sait, interdites de présence sur scène, Tilney prend alors la décision de fermer le théâtre de Henslowe. Mais le théâtre de la « Courtine » remplacera celui de la Rose et Viola reprendra à la dernière minute le rôle de Juliette pour remplacer le jeune Sam dont la voix a mué. À la fin, Webster répond à la reine Élisabeth que ce qu'il a aimé dans *Roméo et Juliette* c'est le moment où l'héroïne se suicide (« stabbed herself »). Ce qui n'est dans tout cela qu'un clin d'œil amusant à la réputation de ce dramaturge souvent caricaturé en auteur de pièces sanglantes et sensationnelles, reprend aussi certains des traits de caractère du personnage de Bosola dans *La Duchesse*, avec son ressentiment et sa vengeance malencontreuse. On retrouve aussi son rôle d'espion au service de grands personnages qui l'exploitent sans vergogne ni pitié. Dans le film, le sale gosse amateur de spectacles cruels cristallise donc les divers clichés qui circulent sur le drame webstérien tout en campant un personnage de jeune « malcontent ». Le scénario, écrit à quatre mains par Marc Norman et Tom Stoppard,[3] est plutôt habile. S'il donne de Webster une image caricaturale, il a néanmoins le mérite de reprendre quelques-uns des traits caractéristiques de son œuvre et de ses personnages. L'intérêt de ce rôle mineur dans le film est de montrer le caractère formateur qu'aura eu ce théâtre shakespearien sur le jeune Webster.

---

2. Voir François Laroque « *Shakespeare in Love* ou la didactique du plaisir », *Études Anglaises*, Paris, Klincksieck, Tome 55 N°2, 2002, p. 194.

3. La première version du texte avait été écrite par le scénariste Marc Norman dans les années 1980. Mais, comme elle ne plaisait pas au réalisateur Edward Zwick, ce dernier fit appel à Tom Stoppard, l'auteur de *Rosencrantz and Guildenstern are dead* (1966). Après le désistement de Julia Roberts et de Daniel Day-Lewis, le projet initial fut abandonné et ce n'est qu'au printemps 1998 que le film fut réalisé après que Miramax eut racheté les droits à Universal. On ignore ce qu'a été exactement l'apport de Stoppard dans la réécriture du scénario mais il n'est pas impossible qu'il soit à l'origine de l'ajout de ce personnage qui apporte une note de finesse malicieuse à l'ensemble et permet de situer la création shakespearienne quelque part entre celle de Marlowe et de Webster.

La nuit des rois et *Le Marchand de Venise*

Vu de loin, le remariage de la Duchesse avec Antonio n'est en effet pas sans évoquer le souvenir de Malvolio, l'intendant puritain d'Olivia dans *La Nuit des rois*. Après s'être laissé prendre au piège cruel ourdi par Maria, Malvolio va exprimer au grand jour, et de la manière la plus ridicule, en prenant à la lettre les recommandations qu'il trouve dans la missive prétendument de la main de sa maîtresse, la belle comtesse Olivia, l'amour mâtiné d'ambition d'ascension sociale qu'il entretenait jusque-là dans le secret de son cœur. En lisant la pseudo-lettre d'Olivia « *In my stars I am above thee, but be not afraid of greatness. Some are born great, some achieve greatness and some have greatness thrust upon them* », Malvolio, aux anges, s'exclame : « This is open. I will be proud, I will read politic authors, I will baffle sir Toby, I will wash off gross acquaintance, I will be point device the very man. » (2.5.140-59).[4] Dans la deuxième scène du premier acte de *La Duchesse*, l'échange est plus formel car il se fait en vers, mais sa tonalité et son sens général rappellent tout de même le passage cité plus haut :

> *Duchess*
> Sir,
> This goodly roof of yours is too low built,
> I cannot stand upright in't, nor discourse,
> Without I raise it higher. Raise yourself,
> Or, if you please, my hand to help you: so. [...]
>
> *Antonio*
> Ambition, madam, is a great man's madness,
> That is not kept in chains and close-pent rooms,
> But in fair, lightsome lodgings, and is girt
> With the wild noise of prattling visitants,
> Which makes it lunatic beyond all cure. (1.1.403-12)

L'expression « raise yourself » (vers 407) fait écho au « be not afraid of greatness » de la lettre d'Olivia, tandis que le lien établi par Antonio entre l'ambition et la folie évoque la démence de Malvolio. « Why, this is very midsummer madness! » (3.4.53) déclare Olivia face à ce qu'elle interprète comme un délire pur et simple de la part de son intendant et qui, comme la Duchesse,

4. *Twelfth Night or What You Will*, ed. Keir Elam.

sera enfermé dans un cachot plongé dans le noir (« [...] we'll have him in a dark room and bound » [3.4.131]).[5] Là aussi, cet enfermement est censé le délivrer de sa folie érotomane alors que, comme le montrent les persécutions de Feste à son égard, il ne vise qu'à le rendre vraiment fou. De ce point de vue, le bouffon, qui profite du fait que Malvolio ne peut pas le voir pour prendre des identités et des voix différentes, n'est pas sans points communs avec un Bosola masqué qui se fait successivement passer pour un vieillard, un fossoyeur et un sonneur public. Sachant que *La Nuit des rois* fut jouée le 2 février 1602 au Middle Temple[6] que Webster, on l'a vu, a pu fréquenter en tant qu'étudiant,[7] on peut imaginer que le jeune homme a été marqué par cette représentation dont on retrouve des échos dans sa seconde tragédie. Comme l'écrit Barbara Correll :

> Social-erotic fantasies foregrounded, Malvolio reappears as Antonio, the estate steward wooed by his aristocratic mistress. [...] It may well be that, sparked by *Twelfth Night*'s grim potential, Webster pursued it by reinscribing Shakespeare's intriguing character in tragic events. But my hypothesis also suggests that Webster was attuned to the historical liminality of the steward, that he used Malvolio's erotically inflected relation to a female aristocrat to sharpen issues of social transition, service, class formation, and conflict introduced in Shakespeare's play.[8]

Les deux pièces posent en effet la question des rapports de classe qu'une attirance réciproque et une complicité érotique entre deux êtres ne sauraient effacer en dépit de l'optimisme affiché par la Duchesse :

> All discord within this circumference
> Is only to be pitied and not feared.
> Yet, should they know it, time will easily
> Scatter the tempest. (1.1.456-59)

5. *Twelfth Night or What you Will*, ed. Keir Elam.

6. John Manningham, étudiant de quatrième année au Middle Temple note en effet dans son journal à cette date : « At our feast wee had a play called 'Twelve night, or what you will' », *The Diary of John Manningham of the Middle Temple 1602-1603*, ed. Robert Parker Sorlien, Hanover, New Hampshire, 1976, p. 48.

7. Voir supra, pp. 32-33.

8. In Neill, *Duchess*, p. 355.

On connaît la suite… Barbara Correll se montre d'ailleurs assez prudente en conclusion de son article lorsqu'elle oppose la fixité aristocratique à la mobilité du marché :

> Webster's adaptive move from comedy to tragedy says less about genre than about the social-erotic thematics of the two plays. The world of the hereditary aristocracy, preoccupied with a warrior-aristocratic imaginary, may seem blessedly stable and distant from the mobility of the market and the changing faces of service and servitude. But the early modern steward's place in these two dramatic texts goes a long way toward dispatching that nostalgia.[9]

Dans la pièce, une rapide allusion nous rappelle cette filiation entre *La Nuit des rois* et *La Duchesse,* quand les officiers venus arrêter Antonio pour prévarication (en réalité un stratagème pour l'éloigner du palais et éviter qu'on reconnaisse en lui le mari de la Duchesse) échangent à son sujet :

> *Fourth Officer*
> How scurvy proud he would look when the treasury was full!
> Well, let him go.
>
> *First Officer*
> Yes, and the chippings of the buttery fly after him, to scour his
> gold chain. (3.2.219-22)

Cette seconde réplique évoque en effet le sarcasme de Toby à l'égard de Malvolio : « Go, sir, rub your chain with crumbs. » (2.3.116-17) Par ailleurs, la gémellité fille-garçon et le thème du double se trouvent également au cœur des deux intrigues.[10]

Par plusieurs de ses aspects, *La Duchesse* évoque également une comédie comme *Le Marchand de Venise,* confirmant ainsi indirectement son hybridité générique, même s'il s'agit là d'une comédie sérieuse du fait de ses enjeux et de la présence de Shylock qui rappelle la rivalité entre juifs et chrétiens à Venise et qui met au premier plan la question de la vengeance. On pense d'abord au

9. Ibidem, p. 378.

10. Voir supra l'analyse du personnage de Ferdinand, pp. 87-88.

passage où Antonio et la Duchesse évoquent la musique des sphères dans une brève parenthèse qui rappelle les échanges entre Bassanio et Jessica face au ciel étoilé de Belmont (5.1.60-5) :[11]

> *Antonio*
> And may our affection, like the spheres
> Be still in motion.
>
> *Duchess*
> Quickening, and make
> The like soft music… (1.1.466-69)

Plus loin, à l'acte 3, scène 1, il est question de dettes contractées auprès de juifs napolitains et dont Antonio, par négligence, aurait laissé expirer le terme :

> *Duchess*
> Antonio, the master of our household,
> Hath dealt so falsely with me in's accounts:
> My brother stood engaged with me for money
> Ta'en up of certain Neapolitan Jews,
> And Antonio let the bonds be forfeit. (3.2.165-68)

Dans *Le Marchand de Venise*, un négociant-armateur qui porte le même nom que l'intendant de la Duchesse, accepte de souscrire un prêt auprès du juif Shylock pour permettre à son ami Bassanio d'aller conquérir « la toison d'or », c'est-à-dire pour être en mesure de courir sa chance dans la loterie amoureuse de Belmont :

> *Shylock*
> Go with me to a notary, seal me there
> Your single bond, and, in a merry sport,
> If you repay me not on such a day,
> In such a place, such sum, or sums, as are
> Expressed in the condition, let the forfeit
> Be nominated for an equal pound
> Of your fair flesh, to be cut off and taken
> In what part of your body pleaseth me. (1.3.140-47)[12]

11. *The Merchant of Venice*, ed. John Drakakis, Londres, Methuen (The Arden Shakespeare), 2010.
12. William Shakespeare, *The Merchant of Venice*, ed. John Drakakis, The Arden Shakespeare, Londres, Methuen, 2010.

On sait qu'après les avaries de ses navires en mer, Antonio se révèle incapable de rembourser ce prêt de trois mille ducats consenti par Shylock en échange d'une livre de sa chair. Dans la lettre qu'il envoie à sa soeur, Ferdinand recourt à une formule équivoque qui rappelle la clause terrible du contrat signé par le marchand pour aider son ami Bassanio :

> *Duchess*
> [*Reads*] *letter.*
> « *Send Antonio to me; I want his head in a business.* »
> A politic equivocation!
> He doth not want your counsel, but your head –
> That is, he cannot sleep till you be dead.
> And here's another pitfall that's strewed o'er
> With roses – mark it, 'tis a cunning one:
> « *I stand engaged for your husband for several debts at Naples.*
> *Let not that trouble him: I had rather have his heart than his money.* »
> (3.5.26-34)

De même, quand Bassanio propose de rembourser à Shylock six fois le montant de l'emprunt qu'il a consenti à Antonio (la somme de trois mille ducats), il s'entend répondre :

> *Jew*
> If every ducat in six thousand ducats
> Were in six parts, and every part a ducat,
> I would not draw them; I would have my bond! (4.1.84-6)

Dès lors, Gratiano va comparer l'usurier juif à un loup, une image que Webster a très certainement retenue pour l'appliquer au personnage de Ferdinand quand il sombre dans la lycanthropie :

> *Gratiano*
> Thou almost mak'st me waver with Pythagoras
> That souls of animals infuse themselves
> Into the trunks of men. Thy currish spirit
> Governed a wolf, who, hanged for human slaughter,
> Even from the gallows did his fell soul fleet,

And whilst thou layest in thy unhallowed dam,
Infused itself in thee; for thy desires
Are wolfish, bloody, starved and ravenous. (4.1.130-37)

Si, dans la pièce de Shakespeare, la tragédie est finalement évitée de peu, la manigance (« *magnanima mensogna* », 3.2.178) à laquelle se livrent la Duchesse et Antonio pour tenter de préserver le secret de leur mariage va mal tourner et ils paieront l'un comme l'autre beaucoup plus qu'une livre de chair. La Duchesse mourra étranglée, Antonio sera poignardé et deux de leurs enfants seront assassinés sur ordre du Cardinal. L'intendant d'Amalfi a donc moins de chance que le marchand de Venise de Shakespeare car il paiera sa dette de sang (le fait d'avoir osé « polluer » le sang de la noble famille des Aragon) de sa vie et de celle de la chair de sa chair, ses enfants.

Les tragédies amoureuses

Les tragédies amoureuses que sont *Roméo et Juliette, Othello* et *Antoine et Cléopâtre,* ne semblent pas moins avoir influencé la composition de *La Duchesse,* une tragédie qui, elle aussi, repose sur une histoire d'amour qui finit mal. Dans la première, c'est le mariage clandestin des deux jeunes amants qui provoquera la catastrophe tout autant que la rivalité des clans à Vérone avec son atmosphère surchauffée et son climat de vendetta endémique. Pour Charles Forker, *La Duchesse* est en effet :

> [...] a tragedy of erotic devotion in which the lovers, not unlike Romeo and Juliet, risk their lives for values that are shown to be healthier, richer, and more humane than those that they dare to flout. Aware of the fierce antagonisms that the forces of outraged conventionality unleash against such an irregular marriage, Webster incorporates these attitudes into the play, setting them in unflattering contrast to the life-affirming and courageous decision of the Duchess to be true to her own deepest need for completeness and self-realization.[13]

13. Forker, *Skull beneath the Skin*, p. 297.

Il y a toutefois chez les amants de Vérone, une fougue, une rage d'aimer dont on n'a qu'un écho très affaibli dans le mariage secret de La Duchesse avec Antonio, tous deux en quête d'une intimité quotidienne et d'un bonheur familial aux allures plus bourgeoisies qu'aristocratiques ou héroïques. La vraie folie dans *La Duchesse* est en effet moins celle de l'amour que celle de la haine et de la perversion qui le combattent sans relâche. Une pièce comme *Othello* offre sans doute plus de points communs avec elle dans la mesure où l'on trouve chez Desdémone la même détermination et la même fidélité à soi et à son amour fort peu conventionnel à tous égards puisqu'elle n'hésite pas à défier publiquement son père, le sénateur Brabantio, pour épouser l'Africain Othello. Face à la rébellion de sa fille, le père imagine qu'elle a été ensorcelée par des drogues et des philtres d'amour achetés à des charlatans :

> She is abused, stolen from me and corrupted
> By spells and medicines bought from mountebanks,
> For nature so preposterously to err
> Being not deficient, blind or lame of sense,
> Sans witchcraft could not. (1.3.61-5)[14]

Dans *La Duchesse*, une conversation entre Bosola et Ferdinand reprend ce même thème de l'envoûtement amoureux :

> *Bosola*
> I do suspect there hath been some sorcery
> Used on the Duchess.
>
> *Ferdinand*
> Sorcery? To what purpose?
>
> *Bosola*
> To make her dote on some desertless fellow
> She shames to acknowledge.
>
> *Ferdinand*
> Can your faith give way
> To think there's power in potions or in charms
> To make us love, whether we will or no?

14. William Shakespeare, *Othello*, ed. E.A.J. Honigmann, The Arden Shakespeare, Walton-on Thames, Surrey, Thomas Nelson & Sons, 1997.

Bosola
Most certainly.

Ferdinand
Away! These are mere gulleries, horrid things
Invented by some cheating mountebanks
To abuse us. Do you think that herbs or charms
Can force the will? Some trials have been made
In this foolish practice, but the ingredients
Were lenitive poisons, such as are of force
To make the patient mad; and straight the witch
Swears, by equivocation, they are in love.
The witchcraft lies in her rank blood. (3.1.63-78)

Tel Othello, qui conclut sa tirade sur les raisons qui ont amené Desdémone à l'aimer, puis à l'épouser, et qui affirme devant le Doge et le Sénat réunis que seuls l'histoire de sa vie et les mots qu'il a trouvés pour la raconter en sont la cause : « This only is the witchcraft I have used » (1.3.170). Ferdinand ne croit pas une seconde à l'idée d'un ensorcellement de la Duchesse par le recours à des pratiques magiques : « The witchcraft lies in her rank blood ». Un autre parallèle entre les deux pièces concerne le bref retour à la vie de Desdémone et de la Duchesse après que l'une a été étouffée sous un oreiller et l'autre étranglée à l'aide d'un cordon :

Desdemona
A guiltless death I die.

Emilia
O, who hath done
This deed?

Desdemona
Nobody. I myself. Farewell.
Commend me to my kind lord – O, farewell! *She dies.* (5.2.121-23)

Dans *La Duchesse,* c'est Bosola qui remarque que la Duchesse ouvre à nouveau les yeux et qui se met à espérer qu'elle n'est pas morte :

> *Bosola*
>   – Her eye opes,
> And heaven in it seems to ope, that late was shut,
> To take me up to mercy.
>
> *Duchess*
> Antonio!
>
> *Bosola*
> Yes, madam, he is living.
> The dead bodies you saw were but feigned statues;
> He's reconciled to your brothers: the Pope hath wrought
> The atonement.
>
> *Duchess*
>   Mercy!   *She dies.* (4.2.331-38)

Si Desdémone a encore la force de prononcer une phrase entière avant de rendre le dernier soupir, la Duchesse, quant à elle, n'arrive qu'à dire deux mots, « Antonio » et « Mercy », deux mots qui montrent toute la force de son amour.

Pour ce qui est *d'Antoine et Cléopâtre,* on ne trouve certes aucun parallèle direct avec *La Duchesse* en dehors de l'idée, profondément ancrée et affirmée dans l'une et l'autre pièce, de l'existence d'un lien consubstantiel entre amour et mort, entre les forces à la fois contraires et complémentaires d'éros et de thanatos.[15] Comme la tragédie de Shakespeare, *La Duchesse* comporte aussi une fin en deux temps, où la fin tragique et héroïque de la Duchesse et celle confuse, et quelque peu burlesque d'Antonio, reprennent en les inversant les deux tableaux contrastés de la mort tragicomique d'Antoine, du fait de son suicide raté à la suite du mensonge de Cléopâtre. Celle-ci qui doit le faire hisser jusqu'à la plateforme, où elle s'est réfugiée avec ses suivantes, avant de mettre en scène sa fin grandiose et savamment orchestrée qui déjoue de manière aussi fine que spectaculaire les plans d'Octave qui entendait la traîner derrière son char au cours de son « triomphe » à Rome.

15. *Skull beneath the Skin,* « The Love-Death Nexus in English Renaissance Tragedy », p. 252.

Dans la tragédie de Shakespeare Antoine meurt le premier dans une atmosphère de tragicomédie, dans celle de Webster, c'est la Duchesse qui part la première avec une dignité et une intensité peu communes.

Jules César

Dans la pièce de Webster, la Duchesse fait allusion au terrible suicide de Portia, l'épouse de Brutus quand Bosola lui montre les faux cadavres d'Antonio et de ses enfants à un moment où elle se dit prête à en finir de la pire manière. C'est peut-être là une première allusion à la tragédie romaine de Shakespeare dont on retrouve effectivement des échos dans la scène où Julia reproche au Cardinal de ne pas lui révéler son secret. Dans la pièce de Shakespeare, Portia fait en effet part à son mari de griefs semblables lorsque ce dernier, qui se lève en pleine nuit pour des raisons qu'elle ne comprend pas, refuse de lui en expliquer le vrai motif :

> Within the bond of marriage, tell me, Brutus,
> Is it excepted I should know no secrets
> That appertain to you? Am I your self
> But as it were in sort of limitation,
> To keep with you at meals, comfort your bed
> And talk to you sometimes? Dwell I but in the suburbs
> Of your good pleasure? (2.1.279-85).[16]

Dans *La Duchesse*, la situation est légèrement différente puisqu'elle n'a pas le caractère naturel et compréhensible de celle de Portia qui s'inquiète légitimement de l'agitation de son mari et qui souhaite partager ses soucis. C'est en effet dans le cadre d'une relation triangulaire et d'un stratagème auparavant mis au point avec Bosola que Julia tente d'arracher au Cardinal son secret :

> *Cardinal*
> [...] imagine I have committed
> some secret deed which I desire the world
> may never hear of.

16. William Shakespeare, *Julius Caesar*, ed. David Daniell, Thomson Learning, Londres, 2006.

Julia

Therefore may not I know it?
You have concealed for me as great a sin
As adultery. Sir, never was occasion
For perfect trial of my constancy
Till now. Sir, I beseech you. (5.2.251-57)

On est là en présence d'un double jeu compliqué et d'un retournement de situations puisque Bosola, jusque-là employé par les deux frères pour espionner la Duchesse et révéler son secret, travaille désormais pour son propre compte en voulant être le vengeur de celle qu'il avait tout de même trahie et fait exécuter à l'acte précédent. C'est donc un nouveau Bosola qu'on voit désormais à l'œuvre, un serviteur zélé déçu des deux « maîtres » dont il a vite appris l'art, et qui s'efforce d'être meilleur manipulateur que le Cardinal, machiavel suprême et expert en coups bas et en ruses diaboliques.

Comme il vous plaira et *Macbeth*

Dans *La Duchesse*, une tragédie où la question de la théâtralité et de la méta-théâtralité est une dimension essentielle de l'œuvre,[17] il n'est guère surprenant de trouver des images et des formules rappelant des pièces telles que *Comme il vous plaira* ou *Macbeth*. Quand, dans la scène 1 de l'acte 4, la Duchesse s'exclame « I account this world a tedious theatre, / For I do play a part in't against my will » (4.1.81-2), ou quand,, avant de mourir, Bosola répond à la question de Malateste « How came Antonio by his death? » par « I know not how – / Such a mistake as I have often seen / In a play » (5.5.91-4), on pense à la fameuse tirade de Jaques dans la comédie pastorale de Shakespeare : « All the world's a stage, / And all the men and women merely players... » (2.7.140-41).[18] Ensuite, Ferdinand, horrifié par la vue de sa sœur morte, refuse devant un Bosola incrédule d'admettre qu'il

17. Voir aussi infra, pp. 130, 198.

18. William Shakespeare, *As You Like It*, Juliet Dusinberre ed., Londres, Thomson Learning (The Arden Shakespeare), 2006.

a commandité le meurtre de la Duchesse, va recourir à son tour à cette même métaphore théâtrale pour qualifier l'acte commis par celui qu'il avait pourtant embauché à cette fin et qu'il considère à présent comme totalement « irréel » :

> For thee – as we observe in tragedies
> That a good actor many times is cursed
> For playing a villain's part – I hate thee for't,
> And, for my sake, say thou has done much ill well. (4.2.272-75)

Ce même sentiment d'irréalité perçait déjà dans la célèbre tirade où Macbeth, après qu'on lui a annoncé la mort de la reine, s'exclame : « Life's but a walking shadow, a poor player, / That struts and frets his hour upon the stage, / And then is heard no more » (5.5.23-5).[19] La question de la peur se retrouve aussi dans les deux pièces. Quand Bosola déclare, à l'acte 5, « [m]y estate is sunk / Below the degree of fear » (5.1.348-49), il rappelle en effet un Macbeth qui se glace en entendant des cris de femmes (cette fois il ne s'agit pas d'un accouchement mais du suicide de son épouse) : « I have almost forgot the taste of fears » (5.5.9). Par ailleurs, l'univers nocturne de la tragédie avec son bestiaire maléfique et la place donnée à la sorcellerie, au mal et à l'enfer,[20] au thème de la tyrannie sanglante, de la stérilité ainsi que du meurtre et de la vengeance, a très certainement hanté l'imaginaire de Webster, qui en reprend donc les éléments dans sa pièce.

Richard III

Richard III est une autre œuvre avec laquelle *La Duchesse* présente de nombreux points communs : il y a tout d'abord le jeu de mots cruel des bourreaux qui, à une Cariola prétendant être sur le point de se marier, présentent le nœud coulant qui va l'étrangler en l'assortissant du commentaire suivant : « Here's your wedding ring » (4.2.234).[21] Cette facétie assassine rappelle en effet les plaisanteries

19. William Shakespeare, *Macbeth*, Sandra Clark and Pamela Mason eds..

20. Voir Muriel Bradbrook, *John Webster*, p. 147 : « In the prison scene, the waxwork show of mortification, the masque of madmen and the ritual of execution are in themselves theatrical; they belong with the hell-castle of *Macbeth*, with its porter and alarm bell, with the shows in the witches' cave. These in turn reflect the 'great doom's image' of medieval drama – Heaven and Hell. »

21. On a ici un exemple de ce que les Anglais appellent « gallows humour », l'humour des potences, c'est-à-dire l'humour noir. Voir Reginald Wallace Buckle, « Webster and the Theatre of Cruelty » : « In addition to the threads of absurdity, grotesquery, cruelty and catharsis which are woven into

macabres des hommes de main de Richard qui plongent son frère Clarence, qu'il a fait enfermer pour complot à la Tour de Londres, dans un tonneau de malvoisie. Puis, dans la dernière scène de la pièce, lorsque le Cardinal, pris à son propre piège, reprend l'exclamation du dernier des Plantagenets à la bataille de Bosworth, « My dukedom for rescue! » (5.5.18), on ne peut qu'entendre là le célèbre cri de Richard : « My kingdom for a horse! » (5.4.13)[22]. Mais, dans sa crise de folie furieuse, Ferdinand se prend lui aussi pour le même Richard III prêt à enfourcher son destrier pour aller à la charge et, dans son élan guerrier, ou plutôt meurtrier, il va mortellement blesser son frère le cardinal ainsi que Bosola :

> *Ferdinand*
> Th'alarum! Give me a fresh horse!
> Rally the vaunt-guard, or the day is lost!
> [*Attacks the Cardinal*]
> Yield, yield ! I give you the honour of arms,
> Shake my sword over you: will you yield?
>
> *Cardinal*
> Help me ! I am your brother.
>
> *Ferdinand*
> The devil!
> My brother fight upon the adverse party?
> There flies your ransom!
> (*He wounds the Cardinal and in the scuffle gives Bosola his death wound*)
> (5.5.46-52)

the texture of *The Duchess of Malfi*, our total response to the play is further complicated by elements of comedy or near-comedy and satire in the Malfi world. The term black comedy has come into frequent use as critics attempt to evaluate many works of the contemporary Theatre of the Absurd. If laughter is present, it is the type of uncomfortable laughter which emerges when an audience is placed in an equivocal position – horrified but fascinated; embarrassed, tense and nervous. This is what happens in the last two acts of *The Duchess of Malfi* ». Pour Jane Marie Luecke, « *The Duchess of Malfi*: Comic and Satiric confusion in a Tragedy », *Studies in English Literature*, IV (1964), 275-290, il s'agit là d'un défaut majeur de la pièce : « The confusion in *The Duchess of Malfi* seems to me to arise from an injudicious mixing of, and a failure to integrate, the comic and satiric elements », p. 276.

22. William Shakespeare, *King Richard III*, ed. James R. Siemon, Londres et New York, Bloomsbury (The Arden Shakespeare), 2009.

Cette confusion finale, où l'absurde côtoie le cocasse et produit une note d'humour grinçant bien éloignée du style noble de la tragédie, s'explique aussi par le fait que Richard Burbage, membre éminent de la troupe des Comédiens du Roi au théâtre des Blackfriars où *La Duchesse* fut jouée, avait créé avec beaucoup de succès le rôle de Richard III avant d'interpréter, quelque dix ans plus tard, celui de Ferdinand. Comme le suggère Brian Gibbons,[23] il est possible que, dans son délire, Ferdinand s'imagine être à la place de Richard III qui, venant de se réveiller de son cauchemar, s'exclame « Give me another horse! ». (5.3.177), Une note supplémentaire de méta-théâtralité s'ajoute ainsi à cet instant de la représentation où tout rappelle le carton-pâte d'un décor de théâtre.

Hamlet

Mais c'est bien sûr *Hamlet* qui offre le plus de parallèles avec *La Duchesse*. Sur le plan de la satire, tout d'abord, puisque le maquillage des femmes et le recours aux cosmétiques sont quelque chose que ni Hamlet ni Bosola ne semblent supporter :

> *Hamlet* [*to Ophelia*]
> I have hard of your paintings well enough. God hath given you one face and you make yourselves another. (3.1.141-43)

Quand il a en mains le crâne de Yorick dans la scène du cimetière, Hamlet décoche une nouvelle flèche à la coquetterie féminine :

> Now get you to my lady's table and tell her, let her paint an inch thick, to this favour she must come. (5.1.182-84)

Avant Webster, Shakespeare voyait déjà « the skull beneath the skin » par le biais de la voix sarcastique de son personnage qui avertit les dames que le souci de leur apparence physique n'a qu'un temps. Dans *La Duchesse*, Bosola s'en prend en ces termes à une Vieille Dame de la Cour d'Amalfi :

> *Bosola*
> You come from painting now?

---

23. John Webster, *The Duchess of Malfi*, Londres, Methuen (New Mermaids), (2003), 5e édition, 2013.

Old Lady

From what?

Bosola

Why, from your scurvy face-physic; to behold thee not painted inclines somewhat near a miracle. These in thy face were deep ruts and foul sloughs the last progress. (2.1.21-5)[24]

Une misogynie féroce réunit donc les deux personnages, deux malcontents (même si Bosola sera plus tard converti par l'héroïsme de la Duchesse et son stoïcisme tranquille devant la mort) qui voient dans la femme, qu'ils accusent de légèreté et d'un goût prononcé pour l'artifice et la dissimulation, la source de tous leurs maux et des malheurs du monde en général. En cela, tous deux rejoignent les lamentations des puritains face au maquillage et à la propension qu'auraient les femmes à acquérir bijoux et habits luxueux pour la ruine de leur réputation et la banqueroute de leur mari. Pour eux, une veuve vertueuse ne doit en aucun cas songer à se remarier, alors que « An Ordinary Widow » est décrite en ces termes : « The end of her husband begins in tears, and the end of her tears begins in a husband ».[25] Le remariage d'une veuve est en effet au coeur d'*Hamlet* comme de *La Duchesse*. Dans le dialogue entre le Cardinal et sa sœur au début de la pièce, celui-ci affirme en effet cyniquement qu'à peine le mari a-t-il rendu l'âme que sa veuve ne pense qu'à se remarier :

Duchess

Will you hear me?
I'll never marry.

Cardinal

So most widows say,
But commonly that motion lasts no longer
Than the turning of an hourglass – the funeral sermon
And it end both together. (1.1.294-97)

24. Voir supra, p. 166.

25. D. Beecher ed., *Characters*, p. 271.

Ces accusations font écho aux reproches qu'Hamlet adresse à sa mère :

> Why, she should hang on him
> As if increase of appetite had grown
> By what it fed on. And yet within a month
> (Let me not think on't – Frailty, thy name is woman),
> A little month, or e'er those shoes were old
> With which she followed my poor father's body,
> Like Niobe, all tears. Why, she –
> O God, a beast that wants discourse of reason
> Would have mourned longer – married with my uncle,
> My father's brother [...] (1.2.143-52)[26]

On retrouve dans ce passage le thème stéréotypé de la lascivité des veuves, impatientes de retrouver l'étreinte d'un homme et qui se remarient sans attendre le délai conventionnel d'un an qui, en principe, se justifiait par le fait d'avoir à attendre que le corps du mari disparu soit décomposé dans la tombe. Par ailleurs, lorsque la Duchesse scelle leur union en donnant un baiser sur les lèvres à Antonio, elle prononce ces mots : « Here upon your lips / I sign your *Quietus est* » (1.1.451-52). On voit ainsi évoquer de loin le vers du célèbre monologue d'Hamlet « When he himself might his *quietus* make / With a bare bodkin » (3.1.74-5, c'est moi qui souligne). Pareil rapprochement suggère que, comme dans *Roméo et Juliette*, le baiser d'amour du début préfigure le baiser de mort de la fin,[27] de sorte qu'en décidant d'épouser Antonio, la Duchesse sait pertinemment qu'elle signe là son arrêt de mort.[28] D'ailleurs, quand Ferdinand fait intrusion dans ses appartements privés, à l'acte 3, scène 2, il lui présente un poignard pour qu'elle mette fin à ses jours. Et quand Antonio revient dans la pièce pistolet en mains, elle lui demande : « You saw this *apparition* ? ». Lui, un pistolet à la main, répond alors un peu après : « I would this terrible *thing* would

26. William Shakespeare, *Hamlet*, Ann Thompson and Neil Taylor eds.

27. Quand ce sera au tour d'Antonio d'embrasser la Duchesse, ils seront tous deux contraints de se séparer dans leur fuite. La Duchesse verra alors dans ce baiser une froideur mortifère : « Your kiss is colder / Than that I have seen an holy anchorite / Give to a dead man's skull ». (3.5.84-6) Cette image du baiser donné par un anachorète à un crâne évoque les toiles de l'espagnol José de Ribera (1591-1652), peintre ténébriste connu pour ses clairs-obscurs caravagesques et qui représente souvent sur ses tableaux St Paul l'ermite et St Jérôme face à une tête de mort. Voir supra, p. 55, n. 25.

28. Elle déclare en effet à Cariola « [...] wish me good speed / For I am going into the wilderness » (1.1.348).

come again [...] » (3.2.141-46). Les deux mots « apparition » et « thing », ici soulignés par moi, évoquent l'apparition du spectre dans le premier et troisième actes d'*Hamlet*, notamment quand Horatio demande aux gardes « What, has this *thing* appeared again tonight? » (1.1.20). Dans son intrusion nocturne, le duc de Calabre n'est donc pas moins inquiétant que le fantôme du Vieil Hamlet. Ces deux termes rapprochent Ferdinand de la chose mystérieuse qui apparaît la nuit sur les remparts du château d'Elseneur et ils aboutissent à ce qu'on pourrait appeler une « spectralisation » d'un personnage déjà suffisamment terrifiant par lui-même. Plus loin, sa transformation en loup-garou parachèvera ce processus de diabolisation, d'autant que les protestants, qui ne croyaient pas à l'existence du Purgatoire, voyaient dans les spectres non pas des âmes en souffrance errant dans l'attente du Paradis, mais une incarnation du démon. Le spectacle des mannequins de cire censés figurer les cadavres d'Antonio et de ses enfants que Bosola présente à la Duchesse, après que Ferdinand lui avait donné à baiser la main de cire prétendument amputée sur le cadavre de son mari qui porte au doigt son alliance, est un autre spectacle spectral, artificiel celui-là. Il s'agit d'une forme de pantomime macabre qui rappelle de loin le « dumb show » qui sert de prélude à la « Souricière » dans la pièce de Shakespeare. Tel Hamlet qui espère attraper la conscience du roi et amener Claudius à se démasquer, Ferdinand, ainsi que l'explique le serviteur (4.2.37-43), entend voir sa sœur guérie de la folie de son remariage avec l'intendant de sa maison. Après cela, le Cardinal affirmera devant Pescara et Bosola que la folie de Ferdinand viendrait, non pas d'un effondrement psychique produit par le sentiment de sa culpabilité après le meurtre de sa sœur, mais de la frayeur que lui aurait causée l'apparition du fantôme d'une vieille femme qui se manifeste chaque fois qu'un deuil frappe leur famille :

> Such a figure
> One night, as the prince sat up late at's book,
> Appeared to him; when, crying for help,
> The gentlemen of's chamber found his grace
> All on a cold sweat, altered much in face
> And language. Since which apparition
> He has grown worse and worse, and I much fear
> He cannot live. (5.2.91-98)

Comme souvent dans une pièce où la feinte est de rigueur chez les uns ou les autres, le recours au mensonge est en fait ce qui permet à la vérité de se manifester au grand jour. La vieille dame en question n'est sans doute que la Duchesse, dont, comme le disent à la fois Cariola et Bosola, le visage s'est d'un seul coup chargé d'années, et dont la vue, une fois morte, a terrifié un Ferdinand incapable de la contempler en face : « mine eyes dazzle » (4.2.249). Le Cardinal se livre ensuite à un second mensonge, devant le seul Bosola cette fois, lorsqu'il fait mine de croire que sa sœur est toujours vivante et qu'il feint de s'enquérir de son état de santé car, déclare-t-il, le chagrin ne lui donnait visiblement pas très bonne mine : « I do not think but sorrow makes her look / Like to an oft-dyed garment » (2.108-109). Ce mensonge équivaut à une seconde résurrection de la Duchesse après son bref retour à la vie à la fin de l'acte 4, scène 2. La troisième et ultime résurrection aura lieu dans la scène de l'écho, où Antonio croit entendre sa voix avant de l'apercevoir sous forme d'ectoplasme dans le rayon de lumière qui irradie soudain du mur en ruines dans le parc du palais du Cardinal. La Duchesse, certes, meurt à l'acte 4, mais, comme on le voit à la faveur de cette triple résurrection physique, verbale et spectrale, elle n'est pas complètement absente du dernier acte. À l'instar du spectre du Vieil Hamlet ou de la Vengeance dans *La tragédie espagnole* de Thomas Kyd, la Duchesse (« [s]till methinks / The Duchess haunts me », déclare Bosola à l'acte 5, scène 2, vers 345) reste une présence absente qui continue à jouer un rôle dans la suite des événements de la tragédie.

Une autre image relie la pièce de Webster à *Hamlet*. Dans un aparté, Antonio, qui redoute un Bosola rôdant constamment autour des appartements de la Duchesse s'exclame : [t]his mole does undermine me » (2.3.14). À son tour, la Duchesse, quand elle prend enfin conscience du danger qui la menace elle et son mari, va traduire la menace à l'aide de l'image d'une mine placée sous ses pieds et prête à exploser : « I stand / As if a mine beneath my feet were ready / To be blown up » (3.2.154-56). Hamlet avait déjà utilisé ce type de lexique, emprunté à la technique du sapeur et de l'artificier, pour expliquer à Gertrude comment il entendait déjouer le piège tendu par Rosencrantz et Guildenstern à l'occasion du voyage en Angleterre décrété par Claudius. Il se doute en effet qu'il y a anguille sous roche et que ce voyage n'est en réalité qu'un traquenard mis au point pour se débarrasser de lui :

> For 'tis the sport to have the enginer
> Hoist with his own petard, and't shall go hard

But I will delve one yard below their mines
And blow them at the moon. (3.4.204-207)

Tout comme la Duchesse, Hamlet comprend qu'une mine a été palcée sous ses pieds et il prévoit juste de creuser un peu plus profond pour miner la mine de Claudius et la faire sauter au nez et à la barbe des deux espions. L'expression « b(e) low their mines » annonce donc ici l'idée qui suit, traduite par la phrase « blow them at the moon », qui lui fait écho, de façon à figurer le double mouvement descendant (le creusement de la mine) et ascendant (l'explosion qui va les projeter jusqu'à la lune). L'idée, selon laquelle le couple avance désormais en terrain miné, rappelle l'exclamation d'Hamlet face au spectre qui demande à tous le secret sur son apparition : « Well said, old mole, canst work i'th'earth so fast? / A worthy pioner! » (1.5.161-62).[29]

La terminologie médicale à laquelle Webster recourt massivement dans sa pièce par la voix de son satiriste et malcontent Bosola, contribue encore à rapprocher *La Duchesse* de *Hamlet*. En effet, quand le serviteur qui vient avertir la Duchesse du spectacle (« sport ») que lui prépare Ferdinand, il lui explique que la même parade de fous a pu guérir le Pape en utilisant l'image d'un abcès qui se crève (« [a]nd so the impostume broke », 4.2.42) ; Hamlet, quant à lui, critique la campagne polonaise de Fortinbras et s'exclame à la vue de ses troupes « [t]his is th'impostume of much wealth and peace / That inward breaks and shows no cause without / Why the man dies » (4.4.26-8). Le terme médical d'« impostume », qui désigne un abcès, est utilisé de façon impropre par le serviteur de *La Duchesse* alors qu'Hamlet y recourt pour désigner ce qu'on appellerait sans doute aujourd'hui une rupture d'anévrisme.

29. Selon l'*Oxford English Dictionary* (II. Extended Uses 3a), le mot « mole » désigne « a person who works in the underground; a person who works in shadow or secrecy. » Le dictionnaire cite *Hamlet* ainsi que Sir Francis Bacon à ce propos « Hee had such Moles perpetually working and casting to undermine him » (*Hist. Raigne HVII*, p. 240). L'usage moderne du terme, qui correspond assez bien à ce qu'est Bosola dans la pièce, à savoir un homme de confiance qui trahit la personne ou le service qui l'emploie, a été popularisé par John Le Carré à partir de 1974. Ferdinand, lui, utilise l'expression de « politic dormouse » (1.1.275), qui recouvre l'usage, plus courant, de « sleeper » en vertu de la réputation de longue somnolence de l'animal pendant sa période d'hibernation.

Quant à la mort accidentelle d'Antonio, que Bosola prend pour le Cardinal, elle n'est pas sans rappeler celle de Polonius, caché derrière la tenture dans le but d'espionner la scène entre Hamlet et sa mère (à l'acte 1, scène 1, c'est la Duchesse qui demande à sa suivante Cariola d'écouter la conversation qu'elle s'apprête à avoir avec son intendant Antonio pour lui servir de témoin légal), et que le prince avait par mégarde pris pour Claudius qu'il espérait tuer à cette occasion. On se souvient aussi qu'Hamlet préfère épargner ce dernier quand il le trouve à genoux en train d'essayer de prier pour pouvoir mieux l'envoyer directement en enfer quand il sera souillé par tous ses péchés. La prière est apparemment impossible pour un Claudius qui se sent et se sait coupable (« My words fly up, my thoughts remain below / Words without thoughts never to heaven go », 3.3.97-8) comme elle l'est aussi pour le Cardinal : « Oh, my conscience ! / I would pray now, but the devil takes away my heart » (5.4.25-6).

Le thème du secret reste toutefois le plus important que les deux pièces ont en commun. Ironiquement, Ferdinand avertit sa sœur qu'il peut, s'il le souhaite, tout connaître d'elle et de ses secrets les mieux gardés alors que lui-même se cache soigneusement les raisons profondes de son comportement jaloux et brutal à son égard :

> Hypocrisy is woven of a fine small thread,
> Subtler than Vulcan's engine; yet, believe't
> Your darkest actions – nay, your privat'st thoughts –
> Will come to *light*. (1.1.304-307, c'est moi qui souligne.)

Le caractère sournois de Ferdinand, qui a mis en place un réseau de surveillance de sa sœur et qui attend tout simplement son heure avant d'agir, fait en effet planer une réelle menace qui ne doit pas être prise à la légère. Il observe le manège de la Duchesse en faisant semblant de dormir, en restant tapi dans l'ombre, car il attend tranquilement les informations que ne manquera pas de lui rapporter son espion ou, plus exactement, sa taupe, Bosola. La lumière et les ténèbres participent à la fois de son jeu avec la vérité et de ses mises en scène de spectacles macabres. Quand, à l'acte 4, il rend visite dans le noir à la Duchesse, désormais à sa merci, emprisonnée dans ses propres appartements, il reprend cette même image de la mise au jour en jouant à nouveau sur le mot « light » :

> It had been well
> Could you have lived thus always, for indeed
> You were too much i'th'*light*. (4.1.39-41)

Pareille opposition du noir et du clair, ou du jour et de la nuit, permet d'entendre un écho lointain à l'un des célèbres calembours d'Hamlet. Lorsque son oncle et beau-père Claudius lui demande « [h]ow is it that the clouds still hang on you? », il rétorque en effet : « [...] I am too much in the 'son' » (1.2.66-7). Hamlet joue ainsi sur la prononciation identique des deux mots « son » et « sun » comme Ferdinand joue sur les deux sens de « light » (lumière et frivolité). Rowland Wymer analyse avec pertinence ces clairs-obscurs de la misogynie tyrannique et moralisante du duc de Calabre :

> With great dramatic economy, Webster has suggested turbulences and instabilities, perhaps of a sexual nature, beneath the surface courtliness and hinted at how terrifying such hidden disturbances might become when combined with despotic power. In a play of many secrets, Ferdinand's dark and twisted sexuality is the most secret thing of all, unremarked upon by any character in the play, including Ferdinand himself. The reluctance of some critics to accept that his relationship with the Duchess is contaminated by unconscious incestuous attraction is understandable given the absurd excesses which have often accompanied psychoanalytic criticism and the general rarity of unacknowledged motives in Elizabethan and Jacobean drama.[30]

Le même critique rappelle un peu plus loin le lien de la pièce avec la tragédie de vengeance* : « Up to a point [Webster's] basic strategy resembles that of Shakespeare in *Titus Andronicus* and *King Lear*, or Kyd in *The Spanish tragedy* – that of heaping a series of disasters upon the protagonist until grief cracks the foundations of personality producing a disintegration into madness. »[31] Le dramaturge jacobéen reprend à son compte cette tradition particulièrement violente et sanglante. Hamlet, qui est sans doute la réécriture d'une pièce antérieure perdue du même nom et attribuée à Thomas Kyd, reste sans doute l'exemple le plus abouti et le plus complexe d'une tradition que Webster a visiblement eu à cœur de reprendre dans *La Duchesse*.

30. In Neill, *Duchess*, p. 243. Dans son livre sur la mise en scène de *La Duchesse* par Matthias Langhoff, Jean-Yves Pidoux évoque « la scène où le frère injurie, avilit, maudit sa sœur après qu'il a découvert qu'elle s'est mariée en secret [...] Puis la férocité déroule ses fastes atroces, avec une quasi-tentative de viol de la duchesse par son frère – car une telle folie furieuse à défendre l'honneur de la famille cache, ou révèle, une passion incestueuse ». *Langhoff à Lausanne : l'ouragan lent*, Lausanne, éditions du Bas, 1994, p. 294.

31. In Neill, *Duchess*, p. 253.

Le conte d'hiver et *La tempête*

Deux des dernières pièces écrites par Shakespeare seul, deux ans avant *La Duchesse*, à savoir *Le Conte d'hiver* et *La Tempête*, font, elles aussi, l'objet de références appuyées de la part de Webster. Quand Ferdinand se félicite de l'effet produit par les figurines de cire sur la Duchesse au cours de la scène où Bosola a pour mission de la terrifier et d'essayer de la rendre folle, il s'écrie :

> Excellent – as I could wish! She's *plagued in art*,
> These presentations are but framed in wax
> By the curious master in that quality,
> Vincentio Lauriola, and she takes them
> For some substantial bodies. (4.1.108-12. C'est moi qui souligne)

Ce spectacle, aussi macabre que pervers, a pour but de simuler la mort de personnes toujours en vie alors que, dans *Le Conte d'hiver*, la statue d'Hermione, qui représente à la perfection une personne présumée morte, va au contraire, par le truchement de l'art et de la magie illusionniste du théâtre, permettre d'arracher la reine au royaume des morts :

> *Steward*
> The princess, hearing of her mother's statue, which
> Is in the keeping of Paulina, a piece many years in
> Doing and now newly performed by that rare Italian
> Master Giulio Romano, who, had he himself eternity
> And could put breath into his work, would beguile
> Nature of her custom, so perfectly he is her ape. (5.2.92-7)

Face à la statue de sa femme, censée avoir perdu la vie seize années plus tôt, le roi Léontès, ne peut contenir son admiration et s'exclame : « The fixture of her eye has motion in't, / As we are *mocked with art*. »[32] (5.3.67-8) Et, sur l'injonction de Paulina, la statue va se mettre à bouger et à descendre de son piédestal : « Bequeath to death your numbness, for from him / Dear life redeems you ». (5.3.102-103) Dans la pièce de Webster le très réel Giulio Romano est remplacé par l'imaginaire Vincentio Lauriola (4.1.111), tandis que l'expression

32. William Shakespeare, *The Winter's Tale*, ed. John Pitcher, Londres, Methuen (The Arden Shakespeare), 2010.

« mocked with art » (5.3.68) fait place à « plagued in art » (4.1.108). Chez Shakespeare, on passe de la mort à la vie tandis que, pour Ferdinand, il s'agit de figer le mouvement et de singer l'immobilité de la camarde pour mieux tuer après avoir semé l'effroi (« plagued »). L'art n'est plus mis au service de la vie et de l'espoir, il devient ostentation macabre et cérémonie perverse visant à stériliser définitivement toute espérance et toute forme d'énergie vitale pour plonger son héroïne dans le désespoir.

En ce qui concerne *La Tempête*, ses liens avec *La Duchesse* sont bien entendu à chercher du côté de tout ce qui a trait à la technique du masque et de l'antimasque*, ces divertissements de Cour que Prospéro met en scène pour le plus grand plaisir de Ferdinand et de Miranda à l'acte 4, scène 1, 60-138. Dans *La Duchesse*, le duc de Calabre commence par les condamner parce qu'ils sont à ses yeux des occasions permettant à sa sœur de faire des rencontres et de se laisser tenter par un éventuel remariage :

> I would have you to give o'er these chargeable revels:
> A visor and a mask are whispering rooms
> That were ne'er built for goodness. (1.1.323-25)

Mais il n'hésitera pas à y recourir lui-même plus loin pour persécuter sa sœur par des épreuves censées la préparer à la mort. Cette séquence de torture visuelle et physique, par Ferdinand, puis par Bosola, qui se déroule tout au long des deux premières scènes du quatrième acte, et qui comporte de forts éléments de rituel et de solennité macabre, fonctionne de fait comme une cérémonie de mariage inversée et donc un peu à la manière d'un masque.[33] Le mariage lui-même laissait deviner qu'il pouvait avoir des conséquences funestes, voire fatales, puisque la Duchesse fait son testament à cette occasion, tandis que la parade des fous représente l'équivalent d'un antimasque et d'un charivari*.[34] Par ailleurs, l'échange assez vif qui a lieu entre Bosola et la Duchesse à propos des enfants de cette dernière qui rappelle la réplique cinglante que Caliban fait à Prospéro :

---

33. Les masques étaient souvent donnés en l'honneur d'un futur mariage comme ce fut le cas à la Cour de Jacques 1er au moment du mariage de la Princesse Élisabeth, la fille de Jacques 1er, avec l'électeur Palatin.

34. Voir Inga Stina Ewbank, « The Impure Art of John Webster », pp. 261-62.

> *Bosola*
> These are your children?
>
> *Duchess* Yes.
>
> *Bosola* Can they prattle?
>
> *Duchess* No.
> But I intend, since they were born accursed,
> Curses shall be their first language. (3.5.109-11)

Pour Caliban, ce sont les efforts que Prospéro a faits pour tenter de lui donner un début d'éducation et de civilité qui se trouvent d'un coup réduits à néant :

> You taught me language, and my profit on't is I know how
> to curse. (1.2.364-65)

Dans *La Duchesse*, pareille perversion de l'éducation ne relève pas de la révolte d'un sauvage contre le maître ou le colon qui s'est efforcé de l'instruire, mais de la mère qui, dans cette réaction, évoque le souvenir lointain de la *Médée* d'Euripide.[35]

Les « Sonnets » et la nostalgie des ruines

On peut encore déceler un dernier clin d'oeil à Shakespeare dans *La Duchesse*, par rapport aux Sonnets cette fois, lorsque Delio décrit le palais du Cardinal qui a été édifié à partir des pierres d'une abbaye en ruines, dont un mur subsiste dans le parc :

> This fortification
> Grew from the ruins of an ancient abbey;
> And to yond side o'th'river lies a wall,
> Piece of a cloister [...] (5.3.1-4)

35. Voir l'article de Naomi Liebler, « Mothers from Hell: Medea and the Duchess of Malfi » in François Laroque et Franck Lessay ed., *Enfers et délices à la Renaissance*, Paris, Presses de la Sorbonne Nouvelle, 2003, p. 276.

Pour Antonio, ce parcours au milieu des tombes est pour lui un moyen de faire un trait d'union entre présent et passé, entre le monde des vivants et celui des morts :

> I do love these ancient ruins:
> We never tread upon them but we set
> Our foot upon some reverend history. (5.3.9-11)

On est assez proche ici de l'atmosphère nostalgique du Sonnet 73, qui évoque en toile de fond la dissolution des monastères avec ses « bared ruin'd choirs where late the sweet birds sang ». Mais l'image shakespearienne renvoie moins à une atmosphère de frayeur pré-gothique qu'à une métaphore évoquant l'âge que le poète sent venir en lui et qui est avant-coureur d'un certain délabrement physique : il perd ses cheveux comme les arbres perdent leurs feuilles en hiver et comme les abbayes d'autrefois ont perdu leur ancienne splendeur. Selon Rowland Wymer, ce décor a pour fonction principale de maintenir le lien avec le passé et d'établir une forme de communion entre les vivants et les morts :

> The location of this immensely effective scene, a fort built on the ruins of an ancient abbey, simultaneously and paradoxically insists both on the mutability of life and the persistence of the past, reminding a Jacobean audience of the 'bare ruined choirs' to be found all over post-Reformation England.[36]

Dans un entretien avec Claude Liscia réalisé sur France Culture en septembre 1990, au moment où il montait *La Duchesse*, le metteur en scène allemand Matthias Langhoff parle des ruines de Berlin qu'il a connues dans sa jeunesse à la fin de la Seconde Guerre Mondiale :

> [il y avait] une curieuse architecture de ruines qui donnait la place, la liberté de jouer aux enfants [...] Cette absence d'un ordre, cette absence de constructions, je crois que j'ai beaucoup aimé ça. Les cauchemars [...] c'était le regard des gens [...] un regard de loup, [...] des gens vraiment détruits.[37]

---

36. In Neill, *Duchess*, p. 256.

37. *Langhoff à Lausanne : l'ouragan lent*, Lausanne, éditions du Bas, 1994, p. 316.

Pour lui, le souvenir de ce décor de ruines montre que la lycanthropie de Ferdinand, loin d'être une invention quelque peu surréaliste de la part du dramaturge, est en réalité une façon d'établir un rapport entre l'effondrement d'un monde et l'effondrement mental d'une population « au regard de loup ». Et Jean-Yves Pidoux de conclure que l'art de Langhoff « est une litanie, parfois pesante parfois écorchée, sur ces humains devenus loups, sur l'inhumanité de l'humain lorsque celui-ci est détruit »,[38] ce qui est bien le cas de Ferdinand qui s'est détruit lui-même en ordonnant la mort de sa sœur jumelle.

Webster, qui a grandi à l'ombre de l'œuvre de Shakespeare, l'aura donc admirée, imitée et parfois plagiée sans toutefois véritablement réussir à imposer sa marque ni à se libérer de son empreinte comme de ses emprunts.

38. Idem.

Chapitre V
Les grands thèmes et les images de la pièce

A. Les grands thèmes

Le secret

Comme cela a été souligné plus haut, le secret est un thème omniprésent dans *La Duchesse,* un thème qui est directement évoqué à plusieurs reprises en dépit de l'avertissement lancé par Ferdinand à sa sœur à l'acte 1, scène 1 : « [...] your privat'st thoughts [...] / Will come to light » (1.1.306-307). Mais, aussitôt son frère parti, la Duchesse rappelle en effet à Cariola le secret qu'elle lui a confié, à savoir son intention d'épouser son intendant Antonio :

> Cariola,
> To thy known secrecy I have given up
> More than my life: my fame. (1.1.339-41)

Et après la célébration de leur mariage, la Duchesse s'adresse à Antonio en ces termes :

> I would have you lead your fortune by the hand
> Unto your marriage-bed – [...]
> We'll only lie, and talk together, and plot
> T'appease my humourous kindred [...]
> Oh, let me shroud my blushes in your bosom,
> Since 'tis the treasury of all my secrets. (1.1.481-86)

Le verbe « lie » est ambigu ici car il signifie aussi bien « être allongés sur le lit de noces » auquel la Duchesse demande à Antonio de la conduire, que « mentir » (surtout en association avec le verbe « to plot ») pour tenter d'apaiser le courroux prévisible de ses frères. Quand, au début de l'acte 2, Delio s'étonne que cela fasse si longtemps que la Duchesse et son ami Antonio soient mariés, ce dernier le conjure, au péril de sa vie, de surtout n'en rien dire à personne, d'autant que Bosola rôde dans les parages, comme à son habitude :

> *Antonio*
> Let me seal your lips for ever.
> For did I think that anything but th'air
> Could carry these words from you, I should wish
> You had no breath at all. (2.1.78-81)

En dehors du mariage clandestin, il leur faudra encore cacher la naissance de trois enfants alors que Bosola lit à livre ouvert les signes de grossesse chez la Duchesse en proie à diverses indispositions et malaises. Elle et Antonio devront inventer des subterfuges, comme l'idée que les abricots auraient pu être empoisonnés expliquant ainsi les douleurs de la Duchesse, ou encore mettre en place la mascarade de la mise en accusation d'Antonio pour malversation pour pouvoir justifier son départ de la Cour d'Amalfi. Mais Bosola est aux aguets et il n'est dupe de rien :

> Sure I did hear a woman shriek. List! Hah?
> And the sound came, if I received it right,
> From the Duchess's lodgings. There's some stratagem
> In the confining all our courtiers
> To their several wards. I must have part of it;
> My intelligence will freeze else. (2.3.1-6)

Quand il met la main sur l'horoscope de l'enfant de la Duchesse, qu'Antonio fait tomber par mégarde quand il prend son mouchoir pour arrêter un saignement de nez de mauvais augure, Bosola comprend que tout le brouhaha qui était fait autour de ses appartements ne visait qu'à dissimuler la naissance d'un nouvel enfant :

> Why now, 'tis most apparent! This precise fellow
> Is the Duchess' bawd. I have it to my wish:
> This is a parcel of intelligency
> Our courtiers were cased up for! It needs must follow
> That I must be committed on pretence
> Of poisoning her – which I'll endure, and laugh at. (2.3.64-9)

En réponse à la question de Ferdinand qui lui demande où en est son enquête, Bosola ne peut qu'avouer ne pas savoir qui est le père de ces enfants en l'absence de tout moyen d'investigation dans ce domaine :

> *Ferdinand*
> Now, Bosola,
> How thrives our intelligence?
>
> *Bosola*
> Sir, uncertainly.
> 'Tis rumored she hath had three bastards, but
> By whom, we may go read i'th'stars. (3.2.57-60)

Pour Antonio et la Duchesse, le danger est d'autant plus grand que, lorsque Ferdinand s'introduit dans le boudoir de sa sœur, il profère les pires menaces face à celui dont il ignore encore l'identité :

> If thou do wish thy lecher may grow old
> In thy embracements, I would have thee build
> Such a room for him as our anchorites
> To holier use inhabit. Let not the sun
> Shine on him till he's dead; let dogs and monkeys
> Only converse with him, and such dumb things
> To whom Nature denies use to sound his name.
> Do not keep a paraquito, lest she learn it.
> If thou do love him, cut out thine own tongue
> Lest it bewray him. (3.2.100-10)

L'injonction faite ici à la Duchesse de se couper la langue plutôt que de révéler l'identité de celui qui est son mari, renvoie indirectement à la fin de *La Tragédie espagnole* de Kyd, où Hieronimo préfère se couper la langue à coups de dents plutôt que de parler et d'avoir à expliquer les détails de sa vengeance que le roi d'Espagne s'apprête à lui extorquer par la torture :

> *Hieronimo*
> Now doe I applaud what I have acted. [...]
> Now to expresse the rupture of my part,
> First take my tongue, and afterward my heart.
> *He bites out his tongue.*
>
> *King*
> O monsterous resolution of a wretch,
> See *Vice-roy*, he hath bitten his tongue,
> Rather than to reveale what we requirde.[1] (4.4.217-23)

De fait, c'est la Duchesse qui finira par se trahir elle-même, victime de la ruse de Bosola dont elle pense naïvement pouvoir obtenir l'appui pour l'aider à rejoindre Antonio à Ancône :

> *Duchess*
> As I taste comfort in this friendly speech,
> So would I find concealment.
>
> *Bosola*
> Oh, the secret of my prince,
> Which I will wear on th'inside of my heart! (3.2.286-88)

Mais il n'y a pas que le secret d'Antonio et de la Duchesse dans la pièce. Ferdinand met quiconque au défi de deviner qui il est vraiment et quelles sont ses motivations (3.2.84-6), tout comme Julia, qui lorsqu'elle déclare au Cardinal (« I, that have been a secret to your heart / These many winters », 5.2.239-40), montre que leur relation intime n'a jusqu'ici été éventée par personne. Dans la même scène, où, à la demande de Bosola, Julia insiste pour connaître le secret du Cardinal, celui-ci refuse de le lui révéler :

> *Cardinal*
> Will you rack me?

1. *The Spanish Tragedy*, ed. Emma Smith, Londres, Penguin, 1998.

Julia
No judgment shall
Draw it from you. It is an equal fault
To tell one's secrets unto all or none.

Cardinal
The first argues folly.

Julia
But the last, tyranny.

Cardinal
Very well. Why, imagine I have committed
Some secret deed which I desire the world
May never hear of. (5.2.247-53)

Et quand, de guerre lasse, il finit par s'y résoudre, il la prévient qu'être détentrice d'un tel secret équivaut pour elle à signer son arrêt de mort :

Julia
Therefore may I not know it? [...]

Cardinal
You'll repent it.

Julia
Never.

Cardinal
It hurries thee to thy ruin. [...] 'Tis a secret
That, like a ling'ring poison, may chance lie
Spread in thy veins and kill thee seven year hence.

Julia
Now you dally with me.

Cardinal
No more – thou shalt know it:
By my appointment, the great Duchess of Malfi
And two of her young children four nights since
Were strangled. (5.2.253-70)

En un sens, Julia répète ici la faute d'Ève qui, pour avoir, par sa curiosité, poussé Adam à manger le fruit défendu, les mènera tous deux à une issue fatale, à savoir l'expulsion du Jardin d'Eden. L'existence d'un ou de plusieurs secrets dans la pièce implique que certains de ses personnages s'efforcent d'en percer à jour les différents éléments, de sorte que le spectateur se trouve alors en présence d'une forme de tension entre, d'un côté, la nécessité de dissimuler et, de l'autre, la curiosité ou l'espionnage qui permet de dévoiler le pot aux roses ou certains aspects du mystère. D'une certaine façon, la tragédie de Webster se présente comme un secret ou un coffret à double ou à triple fond dont il s'agit de trouver la clé. L'allusion fréquente qui est faite aux clés, celles donnant accès aux appartements de la Duchesse ou celles ouvrant les portes de la chambre du Cardinal, vient en partie conforter cette même impression. Mais, comme l'affirme le Cardinal, il n'est pas bon de vouloir connaître les secrets des princes.

La critique des grands de ce monde

Un autre thème important de *La Duchesse* a trait à la critique des grands de ce monde qui répandent autour d'eux le poison de la corruption et de l'immoralité. Bosola refuse l'argent de Ferdinand car, par le biais d'un jeu de mots fréquent sur l'ange ou l'angelot, la pièce d'or créée par Edouard IV, il déclare que ce genre de gratification n'a rien de divin et qu'il porte au contraire la marque du diable :

> *Bosola* [*Offering to return the money.*]
> Take you devils,
> Which hell calls angels! These cursed gifts would make
> You a corrupter, me an impudent traitor;
> And should I take these, they'd take me to hell. (1.1.255-59)

Au cours d'une série d'échanges acerbes avec Antonio, Bosola s'en prend violemment à l'idée que les grands de ce monde procèderaient d'une essence supérieure aux autres et ajoute que leurs querelles causent des ravages considérables là où l'humanité moyenne s'en tire à bien moindres frais :

> Search the heads of the greatest rivers in the world, you shall find them but bubbles of water. Some would think the souls of princes were brought forth by some more weighty cause than those of meaner persons. They are deceived: there's the same hand to them; the like

> passions sway them. The same reason that makes a vicar go to law for a tithe-pig and undo his neighors makes them spoil a whole province and batter down goodly cities with the cannon. (2.1.96-103)

Derrière la rancœur visible du personnage on sent percer un égalitarisme qui rejoint les critiques anti-aristocratiques des puritains et notamment des presbytériens* que le roi Jacques 1er avait farouchement combattus en Écosse.

Mais la critique ne concerne pas que la noblesse. Elle s'étend à la haute hiérarchie ecclésiastique qui lui était liée socialement. Ainsi, après s'être copieusement moqués du comte Malateste et de ses piètres qualités de soldat, le marquis de Pescara, Silvio et Delio aperçoivent Bosola en grande conversation avec le Cardinal (c'est le moment où il doit lui faire part de ce qu'il vient d'apprendre de la bouche même de la Duchesse). Pescara, qui s'interroge sur la nature et la raison de ce qui ressemble à un conciliabule de quelque importance, fait le commentaire qui suit :

> Bosola arrived? What should be the business?
> Some falling out among the cardinals?
> These factions amongst great men, they are like
> Foxes – when their heads are divided
> They carry fire in their tails,[2] and all the country
> About them goes to wrack for't. (3.3.35-40)

Comme dans la ruse du Samson biblique, les grands sont dans la pièce l'équivalent de renards qui, en cas de dissensions, sont toujours prêts à inventer de redoutables moyens de destruction qui portent la mort et la désolation tout autour d'eux. Toujours selon le marquis de Pescara, le rire de Ferdinand, qui résonne comme un coup de canon et qui témoigne de quelque décision lourde de conséquences, laisse augurer des affres de la mort. Quand Bosola tient le

2. Allusion au Livre des Juges de l'*Ancien Testament* (Chapitre15, versets 4-5) : « Samson went and caught three hundred foxes, and took firebrands, and turned tail to tail, and put a firebrand in the midst between two tails. And when he had set the brands on fire, he let them go into the standing corn of the Philistines, and burnt up both the shocks, and also the standing corn, with the vineyards and olives ». *The Bible. Authorized King James Version*, ed. Robert Carroll and Stephen Prickett, Oxford, Oxford University Press, 1997, p. 315.

Cardinal à sa merci dans la dernière scène, il constate que le personnage n'est en réalité qu'un lâche qui se décompose littéralement à sa vue et il montre alors tout le mépris que ce grand personnage, par ailleurs faux grand homme, lui inspire :

Now it seems thy greatness was only outward:
For thou fall'st faster of thyself than calamity
Can drive thee. (5.5.41-3)

La comparaison implicite entre la mort du Cardinal et la chute d'un monument est reprise et développée un peu plus loin par le même Bosola :

I do glory
That thou, which stoods't like a huge pyramid
Begun upon a large and ample base,
Shalt end in a little point, a kind of nothing. (5.5.74-7)

À la fin c'est Delio, comme Horatio dans Hamlet, qui a le dernier mot et qui, lui, reprend idée aasez semblable dans un contexte d'imagerie saisonnière et hivernale :

These wretched eminent things
Leave no more fame behind 'em than should one
Fall in a frost and leave his print in snow –
As soon as the sun shines, it ever melts
Both form and matter. (5.5.111-15)

Cette image de la dissolution finale des grands qui, après leur mort, disparaissent comme neige au soleil sans laisser de traces, est probablement empruntée au *Richard II* de Shakespeare.[3] Elle pourrait clore la tragédie sur une note à la fois pessimiste et matérialiste. Mais les derniers vers ont aussi pour fonction de réhabiliter, par delà la mort, celles et ceux (comme la Duchesse ou le Prince Henry dans « A Monumental Column ») dont l'intégrité personnelle a permis de faire d'eux et de leur vie des porteurs de vérité :

I have ever thought
Nature doth nothing so great for great men
As when she's pleased to make them lords of truth. (5.5.115-17)

3. *Richard* : « O, that I were a mockery king of snow, / Standing before the sun of Bolingbroke, / To melt myself away in water-drops ! » (4.1.260-62). William Shakespeare, *King Richard II*, ed. Charles R. Forker, Thomson Learning, Londres, 2002.

On peut regretter que la tragédie s'achève ainsi sur une note didactique qui, certes, permet de mettre les points sur les « i » en redirigeant l'œuvre en direction de la satire morale et politique, mais qui est en contradiction flagrante avec le travail de déconstruction de l'acte 5 et sa vision d'un univers chaotique à l'allure aussi irréelle qu'artificielle. De surcroît, le personnage titre semble ici oublié dans la mesure où il n'est question que des « great men » par le biais d'un hommage indirect au Prince Henry, dont Webster porte encore ostensiblement le deuil en 1614. Cela étant, on peut objecter à cette remarque le fait que, dans la pièce, la Duchesse se désigne elle-même sous le titre de « prince » (3.2.71) et non de « princess » et qu'elle se trouve donc implicitement incluse dans la louange finale.

L'art de la feinte

La feinte et l'équivoque sont partout dans la pièce. Dès le début, quand elle déclare à Antonio « I am making my will » (1.1.366), on ne sait pas si la Duchesse veut faire son testament ou accomplir sa volonté, satisfaire son désir ou préparer sa succession. Elle se compare d'ailleurs plus loin à un tyran recourant à un double langage pour régner ou mieux inspirer la crainte (1.1.431-34). Elle prépare sa suivante Cariola à son mariage avec Antonio alors qu'elle vient d'assurer Ferdinand qu'elle ne se mariera jamais (1.1.294). La Duchesse et Antonio devront ensuite faire croire à un cambriolage, au cours duquel des bijoux et de l'argent auraient disparu de leurs appartements, pour consigner tous les occupants du palais dans leur chambre et faire en sorte que l'accouchement ne s'ébruite pas au dehors (2.2 et 2.3). Antonio, pour intimider Bosola et tenter de l'éloigner du palais, insinue que les abricots que ce dernier a donné à la Duchesse auraient pu être empoisonnés, expliquant ainsi l'indisposition soudaine de celle qui est tout près de mettre un enfant au monde. Si Antonio présente l'accouchement de la Duchesse comme un empoisonnement, le Cardinal, quant à lui, attribuera faussement (« I must feign somewhat », 5.2. 86) la crise de folie de son frère à l'apparition d'un spectre (5.2.86-98). Dans les deux cas, le symptôme incriminé est celui de sueurs froides (« Oh, I am in an extreme cold sweat » dit la Duchesse, 2.1.154), tandis que le Cardinal raconte que son valet de chambre a trouvé le duc

« All on a cold sweat », (5.2.95). Après cela, la Duchesse mettra au point un autre stratagème en proposant d'accuser Antonio de malversation de façon à justifier son départ du palais pour Ancône :

> I must now accuse you
> Of such a *feigned* crime as Tasso calls
> *Magnanima mensogna*, a noble lie,
> 'Cause it must shield our honors. (3.2.176-79. C'est moi qui souligne)

Bosola, qui joue lui-même un double jeu puisqu'il feint d'admirer Antonio pour tenter de gagner la confiance de la Duchesse et percer enfin à jour ses intentions, lui conseille alors de prétexter un pèlerinage à Notre-Dame de Lorette pour fuir la Cour d'Amalfi et trouver refuge dans la ville toute proche d'Ancône, où elle pourra rejoindre son mari :

> I would wish your grace to feign a pilgrimage
> To Our Lady of Loreto, scarce seven leagues
> From fair Ancona: so may you depart
> Your country with more honor, and your flight
> Will seem a princely progress, retaining
> Your usual train about you. (3.2.294-98.)

Ce plan consistant à louvoyer pour mieux tromper son monde et que le Cardinal décrira plus loin comme une capuche qui, plutôt que de protéger sa sœur des intempéries, est en réalité destinée à utiliser la religion comme un prétexte pour masquer sa fuite : « Doth she make religion her riding hood / To keep her from the sun and tempest? (3.3.60-61). Cela n'a pas l'heur de plaire à la pieuse et superstitieuse Cariola qui proteste contre ce plan : « I do not like this jesting with religion, / This feigned pilgrimage » avant de se faire rabrouer par sa maîtresse qui la traite alors de « superstitious fool » (3.2.304-305.). Contrairement à elle, qui ne sait rien cacher, Bosola est passé maître dans l'art de la dissimulation. Il donne d'ailleurs à Castruchio le conseil suivant au moment de prononcer la sentence face à un coupable convaincu de crime :

> When you come to be a president in criminal causes, if you smile upon a prisoner, hang him, but if you frown upon him and threaten him, let him be sure to 'scape the gallows. (2.1.8-11)

Pour lui, il importe de demeurer insondable et de ne jamais laisser sa physionomie trahir sa pensée afin d'être à même de prendre à revers ce qui pouvait apparaître comme une attente. Il rend ainsi la condamnation à mort plus cruelle encore car, comme il l'avait déclaré auparavant à Antonio, « [n]or ever died any man more fearfully than he that hoped for a pardon » (1.1.56-7).

L'art de l'équivoque, dont Ferdinand est un autre expert reconnu, est ensuite utilisé dans ses lettres à l'acte 3, scène 5 (ce que Delio confirme au début de l'acte 5)[4] mais le piège sera aisément déjoué par la Duchesse. Et, à l'homme déguisé (Bosola) qui lui annonce qu'elle ne reverra plus jamais son mari, elle lance : « What devil art thou, that *counterfeits* heaven's thunder? » (3.5.96, c'est moi qui souligne). Elle reprend ensuite le même terme pour désigner le masque que porte Bosola : « Were I a man, / I'd beat that *counterfeit* face into thy other » (3.5.113-14.). Le « grand comte Malateste » qui montre le plan des fortifications de Naples à renforcer pour défendre la ville contre les Français, et dont Silvio et Delio moquent ouvertement les piètres qualités d'officier, préfère apparemment la guerre en chambre avec une armée de petits soldats de plomb :

> *Delio*
> He hath read all the late service,
> As the city chronicle relates it,
> And keeps two painters going, only to express
> Battles in model. (3.3.17-20)

Ces modèles réduits d'armées en formation de bataille préfigurent d'une certaine façon les mannequins de cire élaborés par Vincentio Lauriola et que Ferdinand utilisera pour faire croire à sa sœur qu'elle a affaire aux cadavres d'Antonio et de deux de ses enfants. Bosola accrédite ce mensonge et cette supercherie macabre qu'il commente en bon serviteur de son maître comme un tableau auquel il serait personnellement indifférent, et qui est en fait destiné à lui ôter tout espoir de survie, individuelle ou familiale :

> Look you, here's the piece from which 'twas ta'en.
> He doth present you this sad spectacle
> That, now you know directly they are dead,

4. « [...] though they have sent their letters of safe-conduct / For your repair to Milan, they appear / But nets to entrap you ». (5.1.3-5)

Hereafter you may wisely cease to grieve
For that which cannot be recoverèd. (4.1.55-9)

Quand elle revient brièvement à elle après avoir été étranglée par le bourreau, Bosola, pris de remords, profitera de cet instant de lucidité pour lui confier la vérité et lui révéler qu'Antonio et son enfant sont toujours vivants : « The dead bodies you saw were but feigned statues » (4.2.336). Bosola, désormais repenti et bien décidé à se venger des deux frères, demandera ensuite à Julia de tout faire pour obtenir du Cardinal qu'il lui livre son secret en la mettant en garde contre la dissimulation et la ruse dont ce dernier est un praticien de haut vol et de longue date : « Let him not put you off / With feigned excuse » (5.2.205). Julia, à force d'insistance, parvient à ses fins mais, après lui avoir fait jurer de ne jamais révéler ce qu'il vient de lui confier et de le jurer, le Cardinal s'en débarrasse en lui donnant à baiser une bible empoisonnée. À force de recourir à des stratagèmes tous plus compliqués les uns que les autres, cet adepte des calculs machiavéliques,[5] se prendra lui-même à son propre piège. En prévenant les gens de son entourage qu'ils ne doivent surtout pas s'inquiéter s'ils entendent crier dans ses appartements, les enjoignant de s'abstenir à tout prix d'intervenir. Ce ne seront en effet, leur dit-il, que les cris de Ferdinand qu'il imitera en faisant semblant de les appeler au secours :

Cardinal
It may be, to make trial of your promise
When he's asleep, myself will rise and feign
Some of his mad tricks, and cry out for help,
And feign myself in danger. (5.4.13-16)

En réalité, il compte sur Bosola pour qu'il vienne enlever le cadavre de Julia de sa chambre après avoir décidé de l'éliminer ensuite car ce dernier en sait désormais beaucoup trop sur lui et sur ses crimes. En avertissant ses courtisans que s'il hurle au loup ce sera pour de rire, il ne se doute pas que Bosola a écouté aux portes et qu'il est donc prévenu de ses intentions. Celui-ci saura alors profiter

5. Voir sur ce point la question que lui pose Bosola : « And wherefore should you lay fair marble colors / Upon your rotten purposes to me, / Unless you imitate some that do plot great treasons ». (5.2.297-99)

de l'occasion pour larder de coups de couteau ce machiavel du haut clergé qui l'avait envoyé aux galères sans jamais le récompenser de quoi que ce soit et qui venait en secret de décider avec son frère d'en finir définitivement avec lui :

> *Bosola*
> I am come to kill thee.
>
> *Cardinal*
> Ha? Help! Our guard!
>
> *Bosola*
> Thou art deceived. They are out of thy howling. (5.5.11-12)

Quand il entend le Cardinal crier en parodiant les paroles de Richard III à la bataille de Bosworth, Roderigo est amusé et ne voit naturellement là que le manège annoncé : « Fie upon this counterfeiting! » (5.5.19). Mais, pour le marquis de Pescara qui, en bon militaire, sait reconnaître des cris d'agonie, ces hurlements ne ressemblent pas vraiment à de la simulation : « The accent of the voice sounds not in jest » (5.5.29). Blessé comme un lièvre sans défense, le Cardinal sera achevé par son frère Ferdinand, lequel portera à son tour un coup fatal à Bosola dans une scène à laquelle les confusions et les méprises en série donnent un petit air surréaliste. Le jeu de mots, sans doute involontaire de Bosola, sur « mist » et « mistake » (5.5.92, 93), résume à lui seul le point culminant de cette tragédie de la feinte et de la contrefaçon qui se donne elle même à entendre comme pure illusion théâtrale : « Such a mistake as I have often seen / In a play » (5.5.93) déclare Bosola pour qui réalité et fiction dramatique ne font désormais plus qu'un.

Auparavant, la Duchesse avait exprimé ses doutes face à ces faux-semblants et à cette tactique de constante dissimulation de la réalité qui n'appartiennent normalement qu'aux méchants ou aux acteurs : « Methinks unjust actions / Should wear these masks and curtains, and not we ». (3.2.157-58) La Duchesse et Antonio sont en effet contraints de jouer un rôle à contre-emploi, de simuler des actions destinées à donner le change et se prêter *in fine* à une comédie qui prendra des allures tragiques. Pour Ferdinand, il va de soi que ce mariage n'est qu'une mascarade qu'il contrera donc en mettant en place une autre mascarade, à savoir la pantomime grotesque* jouée par des prostituées, des maquerelles et des gouapes : « I will send her masques of common courtesans / Have her meat served up by bawds and ruffians » (4.1.120). Dans *Antoine et Cléopâtre*, Octave avait manifesté l'intention d'humilier ainsi une Cléopâtre réduite à sa merci mais cette dernière réussit à déjouer une ruse qu'elle anticipe en lisant dans les intentions du vainqueur de la bataille d'Actium : « I shall see / Some squeaking Cleopatra boy my greatness / I'th'posture of a whore » (5.2.219-21).[6] Dans *La Duchesse*, tout ou presque se joue en termes de masque et d'antimasque, de ruse et de contre-ruse, de semblants et de faux-semblants. Car c'est bel et bien Bosola qui empruntera des masques successifs afin d'éviter d'apparaître sous son véritable visage devant la Duchesse. Lassé par la vaine cruauté de Ferdinand, il refuse en effet de se présenter sous son vrai visage auprès de la Duchesse qui vient tout juste de subir l'épreuve de la main coupée et des figures de cire :

Bosola
Must I see her again?

Ferdinand
Yes.

Bosola
Never in mine own shape –
And this last cruel lie. (4.1.128-31)

La vérité nue est intolérable. Elle blesse le regard. Ferdinand ne supporte pas de voir le visage de sa sœur morte et demande à Bosola de le lui masquer : « Cover her face. Mine eyes dazzle; she died young » (4.2.249). Et c'est aussi en victime de l'entre-deux criminel de cet antre, de ce théâtre d'ombres et de silhouettes vagues, que Bosola dira ses mots d'adieu sur scène :

Oh, this gloomy world!
In what shadow, or deep pit of darkness,
Doth womanish and fearful mankind live! (5.5.98-100)[7]

6. William Shakespeare, *Anthony and Cleopatra*, ed. Michael Neill, Oxford, Oxford University Press, 1994.

7. Ce passage est directement tiré de l'*Arcadie* de Sir Philip Sidney, livre 5, in *The Complete Works of Sir Philip Sidney*, ed. Albert Feuillerat, Cambridge, Cambridge University Press, 1012-26, 4 vol., II, p. 177 : « [...] in such a shadowe, or rather pit of darknes, the wormish mankinde lives, that neither they know how to foresee nor what to feare: and are but like tenisballs, tossed by the racket of the hyer powers ». On voit au passage d'où vient l'image (« we are merely the star's tennis balls », 5.4.52) utilisée par Antonio dans la scène précédente...

Comme le dit Delio à la fin, les grands de ce monde fuient la lumière parce que le soleil fait disparaître leur prétendue gloire aussi vite que des traces de pas qui fondent avec la neige où ils sont imprimés. Ils ne peuvent en réalité exister qu'à la faveur d'une demi-clarté rapidement dissipée après leur mort. Telles les figurines de cire dévoilées par Ferdinand à la Duchesse prisonnière, ce ne sont que des simulacres, de simples fictions vouées à l'oubli dès que la vérité se fait sur eux :

> *Bosola*
> Do not I dream? Can this ambitious age
> Have so much goodness in't as to prefer
> A man merely for worth, without these shadows
> Of wealth and painted honors? (3.2.264-67)

Ces mots, on le sait, n'étaient que mensonges et feinte de la part de Bosola qui réussit ainsi à piéger la Duchesse. L'idée que les qualités et le mérite puissent être récompensés n'est qu'un rêve dans la mesure où les ombres peintes, c'est-à-dire les titres et la naissance, continuent d'avoir droit de cité et de faire la loi à la Cour. L'univers de la pièce de Webster est tout entier bâti à partir d'images qui disent et dénoncent l'artifice tout en étant elles-mêmes totalement artificielles. Si l'on prend par exemple l'image des hommes qu'un Antonio à l'agonie compare à des balles de tennis (5.4.52-3), puis celle où Bosola présente le monde comme un « pit of darkness » (5.5.99), on s'aperçoit que toutes deux sont tirées d'un passage de l'*Arcadie* de Sir Philip Sidney. Ni l'une ni l'autre ne correspondent vraiment à ce qu'on pourrait imaginer comme appartenant à l'ethos ou à la personnalité de l'un ou de l'autre. Webster ne distribue pas ici que des rôles, il répartit sur le dernier discours d'Antonio et de Bosola des images particulièrement frappantes qui mettent en valeur les derniers moments où il faut faire une fin. Ce théâtre d'images est un moins un théâtre du monde qu'un théâtre de la mort, où l'on prend la pose pour l'éternité et où la qualité du verbe doit l'emporter sur le souci de vraisemblance. Seule compte ici une réflexivité qui achève de déréaliser des personnages qui disent n'être et qui ne sont de fait que des acteurs. Comme tels, ils font figure de simples pantins dont on tire les ficelles, de ventriloques qui font passer à travers eux la voix des autres.

B. Les images

L'ombre et la lumière

Un ensemble d'images très souvent mentionnées dans cette tragédie a trait à l'ombre et la lumière dont les oppositions et les différents contrastes définissent les conditions d'apparition ainsi que la possibilité même de l'image. Ferdinand, qui identifie sa sœur avec la lumière, va jusqu'à imaginer de l'enrouler, elle et son mari, dans des draps enduits de poix ou de soufre et d'y mettre ensuite le feu : « Wrap them in't, and then light them like a match » (2.5.70). Juste après ce type de menace qui, si elle était mise à exécution, transformerait le couple en un atroce feu de Bengale, Ferdinand entend, dans la scène du boudoir où elle se trouve seule face à son miroir, faire subir à la Duchesse une éclipse totale (« fix her in a general eclipse », 2.5.79) avant de crier à la cantonade à l'intention d'Antonio : « [l]et not the sun / Shine on him, till he's dead » (3.2.103-104). Ferdinand cherche désespérément à éteindre la source de lumière et de vie que représente sa sœur, elle qui lui fait très certainement de l'ombre puis, dans un second temps, à essayer de séparer son mari Antonio de cette même source de lumière. Lorsqu'elle est sa prisonnière, au début de l'acte 4, il lui reproche immédiatement d'avoir trop été dans la lumière (« [y]ou were too much I'th' light », 4.1.41) et de ne s'être donc pas suffisamment cachée aux regards des autres. Ironiquement, personne, à ce moment de la pièce, ne soupçonne Antonio d'être le mari de la Duchesse, précisément du fait de l'*obscurité* de ses origines. Ces images liées à l'ombre et à la lumière fonctionnent donc sur le plan de la métaphore comme sur celui de l'économie dramatique de la pièce. Or, cette lumière qui, selon Ferdinand, accompagnait autrefois la vie de la Duchesse contraste désormais fortement avec l'ombre dans laquelle lui-même se meut et où, après la mort de sa sœur, il va plonger un peu plus profondément. Au début du quatrième acte, Bosola justifie l'étrange demande de Ferdinand d'éteindre toutes les lumières dans ses appartements par le fait que ce dernier avait juré de ne plus jamais la revoir :

> Your elder brother, the Lord Ferdinand,
> Is come to visit you, and sends you word,
> 'Cause once he rashly made a solemn vow
> Never to see you more, he comes i'th'night,
> And prays you, gently, neither torch nor taper
> Shine in your chamber. (4.1.21-6)

Il s'agit, une fois de plus, d'une ruse puisque l'intention de Ferdinand n'est pas de se réconcilier avec la Duchesse mais au contraire de tenter de provoquer un électrochoc dans son esprit lorsque la lumière surgira à nouveau (« Let her have lights enough », 4.1.52), faisant ainsi apparaître les figurines de cire destinées à lui faire croire qu'il s'agit là des cadavres d'Antonio et de ses enfants : « *Here is discovered, behind a traverse, the artificial figures of Antonio and his Children, appearing as if they were dead* » (4.1.54). On voit à quel point la question du simulacre et de l'artifice est liée à l'utilisation de la lumière et de l'ombre dans une pièce qui, en l'occurence, a pu bénéficier des moyens scéniques comme ceux dont disposait le théâtre privé des Blackfriars. Seule une salle couverte et fermée pouvait en effet donner à cette scène de terreur froide son caractère atrocement spectaculaire. Mais, comme ce sera plus tard le cas du Cardinal, Ferdinand est pris à son propre piège et va désormais fuir la lumière pour s'enfermer définitivement dans l'ombre ainsi qu'il le déclare en prenant congé à un Bosola stupéfait face à une attitude qui réduit à néant ses derniers espoirs de récompense : « I'll go hunt the badger, by owl-light: 'Tis a deed of darkness » (4.2.318-19). Dans sa folie, le duc se mue en créature des ténèbres, hantant les cimetières la nuit, obsédé par l'ombre qui le suit et sur laquelle il se jette :

> *Ferdinand*
> Look, what's that follows me?
>
> *Malateste*
> Nothing my lord.
>
> *Ferdinand*
> Yes!
>
> *Malateste*
> 'Tis your shadow.
>
> *Ferdinand*
> Stay it! Let it not haunt me!
>
> *Malateste*
> Impossible, if you move and the sun shine –
>
> *Ferdinand*
> I will throttle it. [*Throws himself upon the ground*] (5.2.31-8)

La lumière qui irradiait le visage lumineux de la Duchesse éblouit désormais Ferdinand quand il la contemple devant lui sans vie (« Mine eyes dazzle », 4.2.249) et, tel un albinos qui ne supporte pas le soleil, il va ensuite se plaindre d'avoir terriblement mal aux yeux : « I have cruel sore eyes » (5.2.62). Et quand, tout à la fin, Ferdinand parle de faire étrangler Bosola, il insiste bien sur le fait que cette action doit se dérouler dans le noir : « it must be done in the dark » (5.4.36). Le monde de *La Duchesse* est ainsi rempli de scènes de ténèbres, de brumes et de brouillards qui empêchent la lumière de passer, de sorte que seules les étoiles, froides et distantes, brillent dans le ciel aperçu par une croisée, indifférentes à la souffrance et à la condition des hommes et des femmes : « Look you, the stars shine still » (4.1.96). À cet instant, pour Bosola, qui n'a pas encore pu pleinement mesurer sa noblesse et sa dignité, l'héroïne de la pièce fait partie des grands de ce monde pour lesquels il n'a ni respect ni estime. Leur caractère distant et leur manque de chaleur humaine sont alors rendus à l'aide d'un distique à portée morale ou emblématique :

> Glories, like glow-worms, afar off shine bright,
> But looked to near, have neither heat, nor light. (4.2.133-34)

Il n'y a pas de grand homme pour son valet de chambre dit-on en français. Webster, lui, exprime cette même idée à partir de la lumière émise par le ver luisant qui ne dégage effectivement que de la lumière froide.[8]

La lumière garde cependant ici sa valeur symbolique et elle désigne à la fois les lumières de la raison et de l'entendement, par opposition à la nuit de la folie, ainsi que la vie sur terre par opposition aux ténèbres de la vie souterraine et de l'enfer. Lors de sa visite nocturne dans les appartements de sa sœur, Ferdinand tend à cette dernière un poignard en lui demandant ce qu'est devenu l'éclat de son ancienne vertu : « Virtue, where art thou hid ? What hideous thing / Is it that doth eclipse thee? ». Après quoi il poursuit en ces termes : « O most imperfect light of human reason, / That mak'st us so unhappy to foresee / What we can least prevent [...] », 3.2.72-9). À la fin de l'acte 4, lorsque la Duchesse revient brièvement à elle, Bosola s'adresse à elle de la sorte : « Return, fair soul, from darkness, and lead mine / Out of this sensible hell », 4.2.326-27). Ce n'est donc

8. Ce phénomène chimique, connu sous le nom de « bioluminescence », désigne une réaction chimique au cours de laquelle l'énergie chimique est convertie en énergie lumineuse.

pas par hasard si, à plusieurs occasions dans la pièce, les personnages évoluent dans la pénombre à l'aide d'une lanterne sourde[9] (« dark lantern », 2.3.0 et 5.4.42), de façon à pouvoir voir sans être vus.

Les bijoux (perles et diamants)

Il a été question plus haut de la valeur sexuelle du bijou à propos de la victoire d'Antonio au tournoi de la bague, lorsque Ferdinand le lui offre au début avec bonne grâce. Aux côtés du mot « ring », le mot « jewel » servait en effet aussi à désigner les parties sexuelles de la femme et le duc ne croit donc pas si bien dire quand il anticipe ainsi à son insu les relations qu'auront bientôt l'intendant et sa sœur. Bosola parlera d'Antonio comme « a most unvalued jewel » (3.2.242) dans la scène hypocrite où il fait l'éloge de celui qui est le mari de la Duchesse. Si une brève allusion à des perles est faite par la Duchesse dans un rêve où les diamants de son diadème se transforment en perles (3.5.13-15), ce qui, pour Antonio, symbolise les larmes qu'elle est en train de verser face à son malheur, les bijoux désignent principalement des diamants dans le texte, d'abord présentés comme des pierres qui passent entre les mains de nombreux bijoutiers. C'est en effet là l'image quelque peu libertine et provocatrice à laquelle recourt la Duchesse pour justifier la volonté des veuves de se remarier face à l'interdit posé par ses frères et qui amène immédiatement Ferdinand à voir là une forme de justification de la prostitution :

> *Duchess*
> Diamonds are of most value,
> They say, that have passed through most jewelers' hands.
>
> *Ferdinand*
> Whores, by that rule, are precious. (1.1.291-93)

De même que le nœud coulant destiné à étrangler Cariola est comparé par le bourreau à une bague de mariage (4.2.240), la Duchesse fait mine de voir dans le collier de diamants un instrument de supplice (4.2.208-209) qui, pour luxueux qu'il en ait l'air, ne change rien au résultat final qui est la mort par strangulation. Les perles peuvent aussi devenir des balles (« to be shot to

9. Voir supra, p. 95, n. 42.

death with pearls », 4.2.210) sans que l'issue fatale en soit le moins du monde modifiée. Dans un registre légèrement différent, Bosola se moque du pistolet que brandit Julia dans sa tentative de séduction brutale (« Sure, your pistol holds nothing but perfumes and kissing comfits », 5.2.150) laquelle lui explique que le Cardinal verra en elle une dévergondée beaucoup plus qu'il ne prêtera attention à la trahison de Bosola :

> No, he might count me a wanton,
> Not lay a scruple of offence on you.
> For if I see and steal a diamond
> The fault is not i'th'stone, but in me the thief
> That purloins it. (5.2.174-78)

Ferdinand meurt sur une variante du proverbe anglais, « diamond cut diamond »,[10] pour dire que chaque homme est la cause directe de sa propre chute et le seul responsable de son destin : « 'Whether we fall by ambition, blood or lust, / Like diamonds we are cut with our own dust' » (5.5.70-71). Le vers qui fait ici rimer luxure avec poussière résume l'action de la pièce du point de vue de celui qui, littéralement obsédé par l'écart, à ses yeux impardonnable, de sa sœur, aura mis tout en œuvre pour la faire disparaître, elle et sa famille. L'ironie finale, comme dans *Hamlet* (où c'est la Norvège qui s'empare du Danemark avec l'arrivée de Fortinbras à la fin), est que l'héritier du trône sera, non pas le fils que la Duchesse avait eu avec son premier mari, mais le fils survivant de sa seconde union avec Antonio. Le sentiment qui prédomine est donc celui d'un grand gâchis où, la dureté s'étant heurtée à la dureté (la Duchesse, de l'avis de tous, fait preuve d'une grande résilience face au traitement qui lui est infligé), la lumière et l'éclat des promesses initiales ont fait place à la poussière.

Mathématiques, astronomie, médecine

Dans le cadre de l'importance qu'elle accorde aux sciences, *La Duchesse* comporte plusieurs allusions aux mathématiques et à la géométrie, à l'astronomie et à l'astrologie comme aux diverses branches de la médecine. Toutes sont d'ailleurs plus ou moins liées entre elles parce qu'il s'agit le plus souvent d'images ou

10. Le diamant étant la pierre la plus dure qui existe, il ne peut être entamé que par un autre diamant. En clair, seule une personne de la même envergure peut espérer l'emporter sur une autre. Ici le sens est que Ferdinand est un diamant qui s'est lui-même réduit en poussière.

de métaphores qui agissent à titre de piques ou de bons mots. Ainsi, à Castruchio qui lui confie que sa femme évite soigneusement de trop rire pour ne pas avoir de rides, Ferdinand rétorque : « I would then have a mathematical instrument made for her face that she might not laugh out of compass. » (1.1.131-32). Bosola, quant à lui, demande à la Vieille Dame : « [d]idst thou never study the mathematics ? ». À la question « What's that, sir ? », il répond par une pirouette grivoise : « Why, to know the trick how to make many lines meet in one center » (2.2.19-22). Plus loin, il parle des figures géométriques tracées par les béquilles d'un soldat blessé (1.1.59) et la Duchesse des « strange geometrical hinges » (4.2.207) des portes de la mort. L'image du compas figurée par les deux cannes de marche du soldat paraît bien avoir été empruntée au poème de Donne, « A Valediction: forbidding Mourning »,[11] où les amants représentent les deux branches d'un compas qui, tantôt s'éloignent, tantôt se redressent pour dessiner à eux deux un cercle parfait (« makes me end where I begun ») comme pour la circonférence amoureuse évoquée par la Duchesse après son mariage avec Antonio (1.1.456).

Dans la pièce, l'astronomie se présente comme une variante de l'optique et des images liées à la fabrication de lentilles et de verres, qu'il s'agisse des lunettes de vue ou de la lunette astronomique mise au point par Galilée en 1607 et à laquelle le Cardinal fait allusion en s'adressant à sa maîtresse Julia : « We had need go borrow that fantastic glass / Invented by Galileo the Florentine » (2.4.16-17).[12] L'image sert en réalité à permettre une pique aussi futile que misogyne (« To view another spacious view i'th'moon, / And look to find a constant woman there ») en guise d'allusion à la pièce de John Lyly, *The Woman in the Moon* (1595). Ferdinand, de son côté, utilise le mot « eclipse » à deux reprises (2.5.79 ; 3.2.73), mais c'est à chaque fois au sens métaphorique de « priver de lumière » ou de « rejeter dans l'ombre ». En réalité, comme c'était toujours le cas à l'époque, l'astronomie ne

11. « As stiff twin compasses are two, / Thy soul the fixed foot, makes no show / To move, but doth, if th'other do. / And though it in the centre sit, / Yet when the other far doth roam, / It learns and hearkens after it, / And grows erect, as that comes home. / Such wilt thou be to me, who must / Like th'other foot, obliquely run; / Thy firmness makes my circle just, / And makes me end, where I begun ». John Donne. *The Complete English Poems*, ed. A.J. Smith, Londres, Penguin, 1971, pp. 84-5.

12. Sans en être l'inventeur direct, Galilée en utilisa plusieurs à partir de 1609 et il fit part de ses observations dans un texte rédigé en latin et publié l'année suivante, *Sidereus nuncius*, c'est-à-dire le messager des étoiles.

se différencie pas vraiment de l'astrologie dans la pièce.[13] En effet, lorsque Bosola mentionne devant Ferdinand la rumeur selon laquelle la Duchesse aurait donné naissance à trois « bâtards », il recourt à des images invoquant une science située quelque part entre astronomie et astrologie :

> *Ferdinand*
> How strives your intelligence?
>
> *Bosola*
> Sir, uncertainly.
> 'Tis rumoured she hath had three bastards, but
> By whom, we may go read i'th'stars.
>
> *Ferdinand*
> Why, some
> Hold opinion all things are written there. (3.1.58-61)

La remarque que Bosola fait à la Duchesse pour lui signifier que les étoiles là-haut se moquent bien des souffrances humaines (4.1.96) et lui montrer que la malédiction qu'elle profère pour demander que les belles saisons de l'année fassent désormais place à un éternel hiver (4.1.95) restera sans effet, indique qu'à son avis la fin du monde n'est pas pour demain et que les étoiles continuent d'être un repère stable auquel il est toujours possible de se fier. Pour Antonio, par contre, c'est plutôt vers l'enfer que Bosola devrait tourner ses regards :

> You would look up to heaven, but I think
> The devil that rules i'th'air stands in your light. (2.1.92)

Lors de la fausse accusation que la Duchesse met en scène contre son intendant pour malversation, ce dernier invoque le destin et les étoiles :

> I am strongly armed to brook my overthrow,
> As commonly men bear with a hard year.
> I will not blame the cause on't, but do think
> The necessity of my malevolent star
> Procures this, not her humour. (3.2.192-97)

13. Voir mon article intitulé « The 'Science' of Astrology in Shakespeare's Sonnets, *Romeo and Juliet* and *King Lear* » in *Spectacular Science, Technology and Superstition in the Age of Shakespeare*, Sophie Chiari et Mickaël Popelard ed., Édimbourg, Edinburgh University Press, 2017, pp. 30-31.

À la fin de la pièce, l'image utilisée par Antonio, selon laquelle les étoiles joueraient au tennis (ou plutôt au jeu de paume) avec les humains, tend effectivement à confirmer l'idée que l'astrologie détient les clés de notre vie et que notre destin ne nous appartient pas vraiment. Antonio, on s'en souvient, avait fait faire l'horoscope de son premier enfant, né le 9 décembre 1504 (2.3.56-63), et c'est grâce à ce feuillet tombé inopinément de sa poche que Bosola va avoir connaissance d'un événement qui aurait dû rester soigneusement caché au monde.

L'astrologie était alors enseignée dans le cadre de l'apprentissage de la médecine puisque les planètes étaient censées agir sur différentes parties du corps.[14] Or Bosola est moins astronome qu'anatomiste dans une tragédie où il offre une vision médicale, pour ne pas dire clinique et morbide, de l'homme et du monde. Il évoque une dame française qui se serait arraché la peau du visage pour enlever les traces de la petite vérole et qui finit par ressembler à un hérisson avorté (2.1.26-29). Cette anecdote est à relier à la fureur d'un Ferdinand en pleine crise qui s'en prend au Médecin chargé de le soigner en ces termes : « I will stamp him into a cullis, flay off his skin to cover one of the anatomies this rogue hath set i'th'cold yonder in Barber-Surgeons' Hall » (5.2.74-6). Si, pour Ferdinand, la menace est celle d'un atroce supplice plus qu'une curiosité de chirurgien spécialisé dans la dissection de cadavres, Bosola montre quant à lui un regard scrutateur, désireux de savoir ce qu'il y a sous la peau, voir dans le ventre. Il en fait directement part quand il déclare à la Vieille Dame, au début de la deuxième scène de l'acte 2 : « [...] it was only to know what strange instrument it was should swell a glass to the fashion of a woman's belly » (2.2.8-9). Car, à la scène précédente, Bosola avait tout juste, grâce au test des abricots, fait une découverte intéressante chez la Duchesse : « I should have discovered apparently / The young springal cutting a caper in her belly » (2.1.147-48). C'est ici le regard d'un gynécologue ou obstétricien commentant ce qui ressemble à une échographie, à ceci près qu'il présente la grossesse comme une maladie : « I observe our duchess / Is sick-a-days: she pukes; her stomach seethes, / The fins of her eyelids look most teeming blue, / She wanes i'th'cheek, and waxes fat i'th'flank » (2.1.63-6).

14. Voir « The 'Science' of Astrology », ibid.

De manière générale, les maladies abondent dans la pièce, qu'il s'agisse de la peste, mentionnée à de très nombreuses reprises au sens à la fois littéral[15] et figuré,[16] de la petite vérole (« smallpox », 2.1.26), du lupus et de la rougeole (2.1.54) ainsi que de la lèpre (3.3.63). Si la peste désignait une affection mortelle qui répandait la terreur, les affections dermatologiques renvoient à des maladies qui défigurent celles ou ceux qui en sont victimes. Bosola les mentionne principalement pour alimenter sa chronique satirique contre les femmes, comme pour démontrer que leur beauté ne tient que par l'artifice du maquillage (« scurvy face-physic », 2.1.23) qui permet de dissimuler les outrages du temps ou un physique ingrat. Lui, que sa qualité de satiriste rapproche du médecin et de l'anatomiste, montre une propension malsaine à évoquer prurit, purulences, vomissements et excréments. Il compare la Duchesse à une petite boîte de mumie (4.2.115-16), la résine extraite de corps embaumés qui, pour les chirurgiens réputés qu'étaient Paracelse et Ambroise Paré, était censée faciliter la cicatrisation des blessures. Il considère aussi que l'analyse d'urine n'est autre que la putain du médecin :

> There's no more credit to be given to th'face
> Than to a sick man's urine, which some call
> The physician's whore because she cozens him. (1.1.229-31).

Par contre, le « vrai » médecin de la pièce, appelé pour calmer la crise de lycanthropie de Ferdinand (5.2.69), demande qu'on lui apporte quarante urinoirs remplis d'eau de rose pour les lui lancer à la figure et il préconise ensuite les remèdes les plus fantaisistes : une peau de salamandre pour protéger Ferdinand des coups de soleil (5.2.60-61) un blanc d'œuf de basilic pour soigner son ophtalmie

15. Dans sa parabole sur « Reputation, Love and Death », Ferdinand associe la Mort à la guerre et à la peste : « Death told them they should find him in great battles, / Or cities plagued with plagues » (3.2.125-26). Dans ses malédictions, la Duchesse évoque ces épidémies redoutables : « Plagues, that make lanes through largest families » (4.1.99). Le Cardinal, de son côté, dit souhaiter faire croire que Julia, qu'il a empoisonnée, est morte de la peste (5.2.305-306). Ce détail de la pièce évoque les rumeurs qui ont couru à Londres après le décès brutal, à l'âge de dix-huit ans, du Prince Henry, l'héritier du trône. Voir supra, pp. 47-48, n. 7, 50, n. 15, 66.

16. Quand la Duchesse évoque devant son frère les rumeurs qui salissent sa réputation, Ferdinand, par ruse, dit les balayer d'un revers de main : « Let me be ever deaf to't : One of Pasquill's paper bullets, court calumny, / A pestilent air which princes' palaces / Are seldom purged of » (3.2.48-51). Mais plus tard, ravi de voir à quel point son stratagème des mannequins de cire a meurtri la Duchesse, il s'exclame : « She's plagued in art » (4.1 .108). Bosola, de son côté, compare la peste à la trahison : « [...] for treason, like the plague, / Doth take much in a blood » (4.2.306-307).

(5.2.63). Tel Macbeth qui, après avoir envoyé au diable tous les remèdes, demande ironiquement au médecin comment il peut purger le pays de la présence des Anglais,[17] réclame de la rhubarbe pour apaiser sa colère, Ferdinand s'exclame : « Rhubarb, oh, for rhubarb / To purge this choler ! » (2.5.12-13). Par la suite, le duc ne se contentera pas de ce type de pharmacopée bénigne et il réclamera de recourir aux remèdes les plus désespérés pour purifier le sang vicié de la Duchesse :

> Apply desperate physic:
> We must not now use balsamum, but fire,
> The smarting cupping-glass, for that's the mean
> To purge infected blood. (2.5.23-6)

Il est en effet partisan de remèdes de cheval (aux grands maux les grands remèdes !) comme l'indique l'adage qu'il cite à la fin de la première scène de l'acte 4 : « *Intemperate agues make physicians cruel* » (4.1.137) Car, pour lui, la médecine est synonyme de vengeance. Il s'agit de tuer le patient et, si possible, de le rendre fou avant qu'il ne rende l'âme :

> And 'cause she'll needs be mad, I am resolved
> To remove forth the common hospital
> All the mad folk, and place them near her lodging;
> There let them practice together, sing, and dance,
> And act their gambols to the full o'th'moon. (4.1.122-26)

Ce n'est évidemment pas la façon dont le serviteur présentera la chose à la Duchesse. Ce dernier lui dorera la pilule en lui expliquant gentiment qu'il s'agit là d'un remède qui, pense-t-on, est capable de l'apaiser et de la guérir de sa folie :

> *Servant*
> Your brother hath intended you some sport:
> A great physician, when the Pope was sick
> Of a deep melancholy, presented him
> With several sorts of madmen, which wild object,
> Being full of change and sport, forced him to laugh,
> And so th'impostume broke; the selfsame cure
> The Duke intends on you. (4.2.37-43)

17. « Throw physic to the dogs. [...] What rhubarb, senna, or what purgative drug/ Would scour these English hence ? » (5.3.47-56). *Macbeth*, ed. Sandra Clark and Pamela Mason.

Le terme médical d'« impostume », qui désigne un abcès, est ici utilisé de façon impropre car une crise de folie n'a rien à voir avec un quelconque abcès qu'il s'agirait en somme de crever pour se voir guéri. Mais, pour ce qui est de Ferdinand, il s'agit d'autre chose qu'une simple métaphore ou vue de l'esprit. La Duchesse, on le sait, n'est pas folle, elle. La lycanthropie du duc, que le médecin décrira cliniquement comme un excès d'humeur mélancolique (5.2.8-9), est d'abord présentée par le marquis de Pescara comme une simple crise (« apoplexy », « frenzy », 5.1.57, 58). Ignorant ce qu'est au juste la lycanthropie, il demande un dictionnaire pour comprendre de quoi il s'agit avant de recevoir une explication détaillée de la part du médecin :

> In those that are possessed with't there o'erflows
> Such melancholy humor they imagine
> Themselves to be transformed into wolves,
> Steal forth to churchyards in the dead of night
> And dig dead bodies up – as two nights since
> One met the Duke 'bout midnight in a lane
> Behind Saint Mark's church, with the leg of a man
> Upon his shoulder; and he howled fearfully,
> Said he was a wolf – only the difference
> Was, a wolf's skin was hairy on the outside,
> His on the inside – bade them take their swords,
> Rip up his flesh, and try. (5.2.8-19)

Contrairement au lupus, la maladie de peau évoquée par Bosola (« the most ulcerous wolf », 2.1.54) et qui se caractérise par l'apparition de lésions sur la peau qui se couvre alors de grandes taches rougeâtres, la lycanthropie est un mal imaginaire où le sujet, qui se prend pour un loup, est persuadé que son pelage pousse en-dedans de la peau puisqu'il n'existe apparemment aucune manifestation somatique de ce mal en-dehors du comportement aberrant décrit par le médecin. Cette poussée vers l'intérieur recoupe l'idée que Ferdinand reste de bout en bout un être profondément secret qui cache ses troubles à l'intérieur de lui-même et dont les pulsions incestueuses vis-à-vis de sa sœur restent refoulées et constamment de l'ordre du non-dit.

Orages et tempêtes

Bien qu'elle se déroule pratiquement uniquement en chambre, la météorologie de la pièce est orageuse et marquée par de brusques variations climatiques. Certes, les références au temps qu'il fait sont ici purement métaphoriques et elles servent à donner une idée de l'atmosphère de violence qui menace les protagonistes et des turbulences où leur action les entraîne. Pour Bosola, puisque selon lui un climat rigoureux permet aux corbeaux de prospérer, il attend beaucoup, au retour des galères, de cette période de canicule à Amalfi : « Blackbirds fatten best in hard weather; why not I, in these dog-days? » (1.1.37-8). Mais il n'y a pas que la chaleur, la tempête est menaçante dans la pièce. La Duchesse espère tout simplement qu'avec le temps, la colère de ses frères va s'apaiser et qu'elle et Antonio sauront sortir indemnes de cette tempête (1.1.458-59) alors que, pour ce dernier, Ferdinand, tel une marmotte, cherche juste à se faire oublier en donnant l'impression d'hiberner pendant la tempête : « He is so quiet that he seems to sleep /The tempest out, as dormice do in winter ». (3.1.21-2) Quant au Cardinal, il se demande si la Duchesse ne se sert pas de la religion comme d'une capuche en se rendant au pèlerinage de Notre-Dame de Lorette pour couvrir sa fuite : « Doth she make religion her riding hood / to keep her from the sun and tempest? » (3.3.60-61). La Duchesse, qui soupçonne Bosola de lui donner de belles paroles pour mieux la prendre au piège, dénonce son manège hypocrite en recourant à l'image traditionnelle du calme avant la tempête : « Like to calm weather / At sea before a tempest, false hearts speak fair / To those they intend most mischief. » (3.5.24-6). Bosola sera donc ici l'équivalent du tonnerre quand elle lui demande, sans savoir à qui elle a affaire (car ce dernier porte un masque) : « What devil art thou, that counterfeits heaven's thunder? » (3.5.96). Et quand elle sera confinée dans le huis-clos de ses appartements où elle est victime de terribles tortures morales, ce dernier lui parlera à voix basse dans son chant funèbre de ce qu'il appelle « a hideous storm of terror » (4.2.176) et qui n'est ni plus ni moins que la mort. Face à cela, la Duchesse tente de répliquer par des malédictions :

Duchess

I could curse the stars –

Bosola

Oh, fearful!

Duchess
And those smiling seasons of the year
Into a Russian winter – nay the world
To its first chaos. (4.1.93-6)

De fait, les dernières images de la pièce seront des images hivernales, comme si, après la mort du personnage titre, l'univers avait gelé. Pour dire qu'en pénétrant dans les appartements du Cardinal il est en terrain dangereux et particulièrement glissant, Bosola recourt en effet à ce type d'images : « In such slippery pavements men had need / to be frost-nailed ». (5.2.333) À la fin, Delio prononce l'épilogue en évoquant l'oubli qui frappe les grands de ce monde en les replaçant au sein d'un paysage de glace où la neige commence à fondre sous la chaleur du soleil :

These wretched eminent things
Leave no more fame behind 'em than should one
Fall in a frost and leave his print in snow –
As soon as the sun shines, it ever melts
Both form and matter. (5.5.111-15)

On voit donc que cette tragédie, pourtant en grande partie enfermée dans des intérieurs obscurs, s'inscrit en fait dans un vaste cycle climatique, certes totalement métaphorique mais néanmoins cohérent et soigneusement inscrit dans le texte, qui va de la canicule du début à une forme de paralysie hivernale à la fin, et que, dans les toutes dernières lignes de la pièce, la réapparition du soleil permet d'espérer la fonte des neiges et un climat plus doux.

L'architecture : intérieurs et extérieurs

La Duchesse se déroule principalement en intérieurs car, en dehors des noms, l'Italie reste un décor conventionnel et abstrait qui révèle en négatif ou en filigrane un arrière-plan essentiellement anglais. Il n'y est question que de chambres qui bruissent de chuchotements (« whispering rooms », 1.1.324) d'appartements privés, de portes qu'il faut souvent fermer à double tour : « *Antonio* : Shut up the posterns presently [...] / Who keeps the key o'th'park gate? » (2.2.28-30). De surcroît, ordre est donné de confiner tous les officiers dans leurs quartiers et de remettre toutes leurs clés dans la chambre de la Duchesse :

Antonio
'Tis the Duchess's pleasure
Each officer be locked into his chamber

> Till the sunrising, and to send the keys
> Of all their chests and of their outward doors
> Into her bedchamber. (2.2.48-52)

On fait faire de fausses clés pour s'introduire dans des appartements privés ainsi que Ferdinand le demande à Bosola : « You told me / You had got, within these two days, a false key / Into her bedchamber? » (3.2.79-81). Plus tard, le Cardinal, marque de confiance insigne, confiera un passe à Bosola pour qu'il puisse entrer librement chez lui : « This is the master key / Of our lodgings. [*Gives a key*] » (5.2.327). Ces nombreuses allusions aux grilles, aux portes qu'il convient de fermer à clé et, corrélativement, aux passes qui permettent de les ouvrir en secret, montrent à quel point l'idée du secret est corroborée dans la pièce par une semblable insistance sur la réclusion et sur l'enfermement. C'est que tout palais ou tout appartement clos à double tour évoque la tombe qui est omniprésente dans la pièce. Il n'est pas jusqu'au cœur qui ne soit un tombeau recouvert par une lourde chape de plomb :

> *Ferdinand* [*to the Duchess*]
> Thou art undone;
> And thou hast ta'en that massy sheet of lead
> That hid thy husband's bones, and folded it
> About my heart. (3.2.111-14)

Car, comme pour les palais et les appartements privés qu'ils renferment, la mort a ses portes qu'il convient de franchir quand on sort de la vie et qui, selon la Duchesse, sont des portes à battants qui s'ouvrent dans les deux sens :

> I know death hath ten thousand several doors
> For men to take their exits, and 'tis found
> They go on strange geometrical hinges,
> You may open them both ways. (4.2.205-208)

Par ailleurs, le ciel, tel que la Duchesse l'imagine quand elle se met à genoux, a une porte d'entrée plus basse que le palais des grands : « [...] heaven gates are not so highly arched / As princes' palaces: they that enter there / Must go upon their knees ». (4.2.218-20) À la fin, les palais se confondent avec les ruines car si Delio mentionne la fenêtre du Cardinal, la scène 3 de l'acte 5 met l'accent sur les ruines de l'ancienne abbaye dont le toit ne recouvre plus les tombes des fidèles qui pensaient y être à l'abri jusqu'au Jugement Dernier (5.3.12-19). Et pour un Bosola mourant tout n'est plus désormais que ruines dans un monde plongé dans les ténèbres :

> We are only like dead walls or vaulted graves
> That, ruined, yields no echo. [...] Oh, this gloomy world!
> In what a shadow, or deep pit of darkness,
> Doth womanish and fearful mankind live! (5.5.95-100)

Ce monde plongé dans les ténèbres rappelle à la fois la caverne de Platon où les hommes, tels des prisonniers enchaînés ne peuvent voir que des ombres, et l'antre des sorcières de *Macbeth* où le personnage titre se rend pour connaître son avenir (4.1.49-123).[18] Et ici, comme dans la pièce de Shakespeare, la sorcellerie est très présente.

Les poisons

Les allusions au poison, façon secrète et particulièrement atroce de donner la mort comme l'avait montré l'assassinat d'Overbury à la Tour de Londres, sont particulièrement nombreuses dans *La Duchesse* et sont riches de sous-entendus faits à l'actualité contemporaine, véritable « affaire des poisons »[19] à l'anglaise. Le cadre italien de la pièce souligne encore leur importance car, selon Fynes Moryson, l'Italie est bien la terre des poisons : « For poysons the Italians skill in making and putting them to use hath beene long since tryed... ».[20]

---

18. William Shakespeare, *Macbeth*, ed. Sandra Clark et Pamela Mason. Voir à ce sujet mon article, « *Macbeth*: Theatre of Image to Shadow Theatre » in André Lascombes ed., *Spectacle & Image in Renaissance Europe*, Leyde, New York, Cologne, Brill, 1993, 264-79, pp. 167-68.
19. Ce scandale, scindé en deux affaires différentes qui firent en quelque sorte boule de neige, qui s'étala sur plus de quinze années, de 1666 à 1682, allait éclabousser la Cour de Louis XIV, la rumeur allant jusqu'à impliquer sa maîtresse, Madame de Montespan, accusée d'avoir fait célébrer, voire participé à des messes noires, et fait empoisonner une rivale. Aux yeux de l'Europe entière, la France était devenue un vaste réseau de mages, de sorcières et de prêtres égorgeant des enfants au cours de messes noires. Il allait donner lieu à un procès retentissant où plus de 442 accusés durent comparaître et où 36 condamnations à mort furent prononcées. Le roi en fit ensuite brûler les registres en 1709.
20. Fynes Moryson, *Itinerary* (1617). In *Shakespeare's Europe. Upublished chapters of Fynes Moryson's Itinerary, being a survey of the condition of Europe at the end of the 16th century*, ed. Charles Hughes, Londres, 1903, p. 403.

Le poison intervient d'abord à titre de métaphore dans la pièce quand Ferdinand met en garde la Duchesse contre le risque que les mondanités, les bals et les masques feraient courir à sa réputation : « There is a kind of honeydew that's deadly. / T'will poison your fame. » (1.1.298-99). On le retrouve dans une analogie curieuse imaginée par Cariola quand la Duchesse lui fait jurer le secret : « I'll conceal this secret form the world / As warily as those that trade in poison / Keep poison from their children » (1.1.342-44). La Duchesse accuse aussi celui à qui elle se présente au début de l'acte 4, et qui n'est autre que Bosola déguisé, de l'empoisonner en douceur avec des pilules dorées et des mots suaves au lieu de lui dire clairement qu'il est là pour la faire souffrir : « Pray thee, why dost thou wrap thy poisoned pills / In gold and sugar? » (4.1.19-20).

En dehors de ces tropes et usages purement métaphoriques, l'allusion aux poisons est à prendre réellement au sérieux dans la pièce. En effet, la médecine paracelsienne, mère de l'homéopathie, utilisait alors de petites doses de poison pour guérir les patients au nom de l'idée selon laquelle « similia similibus curantur » (soigner les semblables par les semblables), que l'on retrouve dans le principe de la vaccination inventée par Pasteur. Elle était alors aux antipodes de la médecine et de la pharmacologie galéniques qui avaient, quant à elles, recours aux contraires (« contraria contrariis curantur », les contraires se soignent par les contraires). La frontière entre médicine et poisons restait encore relativement poreuse à l'époque et, dans *Othello*, Shakespeare nous montre en Iago un empoisonneur (par l'oreille) qui se fait passer pour un médecin. Quand Othello est victime de son attaque d'apoplexie provoquée par une violente crise de jalousie, il s'écrie en effet : « Work on, / My medicine, work ! » (4.1.44-5).[21] Pour donner le change,[22] Antonio demande à Bosola si d'aventure les abricots qu'il a donnés à goûter à la Duchesse n'auraient pas été empoisonnés, ce qui lui vaut, en guise de réponse, l'équivalent d'un doigt d'honneur (« A Spanish fig », 2.3.81). Quand

21. William Shakespeare, *Othello*, ed. E.A.J. Honigmann.

22. Face à ce surprenant remue-ménage, Bosola avait lui-même émis l'hypothèse que les abricots aient été empoisonnés : « If that these apricots should be poisoned now, / Without my knowledge ! » (2.2.33-4)

ce dernier émet ensuite l'hypothèse que la Duchesse ait pu être victime d'un envoûtement ou d'un philtre d'amour,[23] Ferdinand lui répond qu'il ne croit pas à de telles chimères :

> Do you think that herbs or charms
> Can force the will? Some trials have been made
> In this foolish practice, but the ingredients
> Were lenitive poisons, such as are of force
> To make the patient mad. (3.1.72-6)

Ces poisons au goût agréable qui, selon Ferdinand, ont des effets violents capables de rendre fou celui ou celle qui les ingère sont peut-être une allusion discrète au meurtre de Sir Thomas Overbury dans la Tour de Londres empoisonné, pensait-on à l'époque, par les friandises que lui faisait parvenir son « ami » Robert Carr.[24] Car, en termes assez généraux et purement métaphoriques, le monologue d'Antonio au début de la pièce, dans un passage qui fut ajouté par Webster pour une nouvelle représentation de l'œuvre donnée en 1617, semble bien y faire allusion :

> [...] a prince's court
> Is like a common fountain whence should flow
> Pure silver drops in general; but if't chance
> Some cursed example poison't near the head,
> Death and diseases through the whole land spread. (1.1.11-15)

23. Au moment de l'affaire Howard-Carr, la rumeur avait couru que la comtesse d'Essex avait eu recours à la sorcellerie, non pas pour revigorer les énergies défaillantes de son époux, mais au contraire pour tenter de le rendre impuissant et faire ainsi annuler son mariage. Frances Howard aurait pour cela recouru aux services d'une guérisseuse, une certaine « Cunning Mary » qui aurait reçu une bague en paiement, la comtesse prétendant au contraire que celle-ci lui avait été volée.

24. Voir supra, p. 43. Le procès révèlera qu'outre le poison, on lui avait administré un lavement rempli d'acide sulfurique.

Pour l'historien Alastair Bellany, il ne fait guère de doute que la pièce de Webster constitue un réquisitoire accablant contre le comportement du roi et de l'aristocratie dans cette affaire d'État qui allait durablement entacher leur image par la suite :

> In Amalfi poison pollutes the fountain, and this moral poison rapidly becomes Webster's theme. *The Duchess of Malfi* sensationally depicts a court where the moral fabric has unravelled [...] A moral court is a pure fountain [...] From an immoral court the nation takes poisoned water – moral decay. The result is catastrophic: « Death and diseases through the whole land spread ». [...] Webster's court is riddled with plots and spies, stained by disordered sexuality, dogged by slander and rumour. It is a world in moral chaos, a world when to kiss a Bible when taking an oath is to risk ingesting poison.[25]

Dans son projet naïf de réconciliation avec le Cardinal, Antonio imagine que l'effet de surprise créé par sa visite sera de nature à lui enlever son venin :

> It may be that the sudden apprehension
> Of danger – for I'll go in mine own shape –
> When he shall see it fraught with love and duty,
> May draw the poison out of him and work
> A friendly reconcilement. (5.1.67-71)

Car le Cardinal reste un maître empoisonneur comme il le montre en demandant à Julia d'embrasser la bible qu'il lui tend :

> *Cardinal*
> Come, I will swear you to't upon this book. [*Holds out a bible*]
>
> *Julia*
> Most religiously.
>
> *Cardinal*
> Kiss it. [*She kisses the bible*]
> Now you shall never utter it: thy curiosity
> Hath undone thee; thou'rt poisoned with that book. (5.2.275-78)

25. Bellany, Alastair, *The Politics of Court Scandal in Early Modern England*, pp. 2-3.

D'une certaine manière, Julia se trouve punie par là où elle a péché car, juste avant, elle avait faussement accusé Bosola de l'avoir droguée avec quelque aphrodisiaque :

> *Julia*
> Confess to me
> Which of my women t'was you hired to put
> Love-powder into my drink?
>
> *Bosola*
> Love-powder?
>
> *Julia*
> Yes, when I was at Malfi –
> Why should I fall in love with such a face else? (5.2.151-57)

Il ne s'agissait évidemment là que d'un prétexte pour tenter de le séduire mais, en un sens, ce faux empoisonnement d'ordre érotique prépare et sert d'avertissement pour ce qui va suivre et qui va entraîner la mort quasi immédiate de la jeune femme. Le subterfuge auquel elle a recours se retourne donc contre elle, tout comme la comédie que va jouer le Cardinal en disant à ses hommes de ne surtout prêter aucune attention à ses hurlementslui sera à lui aussi fatale. À cette époque, de par son caractère secret et horrible, le poison était associé à la sorcellerie. Comme l'écrit Alastair Bellany :

> [p]oisoning evoked multiple negative associations connecting it to an array of different sins. It had, for instance, a long-standing linguistic and cultural association with demonic witchcraft [...] 'There was a sinister, magical quality to it: in medieval Latin, poisoning and sorcery were described with the same word, *veneficium*'.[26]

Au vu d'une telle association, il n'est effectivement guère surprenant que sorcellerie et démonologie, avec tout leur attirail de superstitions et leur pharmacopée étrange, se voient si souvent mentionnées dans la pièce.

26. « The Politics of Court Scandal », p. 146.

Sorcellerie et démonologie

Si Dieu est à peu près totalement absent de la tragédie de Webster, le diable lui est partout et les deux frères sont souvent comparés à des démons. Bosola, en riant, se présente comme le « familier » de Ferdinand, c'est-à-dire comme l'animal suçant le sang de la sorcière en échange des pouvoirs que lui conférait le diable dans une superstition populaire qui avait toujours cours à la Renaissance :

> *Bosola [to Ferdinand]*
> It seems you would create me
> One of your familiars.
>
> *Ferdinand*
> Familiar? What's that?
>
> *Bosola*
> Why, a quaint invisible devil – in flesh,
> An intelligencer. (1.1.251-54)

Au cours des échanges particulièrement déplaisants qu'il a avec la Vieille Dame de la Cour, Bosola compare son attirail de cosmétiques à une boutique de sorcière dont les ingrédients rappellent ceux qui mijotent dans le chaudron des sorcières de *Macbeth* :

> *Old Lady*
> It seems you are well acquainted with my closet?
>
> *Bosola*
> One would suspect it for a shop of witchcraft, to find in it the fat of serpents, spawn of snakes, Jews' spittle, and their young children's ordure – and all these for the face. (2.1.34-37)

Il n'est pas jusqu'aux crises de colère de Ferdinand qui ne soient présentées comme empreintes de magie noire et de sorcellerie. Il dit avoir arraché une mandragore quand il a appris le remariage de sa sœur (2.5.1) tandis que le Cardinal, impressionné par l'agitation de son frère, le compare à l'un de ces hommes que les sorcières emmènent dans les airs sur leurs balais :

> How idly shows this rage, which carries you,
> As men conveyed by witches, through the air
> On violent whirlwinds! (2.5.49-51)

Après avoir rejeté l'idée que la Duchesse aurait pu être victime d'envoûtements (« sorcery », 3.2.63), Ferdinand va néanmoins se livrer à ce qui ressemble fort à des pratiques proches du vaudou et de la nécromancie en soumettant sa sœur à un spectacle effroyable et particulièrement macabre. Il commence par la main de cire qu'il lui donne à baiser et qui pour elle évoque la fameuse main de gloire[27] des sorciers : « What witchcraft does he practise, that he hath left / A dead man's hand here? » (4.1.53-4) Puis la lumière se fait et la Duchesse assiste, totalement défaite, au spectacle affligeant qui lui révèle les cadavres d'Antonio et de ses enfants. Dans l'extrême douleur qui est alors la sienne, l'image qui lui vient à l'esprit est alors celle d'une poupée de cire à son image qu'on aurait transpercée d'aiguilles maléfiques :

> There is not between heaven and earth one wish
> I stay for after this; it wastes me more
> Than were't my picture, fashioned out of wax,
> Stuck with a magical needle, and then buried
> In some foul dunghill. (4.1.60-4)

27. Normalement la main d'un pendu qui servait dans des pratiques de nécromancie. L'étymologie de « main de gloire » ou « maindegloire », dont l'usage est attesté dès 1436, remonterait au mot mandragore dont il serait une déformation.

On retrouve ici l'antimasque* du *Masque of Queenes* de Ben Jonson,[28] où l'une des sorcières fabrique des figurines de cire et de laine dans laquelle elle enfonce des épingles pour infliger à ses victimes une blessure au foie.[29] Mais, comme ces maléfices avaient normalement lieu à distance, il semble que la Duchesse vive ici par procuration, tout en le ressentant dans sa chair, un supplice dont elle s'efforce de rendre le caractère atroce à l'aide de cette image tirée des pratiques de la magie noire. On peut aussi voir là l'équivalent féminin du martyre de Saint-Sébastien attaché à un poteau, comme elle dit l'être elle-même (« I am chained to endure all your tyranny », 4.2.59), avant d'être transpercé de flèches par les soldats romains. À cela s'ajoute l'image de la souillure et d'un enfouissement dans un immonde tas de fumier qui ajoute à la douleur une idée d'humiliation, pour ne pas dire d'abjection. La grandeur de la Duchesse sera de surmonter ces épreuves, de ne sombrer ni dans le désespoir ni dans la folie et de garder jusqu'au bout la tête haute.

28. Alastair Bellany rappelle que la rumeur avait fait un rapprochement entre la représentation de ce masque à la cour et l'affaire Overbury : « [t]he revelations of the Overbury affair [...] could suggest that in his own court, James had allowed witchcraft and its concomitant radical disorders to flourish unchecked. Witches had been theatrically conjured in anti-masques so that the ideal court could ritually control and transform them into figures of proper order and virtue. What if the witches now controlled and transformed the court? », *The Politics of Court Scandal*, pp. 152-53.

29. « *Charm* 3: With pictures full of wax and of wool, / Their livers I stick with needles quick » (ll. 73 - 4), in David Lindley ed. *Court Masques*, p. 37.

Chapitre VI
Mariage et sexualité

Noces de sang : le cas d'Arbella Stuart

Lorsque Bosola ramasse le feuillet où a été consigné l'horoscope du premier enfant de la Duchesse et d'Antonio, que ce dernier a laissé tomber de sa poche en sortant un mouchoir pour éponger un brusque saignement de nez, il découvre l'information suivante : « *The Duchess was delivered of a son 'tween the hours twelve and one in the night, Anno Dom.* 1504 » (2.3.56-57). Cette phrase sert à dater avec précision le moment de l'action de la pièce en Italie. À cette époque, il était semble-t-il possible en Angleterre (mais pas à la Cour d'Amalfi) de se marier à partir d'un simple échange de vœux entre homme et femme et d'une alliance en présence d'un témoin, à la condition bien sûr que le mariage soit effectivement consommé et qu'il soit rendu public par la suite. En 1563, de nouvelles règles furent édictées par le Concile de Trente pour que le mariage donne lieu à une cérémonie publique célébrée par un prêtre dans une église. Et bien que le code civil autorisât toujours les mariages sous seing privé dans l'Angleterre protestante, le droit canon exigeait désormais la présence de deux témoins, une triple publication des bans ou, à défaut, une dispense en bonne et due forme, et une cérémonie à l'église célébrée sous l'autorité d'un ministre du culte. Au temps de Jacques Ier, un cas célèbre avait défrayé la chronique, celui de sa proche cousine Arbella Stuart, la fille unique de Bess of Hardwick, possible héritière du trône car placée en quatrième position dans l'ordre de succession, et qui avait donc besoin de la permission du roi pour que son mariage soit célébré dans les règles. Le roi ayant refusé de la lui accorder, elle passa outre et épousa clandestinement William Seymour, Lord Beauchamp, qui avait treize ans de moins qu'elle, en juin 1610. Après que le mariage eut été révélé au grand jour, le couple fut arrêté et écroué (elle à Lambeth, lui à la Tour de Londres) mais il réussit à s'échapper (Arbella se déguisant pour cela en homme) avec l'espoir de se retrouver dans le Kent, à Lee, d'où ils devaient embarquer pour la France. Pour des raisons inconnues Seymour n'arriva jamais au lieu de rendez-vous et le navire d'Arbella fut intercepté juste avant son arrivée au port de Calais. Elle fut cette fois emprisonnée à la Tour. William, lui, réussit à gagner Ostende. Il ne devait jamais revoir sa femme. Quant à Arbella, cela finit très mal pour elle puisqu'après avoir refusé de s'alimenter, elle trouva la mort à la Tour de Londres en 1615, à l'âge de quarante ans.

La question du remariage

Dans la pièce, le personnage central est celui d'une femme que sa position politique et son rang aristocratique[1] empêchent de suivre le cours normal de ses désirs les plus naturels dès lors qu'à la suite de la mort de son premier époux, ses frères s'opposent formellement et de la façon la plus insistante à tout remariage de sa part :

Ferdinand

You are a widow:
You know already what man is; and therefore
Let not youth, high promotion, eloquence –

Cardinal

No, nor anything without the addition, honor,
Sway your high blood.

Ferdinand

Marry? They are most luxurious
Will wed twice [...]

Duchess

Will you hear me?
I'll never marry. (1.1.285-94)

1. Il faut noter qu'en se remariant, la Duchesse n'abandonne aucune de ses prérogatives. Comme l'écrit Frances Dolan « [e]ven the play's arguably most famous line mystifies the Duchess's relation to her marriage. When she announces, movingly, that she is 'Duchess of Malfi still' (4.2.131) [...] one can take this as positive or negative intelligence about the marriage. The Duchess did not surrender power, status, title or name to her husband [...] The Duchess refers to herself as she is defined by her first husband rather than her second. In her proclamation, the Duchess asserts that, in the midst of her eccentrically covert marriage, she remained herself uncovered, a *feme sole,* still known as she was as a widow, rather than a *feme covert,* defined by her second husband's name and status », pp. 125-26.

Mais la dénégation de la Duchesse (un fieffé mensonge puisqu'elle s'adresse juste après à sa suivante Cariola pour lui annoncer son intention d'épouser son intendant Antonio) ne les convainc apparemment ni l'un ni l'autre puisqu'ils font suivre leurs avertissements de menaces verbales et physiques :

> *Cardinal*
> The marriage night
> Is the entrance into some prison.
>
> *Ferdinand*
> And those joys,
> Those lustful pleasures, are like heavy sleeps
> Which do forerun man's mischief. [...]
> You are my sister.
> [*Showing his dagger.*] This was my father's poniard. Do you see?
> I'd be loath to see't look rusty, 'cause 'twas his. (1.1.314-22)

Après l'avoir ainsi menacée puis proféré une obscénité (« women like that part which, like the lamprey, / Hath ne'er a bone in't », [1.1.326-27]), Ferdinand prend congé en lui lançant à la figure l'épithète de « lusty widow », (1.1.330), stéréotype qui prêtait aux veuves un désir sexuel quasi inextinguible.[2] Si le remariage des veuves posait apparemment problème à l'époque, la Duchesse n'en tient aucun compte et, consciente qu'elle enfreint les règles inhérentes à sa condition et la hiérarchie sociale, elle prend, non sans quelque appréhension, l'initiative de courtiser ouvertement Antonio qui va ainsi devenir son mari sans devenir pour autant son « seigneur et maître » car la Duchesse ne lui délègue aucun de ses pouvoirs et prérogatives :

> *Duchess*
> Shall this move me? If all my royal kindred
> Lay in my way unto this marriage,
> I'd make them my low footsteps; and even now –
> Even in this hate – as men in some great battles,
> By apprehending danger, have achieved

2. Selon Kathleen McLuskie, « Drama and Sexual Politics: The Case of the Duchess », « [t]he marriage is judged as secret fornication by the spy, acrobatic sexual indulgence by the obsessive Ferdinand and a deviation from family honour by the politic Cardinal » in Dympna Callaghan ed., *The Duchess of Malfi*, p. 115.

> Almost impossible actions – I have heard soldiers say so –
> So I, through frights and threat'nings, will assay
> This dangerous venture. (1.1.331-38)[3]

Comme l'exemple malheureux d'Arbella Stuart pouvait le rappeler aux spectateurs des Blackfriars, le danger qu'il y avait à prendre pareille décision n'était en effet pas mince et la Duchesse n'en minimise d'ailleurs en rien les risques ainsi qu'elle le confie à sa suivante :

> Wish me good speed,
> For I am going into a wilderness
> Where I shall find nor path nor friendly clew
> To be my guide. (1.1.348-51)

Le désir féminin

Pour Linda Woodbridge, le comportement de la Duchesse fait d'elle ce qu'elle appelle « a hero of desire », tandis qu'aux yeux de Dympna Callaghan ce mariage de type privé et destiné à demeurer secret n'est pas sans poser problème :

> What is unique about *The Duchess of Malfi* is that here a private contract if intended to be perpetually clandestine, never to become public [...] It is the prolonged secrecy of the Duchess's situation that gives it its dramatic quality.[4]

Dans un autre texte, cette même critique explique pourquoi la Duchesse est à ses yeux une héroïne du désir :

> By « hero of desire, » I mean that she is a champion of desire, defending desire as wholesome and taking risks knowingly to pursue desire as something she believes in and is not ashamed of. [5]

3. Voir la citation de Mary Beth Rose, infra, p. 185.
4. In Dympna Callaghan ed., *The Duchess of Malfi*, « Introduction », p. 15.
5. Woodbridge, Linda, « Queen of Apricots », p. 162.

Selon Frances Dolan, le caractère secret et dangereux de leur relation constitue un piment érotique qui leur donne un petit frisson supplémentaire sans qu'ils se rendent toujours compte du danger qu'ils courent l'un et l'autre :

> [...] secrecy grants them more than safety and sustainability; the Duchess suggests that the potential for danger adds savour and excitement to their relationship. Wondering if they should sleep apart while Ferdinand is in the castle, she suspects 'But you'll say / Love mixed with fear is sweetest.' (3.2.65-66)[6]

En ce qui concerne le mariage proprement dit, Mary Beth Rose résume bien le débat qui s'est ouvert, parmi les critiques de la pièce, sur la signification exacte qu'il convient de donner à cet acte, sinon subversif, du moins de défiance et de provocation de la part de la Duchesse à l'égard de ses frères et des dispositions légales de l'époque :

> Much of the scholarly debate about the Duchess's actions has centered on her sexuality. She has been blamed for being irresponsible, overly passionate, too bold, in analyses that often focus on the demands of her social position and/or on the conservative body of Renaissance thought that regarded widow's remarriage as lustful and disloyal. Or she is praised for being both courageous and nurturing, in analyses that often pit the individual against society and, in post-romantic terms, privilege the former while regarding the latter as oppressive.[7]

C'est la raison pour laquelle une partie des critiques, dont Frank Whigham dans un article intitulé « Sexual and Social Mobility in *The Duchess of Malfi* », choisit de s'affranchir de ces considérations indécidables sur la sexualité plus ou moins impérieuse des veuves et de la Duchesse en particulier pour adopter un autre point de vue, anthropologique et social celui-là, qui relèverait d'une

6. « 'Can this be certain?': The Duchess of Malfi's Secrets » in *The Duchess of Malfi*, Christina Luckyj ed., p. 124.
7. Voir « A Waste of Shame: the Heroics of Marriage » in *The Expense of Spirit*, pp. 161-62.

opposition entre endogamie, représentée par Ferdinand et le Cardinal qui souhaitent conserver leur sœur dans leur petit cercle familial et aristocratique, et exogamie, illustrée par la décision de rupture prise par la Duchesse :

> [...] she seizes self-definition by reaching out not only past the interdicted purity of her family but beyond the frontiers of her class, to marry her admirable steward.[8]

Misrule ou « Rule of Mis(s) » ?

En prenant l'initiative amoureuse, la Duchesse renverse les normes qui voulaient que ce fût l'homme qui fasse les premiers pas, faisant ainsi de son palais un *mundus inversus* prenant à rebours les usages du temps et une étiquette ducale qui la contraint à la fois à plus de réserve et à respecter la différence de degré ou de classe entre elle et un de ses serviteurs à la Cour d'Amalfi. À la fin de la scène où la Duchesse séduit puis épouse Antonio, Cariola, dans un aparté, ne peut s'empêcher de commenter le conflit entre la femme et la Duchesse, chez qui, en somme, le désir doit constamment guerroyer contre les obligations lui incombant du fait de son rang :

> *Cariola* [*Aside*]
> Whether the spirit of greatness or of woman
> Reign most in her, I know not, but it shows
> A fearful madness: I owe her much pity. (1.1.487-89)[9]

La Duchesse, se voit même indirectement traitée de putain par Ferdinand quand, après lui avoir lancé un trait d'esprit quelque peu osé où elle se compare à un diamant (« Diamonds are of most value, / They say, that have passed through most jewellers' hands ») : « Whores, by that rule, are precious », 1.1.291-93). Plus

8. Frank Whigham, « Sexual and Social Mobility in *The Duchess of Malfi* » in Dympna Callaghan ed., *The Duchess of Malfi*, (167-200), p. 175.

9. Voir l'analyse de Susan Wells, « Dominance of the Typical and *The Duchess of Malfi* » : « As the Duchess's maid perceives, there is a contradiction for her between the 'spirit of greatness', that magnanimity held to be a crowning virtue of princes, and a 'spirit of woman', a spirit that chooses out Antonio, woos him with 'only half a blush' and marries him in a private, unconventional ceremony. These two 'spirits' both try to reign over her » in Dympna Callaghan ed., *The Duchess of Malfi*, p. 147.

loin, quand il a découvert le pot aux roses, il montre à son frère la lettre qui le lui a révélé et s'exclame : « She's loose i'th'hilts – / Grown a notorious strumpet » (2.5.4-5). De son côté, Antonio rapportera plus tard à Delio la rumeur dont il a été informé : « [t]he common rabble do directly say / She is a strumpet » (3.1.25-6). Ce caractère de femme énergique, qui ne voit aucun mal à rechercher le plaisir à une époque où d'aucuns voyaient encore là une forme d'impudicité, trouvera plus tard son équivalent parodique dans la démarche outrée de Julia,[10] la maîtresse du Cardinal, une autre « great woman of pleasure » (5.2.192). Ce dernier la compare d'ailleurs à un faucon qu'il aurait dressé, reprenant en cela l'imagerie de la *Mégère apprivoisée*, où Kate (Katherina) est domptée comme cet oiseau de proie alors utilisé pour la chasse, par Petruchio avec un jeu de mots sur Kate et « kite » (le rapace) :

> You may thank me, lady,
> I have taken you off your melancholy perch,
> Bore you upon my fist, and showed you game,
> And let you fly at it. I pray thee, kiss me.
> When thou wast with thy husband, thou wast watched
> Like a tame elephant – still you are to thank me –
> Thou hadst only kisses from him, and high feeding,
> But what delight was that? 'Twas just like one
> That hath a little fing'ring on the lute,
> Yet cannot tune it. Still you are to thank me. (2.4.27-36)

Le Cardinal, qui voit un peu en sa maîtresse Julia sa *chose*, une créature qu'il aurait patiemment dressée à l'aide de la technique du fauconnier, déjà utilisée par Petruchio dans *La Mégère*, réclame d'elle un peu plus de reconnaissance. Il l'a en effet arrachée à son statut d'éléphante apprivoisée et cornaquée, certes

10. Kathleen McLuskie (« Drama and Sexual Politics » in Callaghan, *The Duchess of Malfi*), commente ainsi le rôle et la fonction de Julia dans la pièce : « By setting the case of the Duchess against that of Julia, the Cardinal's mistress, Webster extends his audience's awareness of the circumscribed choices open to women in the world of the play. Julia's role in the play need not merely expose the Cardinal's immorality, nor simply contrast a virtuous Duchess with a vicious whore. It illuminates the different paths to greatness which each woman takes. Julia, like the Duchess, has abandoned 'the path of simple virtue' but the alternative route which she has taken is one more recognised and accepted by the men in the play. Her sexuality is accepted as we see from the way the men joke with her in Act 1 (1.1.101-33) because as the loose wife of an old man she fits into a conventional category. In becoming the Cardinal's mistress she achieves status and power (see 5.1.26-36) but in doing so is exposed to the oppression of his sexual egotism », p. 116.

couverte de baisers et bien nourrie, mais où elle restait totalement ignorante des raffinements érotiques qu'il évoque à l'aide de l'image du luth. Là où Castruchio se contentait d'en pincer les cordes, le Cardinal se targue d'avoir réussi à faire chanter son luth. Ainsi éveillée au plaisir, la belle n'hésitera pas à faire crânement, pistolet en mains, une ouverture des plus directes et des plus audacieuses à Bosola alors qu'un peu plus tôt elle avait refusé les maladroites avances de Delio :

> *Julia* [*Threatens Bosola with her pistol*]
>
> *Bosola*
> Sure your pistol holds
> Nothing but perfumes or kissing-comfits.
> Excellent lady,
> You have a pretty way on't to discover
> Your longing. Come, come, I'll disarm you,
> And arm you thus.
> [*Takes her pistol and embraces her*]
> Yet this is wondrous strange.
>
> *Julia*
> Compare thy form and my eyes together,
> You'll find my love no such great miracle.
> Now you'll say I am wanton. This nice modesty
> In ladies is but a troublesome familiar
> That haunts them. (5.2.160-70)

L'attitude assez brutale et inattendue de Julia vis-à-vis de Bosola constitue évidemment une transgression et une provocation de la part d'une femme qui cherche apparemment à en découdre avec un homme dont elle admire le physique athlétique :

> *Bosola*
> Know you me? I am a blunt soldier –
>
> *Julia*
> The better.
> Sure, there wants fire where there are no lively sparks
> Of roughness. (5.2.171-74)

Sans parler ici de scénario sadomasochiste, qu'on pourrait toutefois parfaitement choisir de mettre en scène, ces échanges montrent que « l'éléphante apprivoisée » du Cardinal n'a pas vraiment froid aux yeux et qu'elle attend de Bosola une réelle démonstration de virilité. Rien de tel chez la Duchesse qui se borne, de son côté, à faire état d'une belle audace amoureuse et sexuelle, dont on trouve l'équivalent dans un personnage comme Cléopâtre. C'est cette audace tranquille qui lui permet d'être à l'aise pour parler de ses désirs érotiques qui, par opposition aux obsessions névrotiques de son frère jumeau, ne peuvent dès lors paraître que comme les plus naturels et les plus normaux du monde.[11] Dans la scène de badinage de l'acte 3, scène 2, la Duchesse plaisante agréablement sur ses rapports avec Antonio en présence de Cariola et avec la complicité de cette dernière :

Antonio
I must lie here.

Duchess
Must? You are a Lord of Misrule!

Antonio
Indeed, my rule is only in the night.

Duchess
To what use will you put me?

Antonio
We'll sleep together.

Duchess
Alas, what pleasure can two lovers find in sleep?

11. Voir la façon dont elle déclare sa flamme à un Antonio intimidé : « Awake, awake, man! / I do here put off all vain ceremony, / And only do appear to you a young widow / That claims you for her husband, and, like a widow, / I use but half a blush in't ». (1.1.443-47) On lira sur ce point l'analyse de Dympna Callaghan : « [...] *The Duchess of Malfi* is often read as a valorisation of marriage as a private phenomenon, separable from issues of state power, [...] The achievement of Webster's play is that it makes public the 'feminine' secrets of domestic and family life in a way that exonerates its heroine and casts a shadow on a public world, whose exclusion both of women and personal happiness is the sign of its absolute corruption », *Duchess of Malfi*, pp. 16-18.

> *Cariola*
> My Lord, I lie with her often, and I know
> She'll much disquiet you.
>
> *Antonio* [*to the Duchess*]
> See, you are complained of.
>
> *Cariola*
> For she's the sprawling'st bedfellow.
>
> *Antonio*
> I shall like her
> The better for that. (3.2.6-15)[12]

De tels échanges témoignent d'un esprit de liberté et de tendre compagnonnage, où mari et femme se taquinent devant Cariola, le témoin de leur intimité, qui n'hésite pas non plus à se montrer quelque peu piquante dans ses questions et à jouer contre Antonio de sa solidarité de femme avec la Duchesse face à ses velléités de domination sexuelle et de possible contrainte maritale (« I must lie here »).[13] Comme l'écrit Catherine Belsey :

> [the play] celebrates the family, identifying it as a private realm of warmth and fruitfulness separate from the turbulent world of politics, though vulnerable to it. [...] What threatens the affective nuclear family is frequently an external tyranny, here the patriarchal absolutism of Ferdinand and the Cardinal, representatives of the family in its other meaning, whose behaviour – the divorce, the banishment, the imprisonment of the Duchess – identifies them with the newly differentiated public world of state power, law and politics.[14]

12. Ce passage est à mettre en rapport avec la scène où Bosola tourmente moralement la Duchesse en la dénigrant physiquement et en essayant de lui prouver qu'elle n'est plus que l'ombre d'elle-même : « Thou sleep'st worse than if a mouse should be forced to take up her lodging in a cat's ear. A little infant that breeds its teeth, should it lie with thee, would cry out as if thou wert the more unquiet bedfellow ». (4.2.127-30)

13. Selon Linda Woodbridge, « Apricot Queen », p. 171, « [n]othing could be healthier than the happy, mirthful bedroom scene where Antonio proposes to his wife 'we'll sleep together' (3.2) ». Par contre, pour Jean-Yves Pidoux, telle n'était pas l'interprétation qu'en faisait dans sa mise en scène Matthias Langhoff qui, écrit-il, « accentue la dimension 'ménage à trois' : Antonio embrasse successivement les deux femmes – peut-être ce choix est-il dû au malentendu qui fait prendre pour aguichant l'aveu de la suivante selon lequel elle dort souvent avec sa maîtresse », *Langhoff à Lausanne*, p. 287

14. *The Subject of Tragedy*, pp. 198-99.

Antonio et la Duchesse se définissent donc comme deux êtres à la recherche d'un bonheur tranquille, loin des enjeux de pouvoir et des manipulations dont les frères d'Aragon sont les représentants et Bosola l'exécutant toujours déçu dans son désir de promotion, de récompense et surtout de reconnaissance.

Menaces sur le bonheur domestique

Lors de l'intrusion inopinée de Ferdinand dans le boudoir de la Duchesse, on se rend compte que celle-ci n'est pas en sécurité dans ses propres appartements. Ses grossesses la rendent vulnérable et Bosola ne manque évidemment pas d'observer les bouleversements anatomiques et les changements d'attitude qu'elle trahit au quotidien :

> I observe our duchess
> Is sick a-days: she pukes; her stomach seethes,
> The fins of her eyelids look most teeming blue,
> She wanes i'th'cheek, and waxes fat i'th'flank;
> And – contrary to our Italian fashion –
> Wears a loose-bodied gown. (2.1.63-68)

Il lui propose ensuite des abricots[15] – fruit non pas défendu mais qui avait alors la réputation d'être un aphrodisiaque à destination des femmes – qu'elle dévore sans même les laver ni prêter attention à sa mise en garde, pour lui révéler ensuite qu'ils ont mûri dans du crottin de cheval (2.1.135-37). Dans la scène suivante, Bosola poursuit ses variations obscènes autour du désir monstrueux des femmes dont le ventre gonfle (2.1.144-52), suggérant ainsi que leur petit

15. Voir Lori Shroeder Haslem, « 'Troubled with the Mother': Longings, Purgings, and the Maternal Body in *Bartholomew Fair* and *The Duchess of Malfi* », *Modern Philology* 92.4, 1995, pp. 438-59: « [...] the traditional lore of the apricot suggest that Webster introduces the apricot-eating episode in order to invigorate several negative stereotypes about the pregnant female. One element of that lore – the apricot as a female aphrodisiac – cannot but aggravate a Ferdinand-like suspicion of the Duchess's appetite, namely, that it is somehow connected with her appetite for sex. Such suspicion is furthered by the bawdy pun on the final syllable of 'apri*cocks*' [le mot 'cock' désigne en langue familière les organes sexuels masculins] ». Voir aussi l'analyse de Dale B.J. Randall, « The Rank and Earthy Background of Certain Physical Symbols in *The Duchess of Malfi* », *Renaissance Drama*, New Series, vol. 18, *Essays on Sexuality, Influence and Performance*, The University of Chicago Press, 1987, pp. 179-94.

animal glouton était le vrai responsable de leur grossesse[16] dans leur insatiable recherche de partenaires sexuels : « many lines meet in one centre » (2.2.22-3). Dès lors, l'espion du Cardinal est persuadé qu'il y a anguille sous roche et que cette fringale inhabituelle cache ce qu'il appelle « [t]he young springal cutting a caper in her belly » (2.1.148).[17] La nuit de l'accouchement, toutes les précautions sont prises pour que personne ne puisse plus entrer dans le palais alors que, selon Antonio : « [s]he's exposed / Unto the worst of torture, pain, and fear » (2.2.57-58). Cette phrase qui annonce la mascarade des fous, les simulacres cruels ainsi que les souffrances qui seront celles de la Duchesse à la scène 2 de l'acte 4 et qui montre que désormais la peur a cessé d'être le piment érotique de l'amour clandestin pour faire place à une terreur naissante.

Corps et sexualité

De manière plus générale, l'attention marquée et quasi clinique que le dramaturge porte au corps et à la sexualité féminins détone dans un contexte où, on le sait, les rôles de femmes étaient joués par de jeunes garçons. En l'occurrence, dans le cas de la Duchesse, le rôle était tenu par le jeune Richard Sharpe (1601-32) qui se voit mentionné nominalement par l'auteur dans la liste des acteurs consignée dans la première édition, l'in-quarto de 1623, ce qui n'avait encore jamais été fait. Quoi qu'il en soit, la minutie de ces descriptions, qui relèvent les détails relatifs à ce que les anglo-saxons désignent du terme de « female grotesque »,[18] qui inclut les fluides corporels, l'allaitement, le cycle, la grossesse et ses envies, les sueurs froides et les divers autres troubles du comportement qui lui étaient prétendument liés, s'explique au moins en partie par l'accent qui est mis dans la

16. Dans le *Timée*, Platon en parle comme d'un « animal avide de procréation ». Platon, *Œuvres complètes*, ed. Albert Rivaud, Paris, Belles Lettres, 1925, tome X, 91a-d.
17. Lori Shroeder Haslem, op.cit., p. 452 : « In the very girth of her pregnant body, in her devouring of the apricots, and in the birth that follows promptly, the Duchess might seem to offer a classic example of the grotesque maternal body triumphing over her brothers' official efforts to contain her sexually as well as spiritually, psychologically, and socially. Such a triumph is suggested by lines such as the Duchess's 'Do I not grow fat?' (2.1.115) – a comment no doubt intended as a private joke to Antonio about the literal enormity of their revolution against existing strictures. But because the apricots scene is rife with the language of the maternal body as diseased, Webster here complicates the carnivalesque stance toward the Duchess's maternity. »
18. Voir Gail Kern Paster, *The Body Embarrassed. Drama and the Disciplines of Shame in Early Modern England*, Ithaca, New York, Cornell University Press, 1993.

pièce sur le regard. L'espionnage[19] constitue en l'occurrence une forme de voyeurisme au service des obsessions d'un Ferdinand qui, par le truchement de Bosola, peut scruter par le menu le moindre signe concernant la sexualité de sa sœur :

> [...] the urge to "know", to "see", the desire for "ocular proof" targets female sexuality exclusively. Webster's *Duchess of Malfi* [...] turns the new tools of science upon the body of a woman who strives to evade patriarchal surveillance [...] So the Duchess must marry in secret, conceive a child in secret, and plan to give birth in secret. Since control, in a male specular economy, is closely linked with the power to see, to uncover, the very interiority of the womb [...] dooms a woman to a continual surveillance. Hence any visible signs of pregnancy provide a target for the controlling male gaze.[20]

Et quand, à l'acte 2, scène 5, il apprend que la Duchesse a fait fi de son interdiction et qu'elle s'est remariée, il entre dans une rage insensée qui lui fait imaginer l'inimaginable :

> *Ferdinand*
> Read there – a sister damned. She's loose i'th'hilts –
> Grown a notorious strumpet. [...]
> Methinks I see her laughing.
> Excellent hyena! Talk to me somewhat – quickly,
> Or my imagination will carry me
> To see her in the shameful act of sin. [...]
> Happily with some strong-thighed bargeman,
> Or one o'th'wood yard that can quoit the sledge
> Or toss the bar, or else some lovely squire
> That carries coals up to her privy lodgings. (2.5.2-45)

19. Sur ce point, voir plus haut mon analyse des termes « mole » et « dormouse » dans le texte, supra p. 135, n. 29.

20. Celia Daileader, *Eroticism on the Renaissance Stage. Transcendence, Desire, and the Limits of the Visible*, Cambridge, Cambridge University Press, 1998, pp. 8 et 85. Dans la citation, l'expression « ocular proof » renvoie au moment où, dans *Othello* (3.3.363), le Maure demande à Iago des preuves visibles de la trahison de Desdémone. William Shakespeare, *Othello*, E.A.J. Honigmann ed.

Cette fois, il ne s'agit plus de jeux de mots comme pour le « neat knave with a smooth tale » (1.1.329) ni de simples allusions grivoises mais d'un véritable déferlement de fantasmes (« my imagination ») qui l'amènent à imaginer la Duchesse, telle la Lady Chatterley de D.H. Lawrence, en train de forniquer avec quelque rustre à la virilité affirmée, batelier ou forestier de son état. Une telle déclaration excède de beaucoup un quelconque désir de voir ou de savoir. C'est comme si un verrou avait sauté et que rien ne pouvait désormais retenir chez lui une fureur, verbale dans un premier temps, avant de devenir action homicide, ou plutôt « féminicide ». En un sens, la parade des fous que Ferdinand impose à titre de charivari à la Duchesse sert indirectement de miroir déformant à son propre esprit dérangé, obsédé et envahi par une forme de voyeurisme pornographique qu'il n'a de cesse de refouler et de montrer à l'instar du dialogue grotesque entre ces trois fous que sont l'astrologue, le juriste et le sacristain (*4 Madman* et *2 Madman*) à l'acte 4 :

> *4 Madman*
> If I had my glass here, I would show a sight should make all the women here call me mad doctor.
>
> *1 Madman*
> What's he, a ropemaker?
>
> *2 Madman*
> No, no, no – a snuffling knave that while he shows the tombs will have his hand in a wench's placket. (4.2.95-99)

Dans une note, Michael Neill nous éclaire sur la signification du mot « glass » dans la réplique de l'astrologue : « presumably another type of perspective, designed like a small peepshow, to present pornographic images ».[21] Le juriste fou le prend alors pour un fabricant de cordes ou un tisseur de chanvre, une méprise qui préfigure l'étranglement de la Duchesse par le bourreau et l'humour noir de ce dernier. En effet, après que Cariola s'est écriée « I will not die! I must not. I am contracted / To a young gentleman », le bourreau lui rétorque cyniquement : « [*Showing the noose.*] Here's your wedding ring. » (4.2.232-34). Si le nœud coulant se confond avec la bague du mariage, la boucle est en quelque sorte bouclée dans ces sinistres jeux d'équivalence entre l'amour et la mort. Quant au sacristain

21. *Duchess*, p. 81.

libidineux, qui évoque l'individu qui s'amuse à caresser les filles en leur faisant visiter les tombes du cimetière, il est en quelque sorte la projection inconsciente et le double inoffensif de Ferdinand qui s'apprête à conduire sa sœur au pays des morts comme pour mieux réprimer les images d'inceste qui l'assaillent.

Ferdinand se croit le gardien de l'honneur et de la pureté du sang familial sans vouloir, ne fût-ce qu'un instant, regarder ses pulsions en face. Lorsqu'il dit à Bosola « she's a young widow ; / I would not have her marry again » et que ce dernier lui demande pourquoi, Ferdinand coupe immédiatement court à sa curiosité : « Do not you ask the reason, but be satisfied / I say I would not » (1.1.248-51). Plus loin, il déclare à ce même Bosola :

> He that can compass me and know my drifts
> May say he hath put a girdle 'bout the world
> And sounded all her quicksands. (3.1.84-6)

Dans le second in-quarto de l'édition de *La Duchesse*, la surprenante déclaration de Ferdinand à sa sœur, « I am to bespeak / A husband for you » (3.2.39-40) est présentée sous une forme différente, à savoir « I am to be be-speake / A husband for you ».[22] La leçon de cet in-quarto, conservée par Leah Marcus mais pas par Michael Neill, suggère que Ferdinand commet un lapsus puisque, dans un premier temps, il semble se présenter involontairement comme un mari possible pour la Duchesse avant de se reprendre pour dire qu'il en a un à lui indiquer (« bespeak »), qui n'est autre que « l'illustre comte Malateste ».[23]

22. Voir l'édition de David Gunby, David Carnegie et Antony Hammond, *The Works of John Webster, An Old-Spelling Critical Edition*, Cambridge, Cambridge University Press, 3 vol., 1995, I, p. 510.

23. Leah Marcus explique ce choix dans une note : « 'be – bespeak' usually assumed to be a printing error and emended to 'bespeak', but Ferdinand's misstatement can also be taken as a revelation of his secret incestuous wishes ». Leah Marcus ed. *The Duchess of Malfi*, p. 209.

Le montré et le caché

La pièce abonde en symboles sexuels particulièrement voyants comme le cercle, l'alliance de mariage ou la bague du tournoi (« ring »),[24] les bijoux plus ou moins indiscrets (« jewel », « diamonds », « pearls ») ou encore l'abricot, qui servent à figurer le sexe de la femme. Quant à l'allusion au pincement des cordes du luth (2.4.35) elle donne à imaginer le plaisir féminin. Mais les images phalliques ne sont pas en reste avec le poignard que Ferdinand sort et rentre dans son fourreau. L'image qu'il utilise pour qualifier ce qu'il estime être la lubricité de sa sœur est du même ordre «She's loose i'th'hilts»[25] (2.4.3). Pour Ferdinand, l'épée branle littéralement dans le «fourreau» de sa sœur et quelqu'un s'est visiblement emparé, non pas des clés de son cœur, comme la Duchesse le dit tendrement à propos Antonio (3.2.62), mais des clés de la ceinture de chasteté imaginaire dans laquelle il aurait voulu l'enfermer. Quant aux clés des appartements de la Duchesse que Bosola offre à Ferdinand, elles sont, elles aussi, à ranger parmi ces mêmes symboles. Et quand le garde suisse est arrêté avec « pistolet dans sa grande braguette » (2.2.35-6) ou encore lorsque Ferdinand vante les qualités de cavalier d'Antonio (« horsemanship ») qui peuvent indirectement désigner sa vigueur sexuelle, nous sommes toujours dans le registre d'une amusante gaillardise. Mais ce ne sont là que des clichés et des images de pure façade car, pour ce qui relève de la pulsion sexuelle en tant que telle, il semble qu'elle terrifie plus que toute autre chose et qu'un personnage comme Ferdinand préfère ne rien en connaître. Ainsi, après l'assassinat de sa sœur, ce dernier justifiera son comportement de la sorte :

> What was the meanness of her match to me?
> Only, I must confess, I had a hope,
> Had she continued widow, to have gained
> An infinite mass of treasure by her death;
> And that was the main cause – her marriage,
> That drew a stream of gall quite through my heart. (4.2.266-71)

---

24. Voir Wayne Rebhorn, « Circle, Sword, and the Futile Quest » : « When [the Duchess] holds out her ring to Antonio, he claims to see a saucy, and ambitious devil (1.1.412) dancing inside it, thus suggesting that the Duchess's sexual charms have conjured up the devil in him, a term which could indeed refer to his ambition, but which has had the slang meaning of 'penis' at least from Boccaccio's time to the present. »

25. On pourrait adapter cette image en recourant à une savoureuse expression de l'ancien français et la traduire par « elle se fait lutiner la corbeille ».

L'esprit de lucre paraît acceptable, la luxure non. La mauvaise foi d'une telle justification ne trompe ici personne d'autre que lui-même tant il se montre incapable d'accepter toute forme de révélation de son moi profond et de cette ambivalence d'amour-haine qui l'attache inexorablement à sa sœur jumelle. Dans *La Duchesse*, les secrets les plus cadenassés sont donc appelés à rester, sinon absolument impénétrables, du moins délibérément masqués. L'inhibition et le refoulement sont en effet une dimension essentielle dans la pièce ;

> [inhibition] is all pervasive: in the superb evocation of a watchful stillness that surrounds the Duchess and Antonio [...] in Ferdinand's suppressed and powerfully urgent incest-feelings; in the darkness that surrounds crucial action and emotion; [...] in Bosola, forever not quite able to break through to really satisfying knowledge and experience, ever a spy and informer, a paid hack who recognises but doesn't quite know in himself the natural instincts and feelings. Inhibition makes itself felt within the Duchess-Antonio relationship, in the rather coy and difficult way in which the liaison is initiated, in the continuing feeling of imbalance in the relation [...] All these give culminating expression to an isolation, an inhibiting distance between person and person that makes offers of relationship cruelly irrelevant, that makes violence of feeling or action the only 'meaningful' gestures, and for which another name is madness.[26]

26. J. R. Mulryne, « Webster and the Uses of Tragicomedy », pp. 154-55.

Un mur sépare les protagonistes de cette histoire, un mur qui opacifie également la relation de soi à soi. Les personnages de ce drame, tels des monades leibniziennes,[27] évoluent sans qu'une véritable communication s'instaure entre eux et sans qu'ils n'aient le moindre accès à leur moi intime. Dans *La Duchesse*, la sexualité est l'une des illustrations de cette dialectique du caché et du montré[28] dans un contexte où la théâtralité, l'artifice et l'ostentation servent à absorber la conscience dans une extériorité et un ailleurs qui empêchent ou inhibent la réflexivité et l'accès à l'intimité du moi. Comme l'explique Karin Coddon,

> [t]he 'theatricality of this theatre' is perhaps nowhere better exemplified than in *The Duchess of Malfi*, with its pageant of Bedlamites, mutilated wax figures that 'plague in art', and overt plot manipulations (e.g. the dropped horoscope, the Cardinal's bizarre instructions that his cries for help be ignored). It is as if the notion of inwardness is beginning to retire from the publicity of the spectacle, the mutilated bodies that bloody the Jacobean stage suggestive of the violent unreason that will be exiled from the realm of a private and unseen 'self'.[29]

Pour Ferdinand, il s'agit de faire diversion et le rituel macabre auquel il soumet la Duchesse à l'acte 4 est un moyen de projeter sa culpabilité sur une sœur qu'il torture pour tenter de lui faire partager sa folie. C'est aussi pour lui une façon d'éviter de voir clair en lui-même. En cela, Ferdinand ne diffère guère d'un Bosola qui, en dépit d'accès de lucidité dans des boutades ou des sarcasmes où il se moque de lui-même, de celui qu'il est devenu à force de servir les grands, finira dans le brouillard (« mist » [5.5.92]) et la confusion. La sexualité reste la grande zone d'ombre de la pièce, pour les deux frères comme pour Julia ou Cariola qui,

27. Pour Leibniz (*Monadologie*, 1714), les monades sont les unités de base composant l'univers, principes actifs appelés « âme » ou « entéléchie ». Dans la célèbre scolie 7, Leibniz affirme que « les monades n'ont point de fenêtres, par lesquelles quelque chose puisse entrer ou sortir ». Puisqu'elles s'harmonisent donc entre elles sans pouvoir a priori communiquer, il faut donc que Dieu eur permette d'interagir à partir d'un principe d'harmonie préétablie.

28. Charles Forker relie cet aspect à l'importance prise par les allusions visuelles et la technique de l'image double dans la pièce : « Although analogies between drama and the visual arts can be fruitful in understanding Webster, our sense of double or multiple images in his work undoubtedly has much to do with the increasing fascination with concealment and disguise that was becoming something of an obsession on the seventeenth century stage », *Skull beneath the Skin*, p. 346.

29. « *The Duchess of Malfi*: Tyranny and Spectacle in Jacobean Drama » in Dympna Callaghan ed., *The Duchess of Malfi*, p. 27.

si elles en jouent pour servir leurs intérêts (satisfaire une curiosité et obtenir du pouvoir pour la première, vivre les choses sans risque et par procuration puis tenter d'échapper à la mort pour la seconde), en seront aussi les victimes directes. Si elle est évidemment source d'épanouissement personnel et de bonheur familial pour la Duchesse,[30] la sexualité n'en reste pas moins mortifère pour cette dernière, car, comme elle se place elle-même dans l'impossibilité de faire connaître son mariage au dehors, elle se voit, elle aussi, contrainte de la garder en dedans, non pas à l'intérieur d'elle-même mais dans le secret de ses appartements plutôt que, comme ses frères, dans les replis obscurs du moi.

30. Voir Rowland Rymer : « The extensive theorisation of the family as a source of oppression dwindles into insignificance when confronted with the actuality of state violence against the family. The scene on the road near Ancona [...] awakens memories of a hundred newsreels and no doubt had a similar emotional impact on seventeenth-century audiences who were not ignorant of the effects of war and tyranny on domestic happiness [...] the Duchess had hoped to create a secure circle of personal happiness for herself and Antonio. [...] She fails tragically but her struggle is not stripped of its emotional and moral value nor does the secret family life cease to suggest a powerful alternative to the diseased world of the court », in Neill, *Duchess*, p. 249.

Chapitre VII

La mort et ses représentations

Éros et thanatos

Comme cela a déjà été dit à plusieurs reprises, la mort, dans la pièce de Webster, est ombiliquée à l'amour, de sorte qu'en-dehors du mariage de la Duchesse et d'Antonio, les relations amoureuses ou érotiques, qu'elles soient réelles ou fictives comme dans le cas de Cariola qui s'invente un bien-aimé pour échapper à la mort, sont des liaisons dangereuses qui se révèlent stériles et qui finissent mal. Elles sont aussi source de profonde frustration comme c'est le cas pour Julia avec Castruchio son vieux mari, ridicule et impuissant, ou source d'une forme d'ennui blasé, comme pour la relation de Julia avec le Cardinal. Mais, même si le mariage de la Duchesse et d'Antonio est présenté par Webster comme source de vie et de bonheur loin de la tyrannie étouffante des deux frères d'Aragon, l'idée de la mort plane dès le départ sur la cérémonie privée qu'organise la Duchesse avec la complicité de sa suivante Cariola. Réciproquement, le chant funèbre que Bosola entonne à l'acte 4 pour la mortification de la Duchesse qu'il entend préparer à la mort fonctionne comme l'envers d'une cérémonie de mariage inversée, un schéma en chiasme que Michael Neill analyse comme suit :

> In *The Duchess of Malfi* the tragic action once again appears to conclude with the death of the nominal protagonist at the end of Act IV. Repeated prolepses have prepared us for just such a catastrophe, starting with the very first scene, where her brothers' lecture upon the iniquity of remarriage viciously inverts the familiar conceit of eroticized death-as-wedding to make of widow's marriage a kind of death: « *Ferdinand:* Such weddings may more properly be said / To be executed than celebrated [...]. » The same ominous concatenation of beginnings and ends is apparent in the Duchess's wooing of Antonio, where wedding-sheets are identified with winding-sheets and courtship is conducted under the ominous pretence of making a will – a conceit

> that will find its mortal echo in the Duchess's pronouncement of her 'last will' and Bosola's promise to execute it at the end of a murder scene that has itself been orchestrated as a grotesque nuptial travesty (4.2.200, 368).[1]

En somme, le mariage privé se présente comme une anamorphose de la mort (« Such weddings may more properly be said / To be *executed* rather than celebrated » déclare Ferdinand dans la première scène, 1.1.313-14, c'est moi qui souligne),[2] tandis que le rituel macabre, organisé par Ferdinand et Bosola pour affliger la Duchesse et lui faire perdre la raison (ils réussiront tout de même à lui faire proférer une série de malédictions), figure clairement un rite d'hyménée inversé. Les deux protagonistes, en décidant de se marier font le choix de mourir, et en mourant de courir droit dans les bras du néant :

> *Antonio*
> Heaven fashioned us of nothing, and we strive
> To bring ourselves to nothing. (3.5.78-9)

Une longue procession funèbre

La mort, qui prend dans *La Duchesse* l'allure d'une longue procession funèbre, avec le cérémonial macabre et solennel auquel les Webster étaient habitués de par leur profession,[3] apparaît en pointillés dès le début de la pièce.[4] Arrivée

1. « 'Fame's best friend': The Endings of *The Duchess of Malfi* » in *Issues of Death*, pp. 328-29.
2. C'est moi qui souligne.
3. Voir supra, p. 27.
4. Voir Wayne Rebhorn, « Circle, sword and the futile quest », p. 55 : « What is striking about the image of a ring pierced by a lance is not its bawdiness [...] but the way it focuses the audience's attention on the relationship between sex and violence, between the 'little death' of orgasm and the real death which Antonio and the Duchess actually experience. » Voir aussi Jean-Yves Pidoux, *Langhoff à Lausanne* : « Il y a huit cercueils sur scène, dont Matthias Langhoff dit qu'ils constituent peut-être l'ensemble du mobilier de tout le spectacle [...] À propos de cette hypothèse d'installation, Matthias Langhoff revient à un motif qui est ici l'hypothèse de départ : « Il n'y a pas de différence entre les morts et les vivants ». Le début de la pièce devait alors se présenter ainsi : sur scène, des cercueils dans lesquels sont allongés les différents personnages de la pièce, des croque-morts guidant les spectateurs à leur place... », p. 279. En somme, l'idée du metteur en scène était de présenter *La Duchesse* comme une longue danse macabre où il est impossible de différencier les vivants et les morts.

sur la pointe des pieds, elle grandit ensuite comme une ombre à mesure que l'action se déroule pour occuper une place centrale à partir du quatrième acte et finir en apothéose dans le cinquième qui se conclut par une hécatombe. Il n'y a ici aucune place pour des morts naturelles, toutes sont violentes. Femmes et enfants sont étranglés par des bourreaux tandis que les hommes s'entretuent à coups de dague, le plus souvent dans le noir. En outre, l'idée de la mort se trouve démultipliée par la présence de très nombreuses images qui la font anticiper ou redouter par les personnages. Quand la Duchesse dit à Antonio « I am making my will » (1.1.367) avant de lui proposer le mariage, elle évoque le testament qu'elle est sur le point de rédiger tout en ouvrant la voie et en donnant voix à son désir. En se comparant un peu plus loin à un tyran qui joue sur les mots et ne délivre que des messages ambigus, elle n'entend évidemment pas créer un climat de terreur autour d'elle mais tout simplement dire qu'en tant que femme détentrice d'une position de pouvoir, il lui est impossible d'exprimer directement son désir : « [...] as a tyrant doubles with his words, / And fearfully equivocates » (1.1.431-32). En l'occurrence l'expression du désir dans la pièce, se voit directement et intimement liée à l'idée de mort. La mort peut encore être décrite sous des formes banales et stéréotypées, comme lorsque la Duchesse s'exclame « I have heard / That Charon's boat serves to convey all o'er / The dismal lake, but brings none back again » qui paraît faire écho au « undiscovered country form whose bourn / No traveller returns » d'*Hamlet* (3.1.78-9), ou encore dans l'allusion au chant du cygne (« Our bodies being blest / We'll sing like swans to welcome death ») que l'on trouve à la fin du « Let us howl », le chant final du charivari des fous (4.2.69-70). Dans ses dernières paroles, la Duchesse accueille la mort avec soulagement car elle va enfin pouvoir trouver le sommeil : « Come, violent death, / Serve for mandragora, to make me sleep » (4.2.220-21). Chez Ferdinand, on l'a vu, les images de mort sont d'une extrême violence et sont liées à la fragmentation et au démembrement quand il promet par exemple qu'il donnera au bâtard de sa sœur son mouchoir mouillé de larmes « to make soft lint for his mother's wounds, / When I have hewed her to pieces » (2.5. 30-31). La Duchesse n'est pas moins violente vis-à-vis d'elle même quand, au moment où elle est arrêtée par Bosola et les hommes du Cardinal, elle se demande : « Like to a rusty o'ercharged cannon, / Shall I never fly in pieces? » (3.5.101-102). De très nombreux supplices sont évoqués dans la pièce à titre de menace ou dans le cadre d'une sorte de surenchère rhétorique. Ferdinand, dans son accès de rage quasi hystérique à l'acte 2, scène 5, parle de brûler vifs les deux époux dans un four ou de mettre le feu à leurs draps enduits de poix et de soufre, évoque le supplice consistant à faire marcher le prévenu sur des charbons ardents (« hot coulters », 3.1.57).[5] À l'acte suivant, le duc de Calabre profitera du fait que sa sœur, arrêtée par Bosola et ses hommes, est désormais à sa merci pour tenter de l'accabler moralement. Après l'avoir plongée dans le noir, il met en scène un terrible spectacle empreint de beaucoup de cruauté : il lui donne à baiser une main coupée ornée de la bague de mariage et lui montre ensuite les cadavres d'Antonio et de deux de ses enfants. Le lecteur est informé du simulacre grâce à la didascalie (« *Here is discovered [...] the* artificial *figures of Antonio and his Children, appearing* as if *they were dead* » [4.1.54], c'est moi qui souligne) mais pas le spectateur et encore moins la Duchesse qui semble toucher le fond du désespoir à cette vue. Comme elle le déclare avec beaucoup de sang-froid à Ferdinand lorsque ce dernier s'introduit dans son boudoir, elle n'a pas peur de mourir : « 'Tis welcome: / For know, whether I am doomed to live or die, / I can do both like a prince » (3.2.69-71). Ce qu'elle redoute par dessus tout, ce n'est pas sa mort à elle mais la mort des siens. Elle fait alors allusion au supplice de Mézence, qui consistait à lier ensemble un vivant et un mort (4.1.66-67), puis à l'épouse de Brutus, Portia, qui, après la défaite de son mari à Philippes, se suicida en avalant des braises (4.1.70) avant de mentionner, dans la foulée, le supplice de la roue : « Persuade a wretch that's broke upon the wheel / To have all his bones new set », (4.1.78-80). Cette succession d'horreurs, certes limitées ici au plan du discours, permet de donner une idée de la souffrance morale qu'on lui inflige et qui équivaut à lui faire vivre un enfer sur terre : « The heaven over my head seems made of molten brass, / The earth of flaming sulphur » (4.2.24-25). Avant cela, elle doit subir un long rituel macabre au cours duquel Bosola, déguisé en fossoyeur puis en sacristain équipé de la sonnette des morts (« common bellman »), entend la préparer à ses fins dernières dans un mélange de mortification doucereuse et de sadisme lent :

Bosola
I am come to make thy tomb.

Duchess
Ha? My tomb?

5. En réalité des « coutres de charrues », des lames d'acier chauffées à blanc où l'on faisait marcher un suspect pour tester sa culpabilité. S'il en sortait sans brûlures, son innocence était avérée !...

> Thou speakest as if I lay upon my death bed,
> Gasping for breath [...] (4.2.110-12)

La Duchesse a parfaitement conscience que sa dernière heure est arrivée mais elle est intriguée par le manège de ce confesseur masqué qui procède par étapes soigneusement annoncées comme pour la faire mourir à petit feu :

> *Duchess*
> Let me know fully, therefore the effect
> Of this thy dismal preparation,
> This talk, fit for a charnel.
>
> *Bosola*
> Now I shall.
> Here is a present from your princely brothers,
> [*Enter*] executioners [*with*] *a coffin, cords, and a bell.* (4.2.151-54)

Sans avoir commis le moindre crime, elle se trouve dans la situation d'une condamnée à mort à qui, dans un scénario des plus macabres, on montre les instruments de son supplice, de sa préparation spirituelle et le cercueil où elle sera bientôt mise avant d'être enterrée. Puis, dans une allusion à l'assistance aux condamnés mise en place à la prison de Newgate, à laquelle le père de Webster avait financièrement contribué,[6] Bosola se présente cette fois sous le visage du sonneur public :

> *Bosola*
> I am the common bellman
> That usually is sent to condemned persons
> The night before they suffer.
>
> *Duchess*
> Even now thou said'st
> Thou wast a tomb-maker.
>
> *Bosola*
> 'Twas to bring you
> By degrees to mortification. (4.2.160-64)

6. Voir supra, p. 29.

La pièce a répété les étapes d'un parcours bien connu et elle fait ainsi passer un frisson dans l'auditoire qui peut ainsi assiste aux préparatifs et aux derniers moments de la vie d'un(e) condamné(e) à mort.

La mortification

Dans le long chant funèbre qui suit cet échange au cours duquel Bosola secoue la sonnette qu'il tient à la main, l'accent est mis sur le silence qui règne à cette heure du milieu de la nuit et sur la paix que la mort va apporter à la Duchesse qui n'a désormais plus à se soucier de ses terres ni de ses biens. Les hommes entassent des richesses et ils le paient cher quand leur dernière heure est venue : « Their life a general mist of error / Their death a hideous storm of terror » (4.2.175-76). La Duchesse doit poudrer ses cheveux, mettre sur elle du linge propre, prendre un bain de pieds et porter un crucifix pour chasser le démon. Ce chant a un effet aussi rassurant qu'effrayant puisque Bosola figure en images terribles (« hideous storm of terror ») l'épouvante qui attend la Duchesse, tout en l'invitant à voir en la mort un apaisement et la fin de tous ses tourments : « 'Tis now full tide, 'tween night and day: / End your groan, and come away » (4.2.181-82). Le ton à la fois solennel et liturgique évoque quelque ancien rite médiéval tandis qu'au rythme partagé entre iambes et trochées s'ajoutent les rimes royales de ces octosyllabes réguliers, qui semble bercer dangereusement la Duchesse pour obtenir d'elle une forme de soumission au trépas. Mais Cariola n'est pas dupe et elle se révolte en lui demandant d'appeler à l'aide :

> *Cariola*
> Hence, villains, tyrants, murderers! Alas,
> What will you do with my lady? – Call for help! (4.2.183-84)

La Duchesse, que son mystérieux interlocuteur (Bosola dans ses différents avatars et déguisements) prétend préparer spirituellement à quitter l'ici-bas, n'est en effet coupable de rien, elle dont le seul et unique crime, aux yeux de ses frères, est de s'être remariée contre leur gré et avec un inférieur. C'est aussi en cela que le chant entonné par Bosola est dangereux car, contrairement au « Let us howl » (4.2.60-71) des aliénés déchaînés, la beauté lyrique et la régularité rythmique de ce chant lugubre peuvent bercer d'illusions et faire oublier, au moins temporairement, l'injustice insupportable du traitement infligé à cette femme. La pièce montre en effet qu'il y a un art du funèbre et du funéraire et que cet art est trompeur et fallacieux en diable au point de masquer la vérité. La critique des cosmétiques et du maquillage féminin (« painting ») par Bosola au début de l'acte 2 (vers 21 et 30) en donne déjà une idée qui est ensuite corroborée par le recours aux mannequins de cire conçus par Vincentio Lauriola, pour faire croire à la Duchesse qu'elle a bien affaire aux cadavres de son mari et de ses enfants : *Here is discovered, behind a traverse, the artificial figures of Antonio and his Children, appearing* ***as if*** *they were dead.* Le « as if » de la didascalie, ici souligné par moi, révèle la supercherie d'un art délibérément conçu pour mentir et tromper sa destinataire (« plagued in art », 4.1.108).

La mort héroïque de la Duchesse

Ce n'est qu'ensuite que se présentent les bourreaux, et la Duchesse va faire preuve face à eux d'une endurance et d'une équanimité admirables qui réussiront à ébranler une âme aussi endurcie que celle de Bosola :

> *Bosola*
> Doth not death fright you?
>
> *Duchess*
> Who would be afraid on't,
> Knowing to meet such excellent company
> In th'other world?
>
> *Bosola*
> Yet methinks
> The manner of your death should much afflict you,
> This cord should terrify you?
>
> *Duchess*
> Not a whit.
> What would it pleasure me to have my throat cut
> With diamonds, or to be smothered
> With cassia, or to be shot to death with pearls?
> I know death hath ten thousand several doors
> For men to take their exits, and 'tis found
> They go on such strange geometrical hinges,
> You may open them both ways – any way, for heaven sake,

So were I out of your whispering! Tell my brothers
That I perceive death, now I am well awake,
Best gift is they can give or I can take. [...]
Pull, and pull strongly, for your able strength
Must pull down heaven upon me.
Yet stay – heaven gates are not so highly arched
As princes' palaces: they that enter there
Must go on their knees. [*Kneels.*] Come, violent death,
Serve for mandragora, to make me sleep!
Go tell my brothers, when I am laid out,
They then may feed in quiet. *They strangle her.* (4.2.196-223)

Pas plus que les cris à venir de Cariola, les odieux chuchotements et les patenôtres hypocrites de Bosola, bourreau qui se présente en consolateur, n'auront réussi à avoir raison de la fermeté d'âme de la Duchesse qui se comporte en sainte et en martyr du mariage, payant de sa vie le seul fait d'avoir voulu garder le libre choix de son époux et de son destin de femme face à la folie tyrannique de ses frères. Encore une fois, la Duchesse n'a pas peur de la mort et elle la considère même comme une délivrance quand elle déclare à Bosola : « Tell my brothers / That I perceive death, now I am well awake / Best gift is they can give or I can take » (4.2.209-11). Pour Michael Neill, « [...] the Duchess faces her martyrdom in the kneeling posture of the obedient wife carved upon her husband's tomb, but converts that image of domestic piety into a martyr's gesture of heroic singularity ».[7] Les images qu'elle utilise pour décrire l'au-delà et la mort en tant que passage sont à la fois conventionnelles (l'idée de se retrouver en bonne compagnie dans l'autre monde, la mort comme endormissement et sommeil éternel) et

7. « The Endings of *The Duchess of Malfi* », p. 344. Selon Jacqueline Pearson cependant, ces instants de haute tragédie s'accompagnent d'éléments contradictoires et qu'elle appelle « anti-tragiques » : « The fourth act of *The Duchess of Malfi* [...] presents a tragedy in which a good woman achieves a tragic self-assertion. This tragic entre, however, emerges from a mass of anti-tragic material: a masque which provides a grotesquely distorted view of the play itself, a parody of the tragic moment as Cariola refuses tragedy and Ferdinand perverts tragic catharsis, and a miniature tragicomedy in which the Duchess revives. The act tries to suggest as richly as possible the variety of human reactions to disaster without compromising the centrality of the Duchess's positive statement. For the strong few there is the possibility of tragedy: for the majority there is only uncertainty, ambiguity, or the rejection of the difficult absolutes of tragedy », « Tragedy and Anti-Tragedy », p. 79.

audacieuses (l'allusion à des aromates ainsi qu'à des colliers de diamants et de perles comme instruments de supplice). Ces dernières comparaisons sont directement empruntées à un sermon de John Donne :

> This Whisperer wounds thee, and with a stiletto of gold, he strangles thee with scarfs of silk, he smothers thee with the down of Phoenixes, he stifles thee with a perfume of amber.[8]

L'image des portes battantes de la mort va permettre d'introduire celle du palais de la Mort dont les portes cochères sont plus basses que celles des palais princiers. Dans un geste d'humilité suprême, la Duchesse se met à genoux, rappelant ainsi l'agenouillement d'Antonio quand elle lui avait proposé le mariage :

> Sir,
> This goodly roof of yours is too low built;
> I cannot stand upright in't, nor discourse,
> Without I raise it higher. Raise yourself,
> Or, if you please, my hand to help you. *Raises him* (1.1.403-407)

Ce geste trace un trait d'union entre le début et la fin, entre l'amour et la mort et il introduit une forme d'unité dans la structure d'ensemble. Mais, si sa mort est acceptée avec sérénité et stoïcisme par la Duchesse, Ferdinand refuse d'en endosser la responsabilité et il recourt une fois de plus à la dénégation :

> Was I her judge?
> Did any ceremonial form of law
> Doom her to not-being? Did a complete jury
> Deliver her conviction up i'th'court?
> Where shalt thou find this judgment registered
> Unless in hell? See, like a bloody fool
> Th'hast forfeited thy life, and thou shalt die for't. (4.2.284-89)

8. *Fifty Sermons Preached by that Learned and Reverend Divine, John Donne*, Londres, 1649, p. 235.

L'expression « not-being » employée par Ferdinand en lieu et place de « death » montre bien, derrière la mauvaise foi évidente, qu'un processus de dénégation est ici à l'œuvre, processus qui va le mener droit à l'effondrement psychique :

> Oh, I'll tell thee:
> The wolf shall find her grave and scrape it up –
> Not to devour the corpse, but to discover
> The horrid murder. (4.2.292-95)

Dès lors, par le biais l'étrange maladie de Ferdinand, nous nous trouvons plongés dans l'atmosphère lugubre des grands cimetières sous la lune où le duc, qui se prend désormais pour un loup-garou, s'en va déterrer les cadavres :

> In those that are possessed with't there o'erflows
> Such melancholy humour they imagine
> Themselves to be transformed into wolves,
> Steal forth to churchyards in the dead of night
> And dig dead bodies up – as two nights since
> One met the Duke 'bout midnight in a lane
> Behind Saint Mark's Church, with the leg of man
> Upon his shoulder; and he howled fearfully,
> Said he was a wolf… (5.2.8-16)

Dans cette jambe d'un cadavre arraché à sa tombe, on peut voir le pendant de la main de cire que Ferdinand avait donné à baiser à la Duchesse captive, obsédé qu'il semble être par la fragmentation et le démembrement du corps humain. Une telle description, qu'on pourrait à bon droit ranger dans le registre du sensationnel et d'une forme de terreur pré-gothique*, peut également prêter à rire par ses excès, même si la littérature du temps fait effectivement état de pathologies semblables dans le cadre d'accès et d'excès de mélancolie.[9]

9. Voir à ce sujet Robert Burton : « Lycanthropia, which Avicenna calls *cucubeth*, others *lupinam insaniam*, or wolf-madness, when men run howling about graves and fields in the night, and wil not be persuaded but that they are wolves… », *Anatomy of Melancholy* (1621), Oxford, Benediction Classics, 2016, p. 78. La lycanthropie est décrite par Simon Goulart, qui raconte lui aussi l'histoire malheureuse de la Duchesse assassinée par ses frères, mais dans une section séparée et apparemment sans lien avec l'affaire d'Amalfi. Il semble donc que Webster ait eu l'idée de faire une jonction entre les deux récits et attribué la crise de lycanthropie à un Ferdinand totalement déstabilisé après la mort de la Duchesse. Voir *Admirable and Memorable Histories* in Neill, *Duchess*, pp. 161-67.

La mort et les ruines

Quand, à l'acte 5, scène 3, Antonio et Delio s'approchent des fortifications du palais du Cardinal ils veulent tester la qualité de l'écho que renvoie un vieux mur en ruines, vestige d'une ancienne abbaye, ce qui donne à Antonio l'occasion de méditer sur l'action niveleuse du temps qui, à la longue, détruit les églises et les villes comme il met fin à la vie humaine (5.3.9-19). L'écho, le ventriloque de l'au-delà, est un moyen de redonner vie à la Duchesse qui apparaît ici comme une sorte de spectre acoustique :

> *Antonio*
> Oh, heaven,
> Shall I never see her more?
>
> *Echo*
> Never see her more.
>
> *Antonio*
> I marked not one repetition of the echo
> But that; and on the sudden, a clear light
> Presented me a face folded in sorrow.
>
> *Delio*
> Your fancy merely.
>
> *Antonio*
> Come, I'll be out of this ague;
> For to live thus is not indeed to live –
> It is a mockery and abuse of life. (5.3.42-9)

Michael Neill voit dans cette résurrection temporaire une allusion à la Visite au St Sépulcre des anciens Mystères :

> [...] in Antonio's charnel the liveliest presence is the voice of Echo, issuing like the 'clear light' of fame from his Duchess's tomb. Antonio's and Delio's pilgrimage of melancholy reflection amongst the graves and ruins is clearly designed in symbolic counterpoint to Ferdinand's wild desecration of the churchyard. Both are grave-openings of a kind, anxious reworkings of the *visitatio sepulchri* in Mystery Plays.[10]

10. Neill, « The Endings of *The Duchess of Malfi* », p. 347.

De façon ironique, on entend à nouveau la voix de la Duchesse qui, dans la scène de séduction du premier acte, déclarait à un Antonio tout tremblant face à cette « divine surprise » qui transforme une admiration purement idéale en soudaine possibilité charnelle : « This is flesh and blood, sir ; / 'Tis not the figure cut in alabaster / Kneels at my husband's tomb » (1.1.441-43). Telle la nymphe Écho dans le mythe ovidien,[11] la belle femme de chair et d'os du début est désormais réduite à une voix et à une vague lueur ; désormais elle ne reviendra plus et seules resteront sa fin héroïque et sa mémoire. Comme le dit Middleton, qui loue ce qu'il appelle « this masterpiece of tragedy » dans son hommage liminaire à John Webster,

> [...] every worthy man
> Is his own marble, and his merit can
> Cut him to any figure and express
> More art than Death's cathedral palaces,
> Where royal ashes keep their court.[12]

La tombe, qui est omniprésente dans la pièce, voit son image curieusement associée à plusieurs reprises au cœur humain car, aux yeux d'un personnage comme Bosola, l'une comme l'autre sont des structures creuses qui dissimulent la pourriture :

> *Bosola* [*to Ferdinand*]
> Why, fare thee well.
> Your brother and you are worthy men;
> You have a pair of hearts are hollow graves,
> Rotten, and rotting others. (4.2.301-304)

11. « Her body pines to skin and bone and waxeth wondrous bare. / The blood doth vanish into air from out of all her veins, / And nought is left but voice and bones. The voice yet still remains; / Her bones, they say, were turned to stones ». Ovid, *Metamorphoses*, trad. Arthur Golding, ed. Madeleine Forey, Londres, Penguin, 2002, Book III, p. 107.

12. In Neill, *Duchess*, p. 6.

C'est précisément cette charogne que devient la chair humaine que dénonce ici Bosola et Webster à travers lui, tout le reste n'étant que maquillage et artifices visant à donner le change ou à s'illusionner soi-même. La mort exprime la vérité de l'homme – et de la femme – et il semble bien qu'il n'y ait pas grand chose à attendre de l'au-delà dans la vision pessimiste, pour ne pas dire nihiliste, de l'auteur. Je rejoins donc ici l'analyse que Mariangela Tempera donne de ces scènes et de leur signification :

> [...] these scenes shift the whole perspective of their religious model [the *memento mori*], by focusing on the dissolution of the body while clouding with uncertainty the destiny of the soul. The spectators watch he solid, and indeed sullied, flesh of the characters melt away, corroded by poison while they still inhabit it, or reduced to a 'box of worm-seed' after their lives have been violently and abruptly terminated [...] It is a pessimistic, and still potentially controversial, view of life, 'signifying nothing', made less risky by relegating it to another country, where, notoriously, a different world prevails.[13]

Pour Webster, comme pour beaucoup de ses contemporains, l'Italie était en effet le pays de l'hérésie papiste ainsi que la terre des poisons, de la jalousie, et de la mort. C'était aussi celle du « diable de Florence » et de sa prétendue justification du mensonge et de la ruse, où la fin justifierait les moyens. Mais, derrière les quelques indications topographiques et les allusions à Ancône, à Milan ou, bien sûr, au duché d'Amalfi, qui ne nous en donnent en fait qu'une idée des plus vagues de ce pays, il ne faut pas oublier que se profilait l'ombre de Whitehall et de la très sinistre Tour de Londres. Pour Webster, la mort est en effet omniprésente dans sa tragédie, le crâne est là sous la peau et les poisons sont loin de se réduire à quelque spécialité exotique. Sorcellerie et pratiques diaboliques n'étaient pas pour lui le seul apanage d'un peuple réputé pour sa perfidie et ses vices car l'affaire Overbury et les intrigues sulfureuses à Whitehall montraient assez à quel point les Simon Forman[14] et autres devins astrologues, charlatans et fournisseurs de

13. Mariangela Tempera, « The Rhetoric of Poison in John Webster's Italianate Plays » in Michele Marrapodi, A.J. Hoenslaars, Marcello Cappuzo and Falzon Santucci eds., *Shakespeare's Italy. Functions of Italian Locations in Renaissance Drama,* Manchester and New York, Manchester University Press, 1993, pp. 242-43.

14. Simon Forman (1551-1611) était un médecin, astrologue et mage, qui a laissé un journal, véritable mine d'informations sur l'époque et ses croyances, dans lequel il relate ses pratiques occultes et

drogues diverses et variées n'étaient pas qu'un lointain cauchemar. Les intrigantes du temps pouvaient à l'occasion faire appel à eux pour tenter d'arriver à leurs fins sans le moindre respect pour la vie humaine. Les lourdes portes qu'on ferme à double tour n'étaient donc pas uniquement celles du palais de la Duchesse mais également celles des prisons de Londres où, comme la Duchesse, les condamnés à mort, dûment préparés par le sonneur public, attendaient avec anxiété l'heure de leur exécution.

incursions diverses dans le domaine de la magie ou encore les relations qu'il entretenait avec sa clientèle. Assidu au théâtre et fervent spectateur du Globe, il décrit dans un manuscrit intitulé « The Bocke of Plaies » trois pièces de Shakespeare auxquelles il a pu assister, *Macbeth, Cymbeline* et *Le Conte d'hiver.* Du fait de son association avec Frances Howard et Anne Turner, qui étaient ses patientes, son nom fut mêlé au procès après sa mort (1611), mêlé au procès et il fut accusé d'avoir fourni à la première le breuvage empoisonné qui avait eu raison de Sir Thomas Overbury dans sa prison à la Tour de Londres. Sir Edward Coke, en charge du procès, l'aurait alors traité de « ce diable de Forman ». Voir à ce sujet, Lauren Kassell, *Medicine and Magic in Elizabethan London: Simon Forman, Astrologer, Alchemist, and Physician,* Oxford, Oxford University Press, 2005.

Conclusion

La Duchesse est-elle une pièce pour le XXIe siècle ? Il semble bien que l'on doive répondre par l'affirmative à cette question, à une époque où s'affirme de plus en plus le droit des femmes dans les différents domaines politique, social et économique et où la question des violences exercées à leur endroit occupe les devants de la scène médiatique. La Duchesse va payer de sa vie son esprit d'indépendance, sa vitalité de femme libre et le défi qu'elle a ouvertement lancé à des frères dont le principal souci dans l'existence paraît être de veiller jalousement sur l'honneur familial et la pureté du sang de leur clan aristocratique. Cette pièce, qui a donc un peu pour nous la valeur d'un manifeste, est de plus en plus souvent montée sur scène, en France comme en Angleterre. Elle est d'ailleurs jouée actuellement par la Royal Shakespeare Company, au théâtre du Swan à Stratford, dans une mise en scène particulièrement sanglante que Michael Billington analyse dans un compte rendu paru dans *The Guardian* :

> The RSC launches a season of work directed by women with a striking revival by Maria Aberg of Webster's dark Jacobean tragedy. Using a heavily cut text, it is brisk, pungent and blood-soaked: front-row spectators are even provided with protective blankets for the second half. Much as I admired the execution, especially Joan Iviola's powerful performance as the Duchess, I think one should be wary of pinning too precise a meaning on Webster's vision of a world in chaos.[1]

Ce spectacle, où le rôle de la Duchesse est confié à une actrice fière de sa différence, où la création émane d'une équipe majoritairement composée de femmes, montre les puissants antagonismes qui peuvent opposer les deux sexes et le chaos absolu résultant de leur confrontation lorsque la violence et la folie s'emparent d'hommes comme le duc de Calabre. Pour autant, il serait assez réducteur de

1. Cet article est accessible en ligne : https://www.theguardian.com/stage/2018/mar/09/the-duchess-of-malfi-review-rsc-swan-stratford (consulté le 28 juin 2018)

ne voir la tragédie de Webster qu'à travers les lunettes d'une actualité politique et sociétale, tant ce texte dérange par sa force subversive, par une vision qu'on pourrait situer à la limite du nihilisme. L'auteur ne cesse en effet de redire la désolation du monde d'ici-bas, la vanité des choses humaines, l'ingratitude des grands qui se montrent sourds à la valeur individuelle et au mérite, le caractère inexorable du destin face auquel la volonté et le courage ne peuvent pas grand-chose. En un sens, ce sont aussi là les fondamentaux du calvinisme, dont Webster était un adepte, mais dont le pessimisme est transcendé par un style, certes fait de très nombreux emprunts et d'un constant travail de reprise, mais qu'on a pu comparer à un « diamant noir »,[2] ainsi que par une structure dramatique privilégiant la mise en abyme et tous les artifices du spectacle et de la théâtralité.

La Duchesse est un vaste ballet d'ombres, où l'auteur recourt aux techniques illusionnistes les plus sophistiquées ainsi qu'à des mises en perspective qui placent le spectateur, comme le lecteur, à l'intérieur d'un labyrinthe obscur où le regard se perd, où les questionnements se multiplient sans qu'aucune réponse simple se présente jamais à l'esprit. Un tel brouillage du sens où feintes, faux semblants, mensonges et contrefaçons prolifèrent à l'envi sous nos yeux, n'est pas que le fruit de l'ingéniosité ou d'un simple désir de surprendre ou de dérouter. Webster nous confronte au monde pervers du secret et de la dissimulation, un monde où les coups les plus imprévisibles et les plus tordus guettent des personnages qui, selon Bosola, ne sont en définitive que les balles de tennis des planètes : « [w]e are merely the stars' tennis balls, struck and banded / Which way please them » (5.4.52-3). Hommes et femmes sont les jouets de forces cosmiques qui les dépassent et dont ils n'arriveront jamais à percer le mystère. Si ce message déterministe, pour ne pas dire fataliste, n'a pas en soi d'accents vraiment modernes, il représente néanmoins une forme de scepticisme absolu qu'on peut rapprocher des philosophies de l'absurde. La mort d'Antonio comme celle du Cardinal a de fait un caractère purement accidentel qui prend à contrepied l'intentionnalité dans la mesure où c'est précisément quand Bosola décide de lui sauver la vie qu'il tue Antonio dans la pénombre par l'effet d'une terrible méprise (« direful misprision », 5.4.77). Quant au Cardinal, c'est parce qu'il avait recommandé qu'on ne le dérange sous aucun prétexte, même si on l'entendait hurler et appeler à l'aide, que Bosola peut l'expédier *ad patres* sans avoir à se préoccuper d'une

2. Fabienne Darge dans *Le Monde*. Voir supra, p. 22 n. 28.

éventuelle intervention extérieure. La folie de Ferdinand qui, croyant jouer au théâtre le rôle de Richard III à la bataille de Bosworth, ajoute une note de comédie noire et de burlesque à cet ensemble déjà passablement chaotique. C'est là un final aussi apocalyptique que désordonné qui évoque celui de *La tragédie espagnole* de Kyd, où l'apothéose de la vengeance de Hiéronimo a lieu au cours de « Soliman et Perseda », la pièce en plusieurs langues qu'il met en scène la Cour d'Espagne pour fêter le mariage de Bel Imperia et de Balthazar, le fils du Vice-roi d'Espagne. Bel-Imperia et lui, qui jouent les rôles titres, s'y entretuent pour de vrai à la fin, le tout s'achevant dans une orgie de sang versé sous les applaudissements de la salle.[3] Rien n'a finalement d'autre sens que le jeu dramatique dans ce renversement de perspective qui fait du théâtre, non pas l'ombre de la vie, mais qui voit au contraire dans la vie l'ombre du théâtre. Voilà qui nous rappelle la célèbre tirade de Macbeth qui, venant d'apprendre la mort de la reine, qui s'est jetée du haut d'une tour du château où il est retranché, s'exclame :

> Life's but a walking shadow, a poor player,
> That struts and frets his hour upon the stage,
> And then is heard no more. (5.5.23-5)

Ce sens aigu du simulacre, où ce qui est montré a le plus souvent un caractère mensonger, suggère que la vérité doit être patiemment traquée ou débusquée comme dans les anamorphoses où seuls l'artifice et les jeux d'optique sont à même de révéler l'image cachée. Le dramaturge demande au spectateur de faire un effort d'accommodation visuelle pour que ce qui se présente d'abord comme un objet brouillé ou confus en surface (« mist ») puisse, dans un second temps, être perçu de façon plus nette.

Comme cela a été souligné à plusieurs reprises, la pièce de Webster n'a en réalité rien de profondément original puisqu'à l'exception de Bosola les personnages sont tirés de sources connues, tandis que la plupart des formules et des images du texte ont été empruntées à Sidney, Donne Nashe ou Montaigne, pour ne citer que quelques-uns de nombreux auteurs dont il reprend les pépites et dont il aura

3. *Hieronimo* : « Happely you thinke, but bootelesse be your thoughts : / That this is fabulously counterfeit / And that we doe as all Tragedians doe, / To die to day for (fashioning our Scene) / The death of Ajax, or some Roman Peere, / And in a minute starting up againe, / Revive to please too morrowes audience. No, Princes… ». (4.4.80-6), *The Spanish Tragedy*, ed. Emma Smith.

fait, lui le spécialiste de l'écriture en collaboration, des collaborateurs malgré eux. Certes, il ne s'agit pas ici que de pièces et de morceaux cousus ensemble en une sorte de patchwork dramatique car tous ces éléments sont rassemblés au sein d'un texte qui fait l'objet d'une soigneuse réécriture. Alors a-t-on ici affaire au travail d'un habile copiste qui utilise intelligemment les artifices du théâtre pour séduire et choquer tour à tour son public ? Faut-il considérer que cet art constitue une formidable chambre d'échos offrant une orchestration de divers styles et traditions et de puissants effets scéniques ? Et que dire du fait que certaines scènes comme la scène 2 du cinquième acte en présence du Médecin prêtent à rire, à contretemps parfois, comme cela s'est déjà produit dans l'ouverture de l'acte 3 dans laquelle Antonio présente sa femme comme « an excellent / Feeder of pedigrees » (3.1.5-6) ? Enfin, que penser de la présence d'images souvent répugnantes ou scatologiques tirées des registres du médical et de l'excrémentiel (l'urine, le crottin, le tas de fumier, la lèpre, l'eczéma, le prurit, la diarrhée du fabricant de savon devenue constipation, etc.) qui coexistent avec des passages d'une autre qualité formelle et esthétique ? L'impression d'ensemble ainsi produite n'est en tout cas pas sans mélange.

Sans parler de son goût pour l'horreur et le sensationnel, souvent souligné et dénoncé par le passé, Webster combine dans sa pièce une esthétique de la laideur et de la dissonance avec des passages qui peuvent être joyeux et facétieux (ceux où la Duchesse et Antonio partagent leur intimité, par exemple) et qui sont marqués par un certain lyrisme. Il accumule aussi à loisir les clichés, sentences, adages ou images à caractère emblématique, lesquels interviennent en fin de scène et apparaissent en italiques dans le texte pour qu'ils soient bien remarqués en tant que tel et puissent être notés dans un livre de raison. Les emprunts constituent une vaste mosaïque où l'ensemble qui se dessine résulte de l'accumulation de fragments et d'éléments signifiants tirés d'œuvres contemporaines et d'origines très diverses. Quant aux images se rattachant au registre de la démonologie, de l'astrologie, de la médecine, ainsi qu'à une zoologie plus ou moins fantastique (salamandres, basilics, scorpions), elles appartiennent au cabinet de curiosités et au collectionneur du bizarre et de l'insolite. Pareille hétérogénéité relève de l'assemblage plus que de la réécriture, car le mille-feuille constitué à partir des sources et des divers prélèvements textuels évoque bien évidemment le travail en collaboration dont Webster était un spécialiste habile et apprécié. Si l'on se souvient de la pique de l'ancien étudiant en droit de Lincoln's Inn, Henry

Fitzgeffrey qui assimile le dramaturge à un fabricant de coches et de calèches (« But hist! with him Crabbed (*Websterio*) / The *Play-Wright, Cart-Wright:* whether? either! *ho* – / No further »), on pourra voir en ce dramaturge un simple assembleur d'éléments préfabriqués plutôt qu'un véritable créateur et un poète comme pouvait l'être Shakespeare.

La question de sa sensibilité et de son esthétique si particulières doit aussi être posée. Baroque Webster comme cela est parfois affirmé ? Oui bien sûr, comme il est aussi maniériste, gothique, grand-guignolesque, expressionniste, décadent, absurdiste et postmoderne. Toutes les étiquettes conviennent en effet à ce styliste caméléon qui a l'art de dérouter en faisant flèche de tout bois et en intégrant avec l'infinie dextérité et l'habileté d'un artisan de talent toutes les incrustations possibles et imaginables, tout en absorbant les grands courants de sensibilité de son temps (poésie métaphysique, scepticisme, anticonformisme politique et religieux). Mais son plus grand tour de force est sans doute d'être désormais salué comme un précurseur des siècles à venir. Les attaques dont son théâtre a été l'objet de la part des tenants du réalisme et de critiques comme Archer ou Tynan certes conservateurs mais pas aveugles pour autant, auront finalement été retournées contre leurs auteurs en permettant de lui ouvrir grand les portes de la modernité. Car, à quelques notables exceptions près, Webster brille, depuis une bonne cinquantaine d'années, au firmament de cette sombre période jacobéenne. Sa technique de la fragmentation et de la discordance s'inscrit logiquement dans le sillage des nouveautés promues par la poésie métaphysique d'un John Donne et elle représente un exemple de la dissociation de la sensibilité telle qu'elle se produit, selon T.S. Eliot, en ce début de XVIIe siècle anglais.[4] Mais, comme le note judicieusement l'historien Alastair Bellany, Eliot n'a pas saisi le caractère topique ni la dimension satirique et politique de l'œuvre :

> T.S. Eliot famously diagnosed the Jacobean playwright John Webster as a writer 'much possessed by death' [...] But Eliot made no note of the fictional stage upon which Webster choreographed his most chilling *danses macabres*. He did not add that Webster's fascination with death was also a fascination with the court of princes.[5]

4. « The poets of the seventeenth century, the successors of the dramatists of the sixteenth, possessed a mechanism of sensibility which could devour any kind of experience. They are simple, artificial, difficult or fantastic [...] In the seventeenth century a dissociation of sensibility set in, from which we have never recovered... ». « The Metaphysical Poets » in *Selected Essays*, 287-88.

5. Alastair Bellany, *The Politics of Court Scandal in Early Modern England*, p. 1.

C'est là une dimension de la pièce qui a été fortement soulignée ici mais qui, en-dehors des historiens, n'a guère attiré l'attention de littéraires plus attachés à la forme, aux images et à la tradition dramatique qu'au contexte politique et historique dans laquelle la tragédie s'insère et prend tout son sens. Seule une contextualisation de l'œuvre dans son époque permet en effet de comprendre les intentions d'un auteur qui commence par dissimuler soigneusement sa critique de réalités scandaleuses pour éviter la censure mais qui donne en même temps à ses lecteurs comme à son auditoire les moyens de les discerner à la faveur d'allusions et de clins d'œil parfaitement reconnaissables. Dès lors, les défauts de son texte et ses nombreux emprunts peuvent s'expliquer par ce besoin urgent de témoigner et de dénoncer, quitte à mettre parfois bout à bout des éléments pouvant passer pour disparates.

Quoi qu'il en soit, ce que l'on retient aujourd'hui de *La Duchesse,* en dehors de la façon dont son caractère sanglant et sensationnel préfigure le théâtre de la cruauté cher à Antonin Artaud, c'est généralement cette absence apparente de sens qui annonce la philosophie de l'absurde. On salue aussi souvent dans cette écriture une technique déjà en partie postmoderne de par les jeux de l'emprunt et de l'artifice auxquels elle recourt. La multiplication des simulacres et des faux-semblants contribue en outre à déréaliser une action qui, en dernière analyse, nous renvoie au décor de carton pâte du théâtre, du fait même de son caractère autoréférentiel et méta-dramatique. Lire, ou aller voir *La Duchesse* au théâtre, c'est un peu, de par le côté nocturne, claustrophobique et pessimiste de ce texte, l'équivalent d'une déambulation dans un palais des glaces de fête foraine. Une image plutôt déplaisante, parce que déformée et grinçante, nous y est renvoyée de nous-mêmes, parce que la laideur y côtoie le rire sardonique et le grotesque*, et dans laquelle, quand nous ne sommes pas effrayés, tout nous y apparaît comme profondément dérisoire. Pour autant, cette pièce gigogne, aux multiples tiroirs et aux facettes plurielles, ne congédie pas les éternels grands thèmes de la littérature et du théâtre. À l'ère de l'astrophysique et de l'espace-temps einsteinien, *La Duchesse* nous conduit *in fine* à nous interroger sur la place de l'homme au sein de ce vaste cosmos, où les étoiles continuent de briller, indifférentes à nos misères, pour narguer notre petitesse et notre finitude :

« Look you, the stars shine still » (4.1.97).

Glossaire

(Noms, termes critiques et artistiques et notions utilisés dans le cadre du présent ouvrage et signalés par la présence d'un astérisque* dans le texte)

Anamorphose. Le jeu de perspective auquel on a donné le nom d'anamorphose consiste à déformer une image jusqu'à son anéantissement, de sorte qu'elle se redresse, ressuscitée, lorsqu'on la regarde à partir d'un point de vue déterminé à l'avance. Il ne s'agit pas d'une aberration où les images se substituent au gré des fantaisies et de détours de la pensée mais de la perspective proprement dite qui se trouve « dépravée » par une application particulière de ses lois propres. L'anamorphose fait son apparition dès le début du XVIe siècle et possède un contenu métaphysique, voire politique. Elle se développe aussi en tant que divertissement, de jeu relevant du paradoxe. L'anamorphose à miroir, dite catoptrique, est justement celle où l'on interpose un miroir conique ou cylindrique entre l'œil et l'image déformée de la peinture pour retrouver ou reconstituer l'image originelle.

Antimasque. On peut définir l'antimasque comme une forme de danse comique ou grotesque présentée en introduction, entre les actes, ou en contrepoint d'un masque. Le masque était un somptueux ballet présenté à la Cour avec des textes de dramaturges célèbres, une scénographie très élaborée qui bénéficiait de la présence de machines, de costumes luxueux et de décors en trompe l'œil mis au point par le peintre et architecte Inigo Jones (1573-1652). C'est Ben Jonson (1572-1637) qui est l'inventeur du terme d' antimasque qu'il définit comme un « spectacle of strangeness » dans la préface à son *Masque of Queenes* (1609) : « [...] because her Majesty [Queen Anne] [...] had commanded me to think on some dance or show that might precede hers, and have the place of a foil or false masque [...] [I] devised [...] *a spectacle of strangeness*, producing multiplicity of gesture, and not unaptly sorting with the current and whole fall of the device. »[1]

1. In David Lindley ed., *Court Masques. Jacobean and Caroline Entertainments, 1605-1640*, Oxford, Oxford University Press (The World's Classics), 1995, p. 35.

Blackfriars. Contrairement au Globe qui était à ciel ouvert, le théâtre des Blackfriars était un théâtre privé couvert appartenant à la troupe des Comédiens du Roi, la compagnie de Shakespeare. Il était situé dans l'ancien prieuré des Dominicains, ou Pénitents Noirs comme son nom l'indique, et il avait été morcelé en 1538 après la dissolution des monastères. Le grand réfectoire et les pièces situées immédiatement au-dessous avaient été achetés en 1596, pour un montant 600 livres sterling, par James Burbage. Son fils Richard, l'acteur vedette de la troupe, créa en 1608 une société de « propriétaires » composée de sept actionnaires, en prenant pour modèle le mode d'achat et de gestion du Globe. Ce lieu servant désormais à la troupe de théâtre d'hiver, Shakespeare en achètera la porterie en 1613 pour la somme de 140 livres. Le public des Blackfriars, qui payait sa place six fois plus cher qu'au Globe, était donc trié sur le volet et comprenait principalement des membres de la bourgeoisie urbaine et de l'aristocratie. Les décors à l'italienne éclairés à la lumière des candélabres permettaient des effets scéniques qu'il était impossible de réaliser dans les théâtres dits publics.

Calvinisme. V. Presbytérianisme, infra.

Chambre des horreurs. Voir Madame Tussaud, infra.

Charivari. Ce terme est dérivé de l'ancien français *chalivali* et il désignait le chahut mené par les jeunes du village face à un mariage mal assorti. En Europe continentale, le charivari était une sorte de police des mariages, et surtout des remariages, tandis que son équivalent en Angleterre, le « Skimmington ride », régissait les relations conjugales qui déviaient de la norme imposée par le code de conduite de la communauté : mari cocufié ou battu par sa femme par exemple. Voici la description qu'en a laissée un voyageur en Angleterre : « J'ai quelquefois rencontré dans les rues de Londres, une Femme portant un phantôme mâle, couronné d'une belle paire de Cornes ; précédée d'un Tambour, & suivie de trois ou quatre autres Canailles faisant un bruit de charivari, avec des pincettes, des grils, des poëles, & des chaudrons. J'ai demandé ce que c'étoit que cela ? On m'a répondu qu'une femme du quartier avait bien battu son Mari, parce qu'il l'avait accusée de l'avoir fait Cocu ; & qu'en pareil cas, quelque bonne voisine de la pauvre *Calomniée* faisait ordinairement cette Cérémonie ».[2]

Conceit. Le terme désigne un trait d'esprit que l'on rencontre très fréquemment dans la poésie de John Donne. Il s'exprime par le biais d'une métaphore non conventionnelle rapprochant des objets ou des idées n'ayant a priori rien de semblable ni en commun. Samuel Johnson donne en 1779 la définition suivante de l'esprit dit « métaphysique » (« metaphysical wit ») : « [t]he most heterogeneous ideas are yoked by violence together ». Dans son poème intitulé « A Valediction: forbidding Mourning », Donne compare les deux amants sur le point de se séparer aux deux branches d'un compas, qui vont certes être écartées mais qui font néanmoins toujours corps puisqu'ils font partie du même instrument.

Expressionnisme. Le mouvement expressionniste est un courant artistique « antinaturaliste » apparu au début du XXe siècle dans les pays d'Europe du Nord et qui a concerné la peinture, l'architecture, la littérature, le théâtre, le cinéma autant que la musique et la danse. Considéré plus tard comme un « art dégénéré » par le régime nazi, l'expressionnisme est la projection d'une subjectivité qui tord les formes pour inspirer au spectateur une réaction émotionnelle. Sur la célèbre toile du Norvégien Edvard Munch, « Le cri » (1893), on voit une silhouette fantomatique vêtue de noir paraissant flotter dans les airs sur un arrière-plan de formes ondulantes rouge sang et orangées, et qui se tient les tempes à deux mains, bouche grande ouverte, l'air terrifié. Les représentations expressionnistes sont souvent fondées sur des visions angoissantes qui explorent les méandres de l'âme humaine. Les représentations de la peur, notamment celle de la mort, sont figurées avec une violence paroxystique à l'aide d'images qui déforment la réalité pour atteindre la plus grande intensité possible.

Gothique. Reprenant l'héritage de Shakespeare et de dramaturges jacobéens comme John Webster, les maîtres du gothique publient leurs romans à la fin du XVIIIe siècle et au début du XIXe. Les principaux auteurs sont respectivement

---

2. Henri Misson de Valbourg, *Mémoires et observations faites par un voyageur en Angleterre*, La Haye, 1698, p. 70. Pour l'histoire du charivari et ses composantes ethno-folkloriques en Europe, voir Henri Rey-Flaud, *Le charivari. Les rituels fondamentaux de la sexualité*, Paris, Payot, 1985.

Horace Walpole (*The Castle of Otranto,* 1764), William Beckford (*Vathek,* 1782), Ann Radcliffe (*The Mysteries of Udolpho,* 1794), Matthew Gregory Lewis (*The Monk,* 1796), et Mary Shelley (*Frankenstein,* 1818). Avec ses contes fantastiques l'Américain Edgar Allan Poe marchera plus tard sur leurs traces. Dans sa préface à *Frankenstein et autres romans gothiques,*[3] Alain Morvan retient en particulier une « peur assortie de mystère, de suspens, de macabre, souvent de surnaturel… » (p. ix). Il note aussi que « le scélérat gothique […] n'est pas seulement un monstre » mais qu'il « transporte avec lui une sorte d'aura mystérieuse qui peut confiner à la grandeur » (p. xxiv) et que les lieux et décors gothiques « si souvent imprégnés de connotations carcérales […] sont consubstantiels à la frayeur gothique » (xxxi). Enfin, « quitte à tomber dans un spectaculaire quelque peu outré, le récit gothique sait exploiter toute la panoplie du funèbre, sans exclure ce que l'on peut appeler la stratégie du suaire et de l'ossuaire » (p. xxxv). À cela s'ajoute l'importance donnée à la nuit et aux ténèbres, le thème de l'enfermement et de la claustrophobie ainsi que celui de la femme en détresse, en proie à la persécution de scélérats et de sadiques, comme aux pires cauchemars.

Grand-Guignol. Le terme de Grand-Guignol fait référence à une salle de spectacles ouverte à la toute fin du XIXe siècle dans le 9e arrondissement de Paris et qui était spécialisée dans des pièces mettant en scène des histoires particulièrement sanglantes et macabres comme celles d'André de Lorde, surnommé « le Prince de l'épouvante ».

Grotesque. Ce terme, emprunté à l'anglais mais d'origine italienne (par référence aux crotesce, les peintures murales découvertes dans les fouilles de la *Domus Aurea* de Néron à Rome) a, dans un premier temps, servi à désigner les « peintures fantasques » que Montaigne décrit sous le terme de « crotesques » dans son essai sur l'amitié (*Essais,* I, xxviii), avant de s'appliquer à une esthétique bien particulière. Comme le fantastique ou le bizarre, le grotesque tire son pouvoir de la combinaison du familier et de l'étrange ou de la déformation du familier. Les motifs fantastiques, monstrueux ou burlesques qui jalonnent l'univers du grotesque (comme sur les tableaux de Jérôme Bosch) créent le difforme et l'horrible autant que le comique et le risible. Charles Forker le définit ainsi : « [t]he word grotesque, so frequently applied to Webster's style,

3. Paris, Gallimard, Bibliothèque de la Pléiade, 2014, pp. ix-xlvi.

probably derive from the word grotto, meaning cave. This etymology can be useful if it cautions us that what we tend to regard as unnatural or sensationally odd has its roots in a fairly ordinary and natural phenomenon. But more than this, the original word with its dark and subterranean connotations may remind us that the playwright supports his outlook on human happiness as a perpetually shadowed and threatened by means of a pervasive symbology that is atmospheric and visual as well as verbal. »[4]

Induction. Le modèle en est fourni par le début de *La Mégère apprivoisée* de Shakespeare, où l'on assiste à une avant pièce montrant le bon tour joué par un aristocrate revenant de la chasse à l'ivrogne Christopher Sly, à qui il fait croire qu'il est en réalité un Lord qui, par l'effet de quelque maladie mentale, se prend pour un clochard. Après l'avoir fait régaler de mets choisis et de vins fins dans une pièce tapissée de dessins érotiques inspirés des *Métamorphoses* d'Ovide, le facétieux seigneur lui offre le spectacle de « La mégère apprivoisée » auquel il assiste en compagnie de sa « femme », en réalité un page travesti. Cette introduction à la pièce peut être soit un monologue soit un dialogue entre plusieurs personnages

Inns of Court. Elles étaient au nombre de quatre, Lincoln's Inn, Gray's Inn, l'Inner et le Middle Temple. Principalement situées à l'ouest de la City dans le quartier entourant la Cour royale de Justice près du Temple Bar à Londres, chaque « Inn of Court » couvre une surface de plusieurs hectares et constitue un ensemble composé d'un grand hall, d'une chapelle, de bibliothèques, de bureaux et de chambres pour les avocats ainsi que de jardins comme dans les Universités d'Oxford et de Cambridge.[5]

Ironie dramatique. L'ironie dramatique est une ironie générée par certaines situations fréquentes au théâtre lorsqu'un décalage s'instaure entre l'information dont dispose le spectateur et celle, plus limitée, que possède tel ou tel personnage de la pièce. Dans *La Duchesse de Malfi*, le spectateur sait que la Duchesse a épousé Antonio et qu'elle attend un enfant de lui alors que les

4. *Skull beneath the Skin*, p. 363.

5. Voir à ce sujet l'ouvrage de Dominique Goy-Blanquet, *Côté cour, côté justice*, Paris, Classiques Garnier, 2016.

deux frères d'Aragon et Bosola soupçonnent tout le monde sauf précisément Antonio, tant son statut de serviteur rend cette idée improbable ou incongrue aux yeux de gens aveuglés par leurs préjugés de caste.

Lucas F.L. Il est principalement connu pour son édition en quatre volumes des *Œuvres complètes* de Webster,[6] dramaturge qu'il avait découvert en 1920 en jouant dans *Le Démon blanc* mis en scène par J.T. Sheppard. Cela se passait au King's College de Cambridge, où il avait repris des études après avoir servi comme officier pendant la Grande Guerre. Mais, outre qu'il fut aussi critique, poète, traducteur, romancier et dramaturge, Lucas participa à l'action des services secrets britanniques pendant la Seconde Guerre mondiale. Il fit partie, avec Alan Turing et bien d'autres, du groupe dit « Ultra secret » des savants et des spécialistes de cryptanalyse recrutés à Bletchley Park, à 80 km au nord de Londres, pour tenter de percer à jour les codes secrets d'« Enigma » la machine à crypter de la Wehrmacht. Leur réussite, restée secrète jusqu'en 1970, allait conduire à la mise au point de l'ordinateur.

Machiavel. Dans le théâtre élisabéthain et jacobéen, le nom de « machiavel » est donné à un personnage inspiré par la réputation du penseur politique de Florence mais sans lien sérieux avec le contenu de son œuvre. Il renvoie plutôt au *Discours sur les moyens de bien gouverner* (1576), plus connu sous le titre d'*Antimachiavel*, du juriste huguenot Innocent Gentillet (1535-1588), qui fait de ce dernier un personnage abject et sulfureux. Le texte du *Prince*, qui ne sera en effet traduit en anglais que très tardivement (en 1640 par Edward Dacres), n'était vraiment connu à l'époque que dans sa traduction en latin. Dans *Le Juif de Malte* de Christopher Marlowe, le Prologue est dit par Machiavel. Le « machiavel » de la scène anglaise avait désormais remplacé l'ancien Vice des moralités en tant qu'incarnation du mal absolu. Ce personnage cynique, malfaisant et pervers était aussi drôle, boute-en-train capable de mettre le public « dans sa poche » grâce à des apartés où il fait par de ses réflexions ou se moque des autres protagonistes de la pièce.

Madame Tussaud. Le précurseur de ce musée de mannequins de cire était un certain Philippe Curtius, un médecin spécialisé dans la réalisation de ces figures et qui, à son exposition des figures de cire présentée en 1782, allait

6. *The Complete Works of John Webster*, Londres, Chatto and Windus, 1927, 4 vol.

ensuite ajouter une « Chambre des grands voleurs », où étaient placés côte à côte les masques mortuaires de criminels célèbres et ceux d'aristocrates célèbres guillotinés sous la Terreur. Native de Strasbourg, la mère de Marie Grosholtz, future épouse Tussaud, avait travaillé avec Curtius à Berne, et quand ce dernier alla s'installer à Paris, il prit avec lui la jeune Marie en apprentissage. À la mort de ce dernier en 1794, Marie allait hériter de la vaste collection de modèles de cire de son mentor avant d'épouser François Tussaud l'année suivante. Au terme de trente-trois années de tournées triomphales dans toute l'Europe, Madame Tussaud regagna Londres, la ville où elle s'était réfugiée pendant la Révolution. En 1835, elle installera dans Baker Street un musée permanent qui portera son nom et où l'attraction principale restera la fameuse « Chambre des horreurs ».

Malcontent. En France comme en Angleterre, les personnages connus sous le nom de « malcontents » souffraient de mélancolie, à la suite d'un excès de bile noire dans leur organisme. Selon Claude Duneton, ils étaient « généralement vêtus de noir, échevelés, asociaux, épineux, moroses et taciturnes, quoique enclins à des éclats. En 1573, un parti des malcontents se constitua en France – à la suite de la Saint-Barthélémy – qui regroupait des nobles scandalisés par les exactions du règne et la mauvaise foi de Charles IX ».[7] Le personnage du malcontent exprime un dégoût face à une situation politique marquée par le machiavélisme et la corruption des mœurs de la société qui l'entoure. Il devient un « vengeur », figure fréquemment rencontrée dans le théâtre jacobéen et qui a tantôt pour nom Bosola dans *La Duchesse*, Vindice dans *La Tragédie du vengeur*, Malevole dans *The Malcontent* de John Marston et bien sûr Hamlet dans la tragédie de Shakespeare. Il faisait généralement partie de ces intellectuels sortis de l'université sans emploi et qui, pour vivre, devaient se mettre au service de grands personnages qui les corrompent et qu'ils méprisent en retour et dont l'ingratitude suscite chez eux ressentiment et haine de soi qui les mènent à l'autodestruction.

7. Voir la note de son édition traduction de *La Duchesse*, p. 250

Moralité. Drame allégorique du XVe siècle qui met en scène les personnalisations des Vertus et des Vices qui s'affrontent pour tenter de gagner à leur cause l'Homme ou le chrétien de base. Le but de ce genre de drame est principalement didactique et moral. [8]

Pageant. Parade, procession civique comme celle qui avait lieu à Londres lors de l'intronisation annuelle du Lord Maire. Comme ses amis Munday, Dekker, Heywood et Middleton, Webster, en tant que membre de la corporation des Marchands Tailleurs, écrivit le texte et supervisa la mise en scène de *pageants*. Il est l'auteur de *Monuments of Honour,* le « Magnifique Triomphe » donné en 1624, à l'occasion de l'intronisation du nouveau maire de Londres, John Gore, qui était un membre éminent de cette corporation.

Pièce bien faite. Genre dramatique en forme de divertissement populaire d'inspiration néoclassique mis au point au XIXe siècle par Eugène Scribe, Victorien Sardou et Alexandre Dumas fils. Il mettait l'accent sur la vraisemblance et sur la résolution claire que devait apporter le dénouement. Parodiée par Oscar Wilde dans *The Importance of Being Earnest* et imitée en partie par Ibsen dans *La Maison de poupée,* le genre devait être plus tard torpillé par George Bernard Shaw qui en avait pourtant repris les grands principes dans son théâtre où la conversation est considérée comme une dimension essentielle et révélatrice des intentions des personnages.

Presbytérianisme. Le presbytérianisme est né en Écosse avec John Knox (1514-1572), révolté par la corruption du clergé catholique et le pouvoir royal incarné alors par Marie Ière Stuart, tandis que le calvinisme s'est principalement implanté à Genève où il sera développé par Jean Calvin (1509-1564). Tous deux croient à la prédestination mais Knox est plus virulent que Calvin dans sa croisade contre l'autorité royale puisque, pour lui, le fidèle doit résister à un souverain inique et que les nobles comme les magistrats ont le devoir de combattre la tyrannie. Jacques 1er s'opposa violemment aux presbytériens d'Écosse avant de s'en prendre aux puritains anglais quand il succéda à Élisabeth 1re sur le trône d'Angleterre. C'est là une des raisons pour laquelle le

8. Voir le texte d'*Everyman, L'Homme face à la Mort* dans l'édition de la Pléiade, vol. 1, pp. 1497 - 1527.

roi suscita d'emblée la méfiance puis l'hostilité de Webster qui faisait partie de la frange des protestants engagés qui soutiendront la cause du Prince Henry, le fils aîné du roi Jacques.

Tragédie de vengeance. L'inventeur du genre est Thomas Kyd, un dramaturge fortement influencé par le théâtre de Sénèque. Dans *La tragédie espagnole* (1587), il met en scène un crime de sang. Une nuit, le fils du Maréchal de la Cour d'Espagne, Hiéronimo, découvre en effet son fils Horatio pendu à un arbre de son jardin. Comme il est impossible pour l'offensé d'obtenir justice, sa frustration débouche sur des crises de folie, réelle ou simulée, et l'on assiste alors à ces violences physiques et à des morts au cours de scènes particulièrement saisissantes et sinistres. L'apparition du fantôme de la victime va mener au stratagème de la pièce dans la pièce qui permettra, soit d'obtenir l'aveu du coupable, soit de servir de guet-apens pour permettre l'accomplissement de la vengeance. Le *Titus Andronicus* (1590 ?) et le *Hamlet* (1601) de Shakespeare, tout comme *La Tragédie du vengeur* (1606) de Middleton, constituent des sommets du genre. Représentée en 1614, *La Duchesse*, en constitue une version tardive, certes fidèle à la tradition de départ, mais qui introduit de nombreuses variantes. Les frères d'Aragon vengent leur honneur mais au détriment de leur propre sœur et, tandis que Bosola, à la fois agent de leurs exactions et vengeur tardif de la Duchesse, n'est qu'un vengeur raté. La Duchesse est poussée à la folie, mais elle n'y succombe pas, et son fantôme n'apparaît que sous la forme de « l'Écho » que l'on entend près du mur d'une ancienne abbaye en ruines (5.3.19-44). Quant à la très théâtrale et très artificielle fantasmagorie finale, elle représente l'équivalent de la pièce dans la pièce, du banquet ou du duel qui constitue généralement l'apothéose désastreuse conçue par le vengeur.

Vanité. Ce genre pictural né au XVIIe siècle en Hollande offre une représentation allégorique de la mort, de la vacuité des passions et de la vie humaine. Les objets figurés sur ces tableaux sont emblématiques du passage du temps (sablier, fleurs, papillons) et ils évoquent la fragilité de la condition humaine. Ce sentiment renforcé par la présence d'un crâne sur la toile, à l'image du tableau de Philippe de Champaigne reproduit en couverture.

Bibliographie

N.B. : Dans la mesure où la bibliographie existante sur La *Duchesse* comprend plusieurs centaines de titres, qu'il s'agisse d'ouvrages, d'articles, de notes ou de comptes rendus de mises en scène de théâtre ou de cinéma, ne sont répertoriés ici que les articles et ouvrages jugés les plus utiles. Un astérisque signale les plus importants dans l'optique du concours. Ces références sont suivies des sites internet que j'ai utilisés pour la rédaction de cet ouvrage et qui apportent un complément d'information pour éclairer la pièce de Webster au programme.

Ouvrages

Éditions en anglais

Brown, John Russell, ed., *The Duchess of Malfi*, Londres, Methuen, The Revels Plays, 1964, Manchester, Manchester University Press

Gibbons, Brian ed., *John Webster,* The Duchess of Malfi, Londres, Methuen (New Mermaids), (2003), 5e édition, 2013 *

Gunby, David, David Carnegie, Antony Hammond, Doreen DelVecchio, MacDonald P. Jackson eds., *The Works of John Webster,* 3 vol., I, Cambridge, Cambridge University Press, 1995-2007 *

Lucas, Frank Laurence, *The Complete Works of John Webster,* Londres, Chatto and Windus, 1927, 4 vol.

—, *The Duchess of Malfi*, Londres, Chatto and Windus, 1958*

Marcus, Leah, S. ed., *The Duchess of Malfi* by John Webster, Londres, Methuen, 2009 **

Neill, Michael ed., *The Duchess of Malfi*. John Webster, New York, Norton Critical Editions, Norton & Company, 2015*

Weis, René ed., *John Webster.* The Duchess of Malfi *and Other Plays,* Oxford World's Classics, Oxford, Oxford University Press, 1996

Éditions en français

Cé, Camille, *Le Démon Blanc (Vittoria Corombona) suivi de La Duchesse d'Amalfi*, Paris, La Renaissance du Livre, 1900 (la traduction est accessible en ligne. Voir le site tel qu'il est signalé ci-après)

Duneton, Claude ed., *La Duchesse de Malfi*, Paris, Grasset, 1991*

Venet, Gisèle ed., *La Duchesse d'Amalfi* in *Théâtre élisabéthain*, Paris, Gallimard (Bibliothèque de la Pléiade), ed. Line Cottegnies, François Laroque et Jean-Marie Maguin, 2 vol., II, 2009

Études critiques

Alexander, Nigel, « Intelligence in *The Duchess of Malfi* » in Brian Morris ed., *John Webster* (Mermaid Critical Commentaries), Londres, Ernest Benn, pp. 95-112

Bellany, Alastair, *The Politics of Court Scandal in Early Modern England: News, Culture and the Overbury Affair, 1603-1666*, Cambridge, Cambridge University Press, 2002

Belsey, Catherine, « Emblem and Antithesis in *The Duchess of Malfi* » in Harold Bloom ed., *John Webster's* Duchess of Malfi, New York, Chelsea House Publishers, 1987, pp. 97-113

Bennett, Robert B., « John Webster's strange dedication: an Enquiry into Literary Patronage and Jacobean Court Intrigue », *English Literary Renaissance*, Vol. 7 N°3 (Autumn 1977) *

Bergeron, David M. « The Wax Figures in *The Duchess of Malfi* », *Studies in English Literature, 1500-1900*, vol. 18, N°2, Elizabethan and Jacobean Drama (Spring, 1978)

Berry, Ralph, *The Art of John Webster*, New York, Routledge, 1972

Best, Michael R., « A Precarious Balance: Structure in *The Duchess of Malfi* » in Harold Bloom ed., *John Webster's* Duchess of Malfi, New York, Chelsea House Publishers, 1987, pp. 13-29s

Bloom, Harold, ed., *John Webster's* The Duchess of Malfi, New York, New Haven, Philadelphia, Chelsea House Publishers, 1987

Bowers, Fredson, *Elizabethan Revenge Tragedy, 1587-1642*, Princeton, Princeton University Press, 1940

Bradbrook, Muriel C., *John Webster. Citizen and Dramatist*, Londres, Weidenfeld and Nicolson, 1980

Callaghan, Dympna ed., *The Duchess of Malfi*. Contemporary Critical Essays (New Casebooks), New York, Palgrave Macmillan, 2000 *

Daileader, Celia, *Eroticism on the Renaissance Stage. Transcendence, Desire, and the Limits of the Visible*, Cambridge, Cambridge University Press, 1998

Dent, R.W., *John Webster's Borrowing*, Berkeley, University of California Press, 1960.

Duer, Leslie, « The Landscape of Imagination in *The Duchess of Malfi* », *Modern Language Studies*, Vol. 10 N°1 (Winter 1979-80), pp. 3-9

—, « Seneca in Elizabethan Translation » in *Selected Essays* (1932), Faber and Faber, Londres, 1980

Ewbank (Ekeblad), Inga Stina, « The Impure Art of John Webster », *Review of English Studies*, IX (1958), Oxford, Oxford University Press, 253-67, in Norman Rabkin, pp. 49-64 *

—, « Webster's realism, or, 'A cunning piece wrought perspective' » in *John Webster*, Brian Morris ed. (Mermaid Critical Commentaries), Ernest Benn, Londres, 1970, pp. 157-78 *

Forker, Charles R., « The Tragic Indeterminacy of *The Duchess of Malfi* » in *Skull beneath the skin. The Achievement of John Webster*, Chicago, Southern Illinois University Press, Carbondale and Edwardsville, 1986, pp. 296-369 *

Gianetti, Louis D., « A Contemporary View of *The Duchess of Malfi* », *Comparative Drama*, Vol. 3 N° 4 (Winter 1969-70), pp. 297-307

Haslem, Lori Shroeder, « 'Troubled with the Mother': Longings, Purgings, and the Maternal Body in *Bartholomew Fair* and *The Duchess of Malfi* », *Modern Philology* 92.4, 1995, pp. 438-59

Henderson, Andrea, « The Antitheatricality of *The Duchess of Malfi* » in Dympna Callaghan ed., *The Duchess of Malfi*. Contemporary Critical Essays (New Casebooks), Palgrave Macmillan, New York, 2000*

Iselin, Pierre et Jean-Pierre Moreau ed., Le Songe d'une nuit d'été *et* La Duchesse de Malfi. *Texte et représentation*, *Trames*, Limoges, Presses de l'Université de Limoges, 1989

Kernan, Alvin in *The Cankered Muse*, New Haven, Yale University Press, 1959

Liebler, Naomi, « Mothers from Hell: Medea and the Duchess of Malfi » in François Laroque et Franck Lessay ed., *Enfers et délices à la Renaissance*, Paris, Presses de la Sorbonne Nouvelle, 2003, pp. 263-80

Luckyj, Christina, *A Winter's Snake: Dramatic Form in the Tragedies of John Webster*, Athens, University of Georgia Press, 1989 *

—, ed., The Duchess of Malfi. *A Critical Guide*, London and New York, Continuum, 2011 *

Luecke, Jane Marie, « *The Duchess of Malfi*: Comic and Satiric confusion in a Tragedy », *Studies in English Literature*, IV (1964), 275-290

Maquerlot, Jean-Pierre, « Le temps du tragique dans *The Duchess of Malfi* » in Pierre Iselin et Jean-Pierre Moreau ed., pp. 227-38

Mikewell, Margaret Lael, « Catholic and Protestant Widows in *The Duchess of Malfi* », *Renaissance and Reformation*, Vol. 7, N°4 (November 1983) 265-79

Mulryne, J.R., « Webster and the Uses of Tragicomedy » in Brian Morris ed., *John Webster*, (Mermaid Critical Commentaries), Londres, Ernest Benn, 1970, pp. 133-55

Neill, Michael, « 'Fame's best friend': The Endings of *The Duchess of Malfi* », in *Issues of Death. Mortality and Identity in English Renaissance Tragedy*, Oxford, Clarendon Press, 328-53*

Pearson, Jacqueline, « Tragedy and Anti-tragedy in *The Duchess of Malfi* » in Harold Bloom ed., *John Webster's* The Duchess of Malfi, New York, Chelsea House Publishers, 1987, pp. 75-86.

Perry, Curtis and Melissa Walter, « Staging Secret Interiors: *The Duchess of Malfi* as Inns of Court and Anticourt Drama » in The Duchess of Malfi. *A Critical Guide*, ed. Christina Luckyj, Londres et New York, Continuum, 2011 in Christina Luckyj ed., The Duchess of Malfi. *A Critical Guide*, pp. 87-105

Pidoux, Jean-Yves, *Langhoff à Lausanne : l'ouragan lent*, Lausanne, éditions du Bas, 1994

Pollock, Jonathan, « Les plaisirs de la cruauté chez Tourneur et Webster » in François Laroque et Franck Lessay ed., *Enfers et délices à la Renaissance*, Paris, Presses de la Sorbonne Nouvelle, 2003, pp. 247-62

Potter, Loïs, « 'Perpectives ey'd awry': Artificiality as Truth in English Renaissance Drama » in André Lascombes ed., *Spectacle & Image in Renaissance Europe*, Leyde, New York, Cologne, Brill, 1993, 264-79

Rabkin, Norman ed., Twentieth Century Interpretations of *The Duchess of Malfi*, Englewood Cliffs, N.J., 1968

Randall Dale B.J., « The Rank and Earthy Background of Certain Physical Symbols in *The Duchess of Malfi* », *Renaissance Drama*, New Series, vol. 18, *Essays on Sexuality, Influence and Performance*, The University of Chicago Press, 1987, pp. 171-203

Rebhorn, Wayne A., « Circle, Sword and the Futile Quest: the Nightmare World of Webster's *Duchess of Malfi* », *Cahiers Élisabéthains*, 27, 1985, 54-66*

Rose, Mary Beth, « A Waste of Shame: The Heroics of Marriage in English Renaissance Tragedy » in *The Expense of Spirit. Love and Sexuality in English Renaissance Drama*, Cornell University Press, Cornell, 1988

Tempera, Mariangela, « The Rhetoric of Poison in John Webster's Italianate Plays » in Michele Marrapodi, A.J. Hoenslaars, Marcello Cappuzo and Falzon Santucci ed., *Shakespeare's Italy. Functions of Italian Locations in Renaissance Drama*, Manchester and New York, Manchester University Press, 1993, pp. 229-50

Villquin, Jean-Pierre, « The Duchess of Malfi : *Tragédie baroque* » in P. Iselin et J.-P. Moreau ed., pp. 263-78

Warren, Roger, « *The Duchess of Malfi* on the Stage », in Brian Morris ed., *John Webster* (Mermaid Critical Commentaries), Londres, Ernest Benn, pp. 47-68.

Whigham, Frank, « Sexual and Social Mobility in *The Duchess of Malfi* » in Dympna Callaghan ed., *The Duchess of Malfi*, pp. 167-200

Woodbridge, Linda, « Queen of Apricots: The Duchess of Malfi, Hero of Desire » in Naomi Conn Liebler ed., *The Female Tragic Hero in English Renaissance Drama*, New York, Palgrave, 2002, pp. 161-84*

Sites internet

Traduction de *La Duchesse* par Camille See digitalisée par l'université de Toronto : https://archive.org/details/ledemonblancvitt00websuoft

Thèse de Lewis Stone Rosenthal, « John Webster's Dramaturgy » (Louisiana State University, Mai 1968). L'introduction comporte un utile inventaire de la critique. Par contre, le chapitre consacré à *La Duchesse* analyse la pièce scène après scène dans une optique assez conventionnelle.
https://digitalcommons.lsu.edu/cgi/viewcontent.cgi?article=2458&context=gradschool_disstheses

Thèse de Reginald Wallace Buckle, « Webster and the Theatre of Cruelty: A Theatrical Context for *The Duchess of Malfi* », University of British Columbia, Vancouver, Canada, 1966. Met en rapport le « théâtre de la cruauté » d'Antonin Artaud avec celui de Jarry, Genet, Ionesco, Beckett et Pinter avec *La Duchesse*. Il conclut sur l'idée que la vision de Webster dans La Duchesse relève plus du grotesque que de l'absurde.
https://open.library.ubc.ca/handle/bitstream/129577/UBC_1967_A8

Compte rendu par Fabienne Farge dans *Le Monde* de la mise en scène de *La Duchesse* par Anne-Laure Liégeois au Théâtre de Malakoff en 2011 :
https://www.lemonde.fr/culture/article/2011/01/24/la-duchesse-de-malfi-impose-sa-liberte-absolue_1469813_3246.html

Compte rendu de Michael Billington dans le *Guardian* de la mise en scène de *La Duchesse* (2014) par Dominic Dromgoole au « Sam Wanamaker Theatre » du Globe :
https://www.theguardian.com/stage/2014/jan/16/the-duchess-of-malfi-review

Compte rendu par Michael Billington de la mise en scène de *La Duchesse* (2018) par Maria Aberg au théâtre du Swan à Stratford-Upon-Avon :
https://www.theguardian.com/stage/2018/mar/09/the-duchess-of-malfi-review-rsc-swan-stratford

Mise en scène de *La Duchesse de Malfi* (2014) au « Sam Wanamaker Theatre » du Globe :
https://www.bbc.co.uk/programmes/b044yrgg

Site permettant d'entendre la chanson de Robert Johnson « O let us howl » interprétée par Tom Guthrie et jouée au théorbe par Yair Avidor :
http://www.bbc.co.uk/programmes/articles/4C34rmfjc2HYR11916f7WKX/the-music-of-malfi-o-let-us-howl

Extraits du film de la BBC de 1972 (mise en scène de James Mac Taggart) :
http://www.bbc.co.uk/programmes/articles/37mmHnp3Pwf4TrT9GT8Ywtn/the-duchess-of-malfi-darkness-and-light

Conférence d'Emma Smith (Hertford College, Oxford) sur *La Duchesse* :
https://podcasts.ox.ac.uk/duchess-malfi-john-webster

Imprimé en Italie par «La Tipografica Varese Srl» Varese